Ein „modernes" europäisches Datenschutzrecht

Kölner Schriften zu Recht und Staat

Herausgegeben von
Prof. Dr. Hartmut Schiedermair und
Prof. Dr. Bernhard Kempen

Band 48

PETER LANG

Frankfurt am Main · Berlin · Bern · Bruxelles · New York · Oxford · Wien

CLEMENS DAVID COMANS

Ein „modernes" europäisches Datenschutzrecht

Bestandsaufnahme und Analyse
praktischer Probleme
des europäischen Datenschutzes
unter besonderer Berücksichtigung
der Richtlinie zur Vorratsdatenspeicherung

PETER LANG
Internationaler Verlag der Wissenschaften

Bibliografische Information der Deutschen Nationalbibliothek
Die Deutsche Nationalbibliothek verzeichnet diese Publikation in
der Deutschen Nationalbibliografie; detaillierte bibliografische
Daten sind im Internet über http://dnb.d-nb.de abrufbar.

Zugl.: Köln, Univ., Diss., 2011

Umschlaggestaltung:
© Olaf Gloeckler, Atelier Platen, Friedberg

Abbildung auf dem Umschlag:
Historisches Universitätssiegel der Universität zu Köln

D 38
ISSN 1433-0253
ISBN 978-3-631-63199-7

© Peter Lang GmbH
Internationaler Verlag der Wissenschaften
Frankfurt am Main 2012
Alle Rechte vorbehalten.

www.peterlang.de

Vorwort

Die vorliegende Arbeit wurde im Sommersemester 2011 von der Juristischen Fakultät der Universität zu Köln als Dissertation angenommen. Sie befindet sich auf dem Stand von Juni 2011.

Mein herzlicher und tief empfundener Dank gilt *Herrn Prof. Dr. Kempen*, der mich im Rahmen meines Dissertationsprojektes hervorragend beriet und begleitete. Dazu zählten wichtige und konstruktive Anregungen sowie die stete Unterstützung und Förderung, die immer sehr herzlich, unkompliziert und geduldig erfolgte. Zusätzlicher Dank gilt *Herrn Priv. Doz. Dr. Thiel* der auf extrem entgegenkommende und zügige Weise geholfen hat, unerwartete Hürden zu überwinden.

Zudem möchte ich *Herrn Prof. Dr. Ehricke* für die Erstellung des Zweitgutachtens danken.

Ebenfalls möchte ich an dieser Stelle meinem Kollegen *Sascha Horn* für die stetig gewissenhafte, konstruktive und vor allem ehrliche Kritik und Unterstützung danken, die die zügige Fertigstellung dieser Arbeit erheblich unterstützt hat.

Die Arbeit ist meiner Familie, Leo und Elisabeth Comans gewidmet, die mich stets liebevoll und geduldig unterstützt haben.

Köln, im November 2011   *Clemens David Comans*

Inhaltsverzeichnis

Abkürzungsverzeichnis

a.F.	alte Fassung
ABl. EG	Amtsblatt der Europäischen Gemeinschaft
ABl. EU	Amtsblatt der Europäischen Union
Abs.	Absatz
AEMR	Allgemeine Erklärung der Menschenrechte
AEUV	Vertrag über die Arbeitsweise der Europäischen Union
AGB	Allgemeine Geschäftsbedingungen
AöR	Archiv des öffentlichen Rechts (Zeitschrift)
APuZ	Aus Politik und Zeitgeschichte (Zeitschrift)
Art.	Artikel
BDSG	Bundesdatenschutzgesetz
BKA	Bundeskriminalamt
BMI	Bundesministerium des Innern
BMJ	Bundesministerium der Justiz
BND	Bundesnachrichtendienst
BSI	Bundesamt für Sicherheit in der Informationstechnik

bspw.	beispielsweise
BVerfG	Bundesverfassungsgericht
bzw.	beziehungsweise
CBP	Bureau of Customs and Border Protection
CMLR	Common Market Law Review (Zeitschrift)
CR	Computer und Recht (Zeitschrift)
d.h.	das heißt
DRiZ	Deutsche Richterzeitung (Zeitschrift)
DSB	Datenschutzbeauftragter
DSRL	Datenschutzrichtlinie (RL 95/46/EG)
DuD	Datenschutz und Datensicherheit (Zeitschrift)
DVBl.	Deutsches Verwaltungsblatt (Zeitschrift)
e.V.	eingetragener Verein
EDSB	Europäischer Datenschutzbeauftragter
EDSRL	Datenschutzrichtlinie für elektronische Kommunikation (RL 2002/58/EG)
EG	Europäische Gemeinschaft
EGV	Vertrag über die Europäische Gemeinschaft

EMR	Europäisches Medienrecht
EMRK	Europäische Menschenrechtskonvention
EPIC	Electronic Privacy Information Center
etc.	et cetera
EU	Europäische Union
EU-Charta	Charta der Europäischen Grundrechte
EuGH	Europäischer Gerichtshof
EuGRZ	Europäische Grundrechte-Zeitschrift (Zeitschrift)
EuR	Schriften zum europäischen Recht (Zeitschrift)
EurRatS	Satzung des Europarates
EUV	Vertrag über die Europäischen Union
EuZW	Europäische Zeitschrift für Wirtschaftsrecht (Zeitschrift)
f.	folgende
FAZ	Frankfurter Allgemeine Zeitung
ff.	fortfolgende
FG	Freundesgabe
GA	Goldammers Archiv (Zeitschrift)
GASP	Gemeinsame Außen- und Sicherheitspolitik

Abkürzungsverzeichnis

gem.	gemäß
GG	Grundgesetz
GPS	Global Positioning System
GVSP	Gemeinsame Sicherheits- und Verteidigungspolitik
HRRS	Onlinezeitschrift für höchstrichterliche Rechtsprechung im Strafrecht (Zeitschrift)
Hrsg.	Herausgeber
i.d.R.	in der Regel
i.S.d.	im Sinne des/der
i.V.m.	in Verbindung mit
IKT	Informations- und Kommunikationstechnologie
IP	Internetprotokoll
IPBPR	Internationaler Pakt über bürgerliche und politische Rechte
ISDN	Integrated Services Digital Network
JZ	Juristen Zeitung (Zeitschrift)
K&R	Kommunikation und Recht (Zeitschrift)
Kap.	Kapitel
LDSG	Landesdatenschutzgesetz
LVerf Bremen	Landesverfassung Bremen

LVerf NW	Landesverfassung NRW
LVerf SA	Landesverfassung Sachsen
m.w.N.	mit weiteren Nachweisen
MMR	Multimedia und Recht (Zeitschrift)
MschrKrim	Monatsschrift für Kriminalität und Strafrechtsreform (Zeitschrift)
NJW	Neue juristische Wochenschrift (Zeitschrift)
NRW	Nordrhein Westfalen
NVwZ	Neue Zeitschrift für Verwaltungsrecht (Zeitschrift)
OECD	Organisation for Economic Co-operation and Development
P3P	Platform for Privacy Preferences
PC	Personal Computer
PET	Privacy Enhancing Technologies
PJZS	Polizeiliche und Justizielle Zusammenarbeit in Strafsachen
PNR	Passenger Named Records
PRIME	Privacy and Identity Management for Europe
RDV	Recht der Datenverarbeitung (Zeitschrift)
RFID	Radio Frequence Identification

RL	Richtlinie
Rn.	Randnummer
Rs.	Rechtssache
s.o.	siehe oben
SDÜ	Schengener Durchführungsüberein-kommen
SMS	Short Message Service
sog.	sogenannte
StPO	Strafprozessordnung
StV	Strafverteidiger (Zeitschrift)
SWIFT	Society for Worldwide Interbank Financial Telecommunication
TFTP	Terror financial Tracking Program
u.a.	und andere
UN	United Nations
Urt.	Urteil
USA	United States of America
v.	Vom
VBlBW	Verwaltungsblätter für Baden Würt-temberg (Zeitschrift)
VDSRL	Vorratsdatenspeicherungsrichtlinie (RL 2006/24/EG)
vgl.	vergleiche

VoIP	Voice over IP
W3C	World Wide Web Consortium
WLAN	Wireless Local Area Network
WP	Workinpaper der Art. 29-Gruppe
z.B.	zum Beispiel
ZEuS	Zeitschrift für europarechtliche Studien (Zeitschrift)
ZfV	Zeitschrift für Verwaltung (Zeitschrift)
ZJS	Zeitschrift für das juristische Studium (Zeitschrift)
ZRP	Zeitschrift für Rechtspolitik (Zeitschrift)

Im Übrigen zitiert nach Kirchner, Hildebert/ Butz, Cornelie, Abkürzungsverzeichnis der Rechtssprache, Berlin, 5. Auflage, 2003.

Kapitel I: Gegenstand und Gang der Untersuchung

A. Einführung in die besondere Problematik des Datenschutzes

Panoptes (der Allesseher), auch bekannt als Argos, war ein riesiges Ungeheuer aus der griechischen Mythologie. Er besaß Hunderte von Augen am gesamten Körper, von denen nur jeweils ein paar zu einer vorgegebenen Zeit schliefen. Aus diesem Grund entging ihm nichts, was um ihn herum geschah. Auch wenn es sich hierbei nur um ein Fabelwesen der griechischen Mythologie handelt, so stellt er doch ein hervorragendes Symbol für die moderne Datengenerierung dar, sofern man ihm neben den Augen auch noch zusätzliche Organe wie Ohren, sowie einen Superrechner implantiert, mit dessen Hilfe er alles zu jederzeit speichern, kombinieren und analysieren kann. So modifiziert, ist er als Verbildlichung des nicht enden wollenden Datenhungers anzusehen, aufgrund dessen sowohl der Staat als auch Private heute nahezu alles über eine Person zu wissen scheinen.

Die „Freie Entfaltung der Persönlichkeit setzt unter den modernen Bedingungen der Datenverarbeitung den Schutz des Einzelnen gegen unbegrenzte Erhebung, Speicherung, Verwendung und Weitergabe seiner persönlichen Daten voraus".[1] So urteilte das BVerfG überaus vorausschauend in seinem berühmten Volkszählungsurteil im Jahre 1983. Dieser Grundsatz birgt gerade in der heutigen Zeit des 21. Jahrhunderts mehr Relevanz denn je.

In einem Zeitalter, in dem immer neue Wege der Kommunikation und Interaktion über jedwede Grenzen hinweg entstehen, eröffnen sich für alle Teilnehmer der Gesellschaft immer wieder mannigfache Möglichkeiten der Informationsbeschaffung, um in einem umfangreichen Maße am gesellschaftlichen Leben teilzunehmen. In dieser Informationsstruktur nehmen vor allem die mobile Kommunikation und das Internet eine besondere Rolle ein, da es dem User zu jeder Zeit und von jedem beliebigen Ort aus Zugriff auf eine unendliche Datenmasse ermöglicht. Jedoch erfolgt der Informationszugriff, anders als viele denken, nicht anonym, sondern jede Handlung hinterlässt ihre Spuren in Form eines Datums. Sofern diese Daten sich mit einer Person verknüpfen lassen, spricht man gemeinhin von einem personenbezogenen Datum.

Die Entwicklung von immer neuen Informationstechnologien beeinflusst und gestaltet unser Leben in einem beträchtlichen Umfang. Insbesondere die

---

1   BVerfGE 65, 1 (43).

seit den 80er Jahren stetig wachsende Anzahl von PCs im Privatbereich und die mittlerweile jederzeitige Verfügbarkeit von Breitband-Internetverbindungen, vor allem auf Mobiltelefonen, tragen zu einem immer größer werdenden Datenvolumen personenbezogener Daten bei. So verwundert es nicht, dass mit dem exponentiellen Wachstum der Möglichkeiten auch ebenso das Gefahrenpotential proportional wächst.

Dabei ist die Erhebung von personenbezogenen Daten kein neues Phänomen. Schon immer waren personenbezogene Daten für die Abwicklung von Verträgen und das Erlangen behördlicher Leistungen notwendig. Staatliche Behörden benötigen die personenbezogenen Daten beispielsweise, um ihre Kompetenzen ordnungsgemäß auszuüben und einen Verwaltungsakt der richtigen Person zukommen zu lassen. Jedoch haben sich die Dimension und die Komplexität der Daten erheblich gewandelt. Während früher von den Behörden oder anderen Stellen Daten manuell und im Einzelfall aufgenommen wurden und man sich dabei zur Vermeidung von Platzproblemen auf die zur Abwicklung notwendigsten Daten beschränkte, so werden solche Daten heute häufig automatisiert erhoben, da neue Technikentwicklungen eine dauerhafte und platzsparende Archivierungsmöglichkeit bieten. Zudem werden häufig mehr Daten gesammelt und verarbeitet, als für die unmittelbare Abwicklung der konkreten Prozesse erforderlich wäre.

Wurden früher beispielsweise lediglich Daten erhoben, die eine unmittelbare Relevanz für die jeweiligen miteinander kontrahierenden Parteien besaßen und für die erfolgreiche Abwicklung des Vertrages notwendig waren, so werden heute neben solchen Daten zusätzliche Informationen, wie Auskünfte über das Kaufverhalten, Kaufvolumen, präferierte Artikel und Bewegungsmuster etc. erhoben, welche für Unternehmer wichtige Anhaltspunkte bilden, um einen möglichst großen Absatz zu finden oder neue Märkte zu erschließen. Innerhalb von Sekunden werden z. B. große Datensätze beim Einsatz einer Kundenkarte erfasst, aktualisiert, gespeichert und an den Konzern weiter übermittelt.

Der stetige Drang sich anderen mitzuteilen führt seit einiger Zeit zu neuen Kommunikationsformen, sog. „sozialen Netzwerken". Dort wird es den Usern ermöglicht, ein eigenes Persönlichkeitsprofil anzulegen, Bilder in das Internet hochzuladen und jedem zu jeder Zeit mitzuteilen, was er gerade tut bzw. wo er gerade ist.

Ein solch rasanter Datenaustausch erfolgt jedoch nicht nur auf dem privaten Wirtschaftssektor, sondern auch der Staat selbst hat ein immer größeres

Interesse daran, möglichst schnell viele Daten zu erfassen und auszuwerten. Ein Beispiel hierfür ist die Vorratsdatenspeicherung zur Abwehr terroristischer Angriffe. Hierbei werden die sog. „Provider" (Kommunikationsanbieter) verpflichtet, die Verbindungsdaten, also Zeit, Ort, Dauer des Gesprächs, Gesprächspartner, transferiertes Datenvolumen etc., zu speichern und mindestens 6 Monate vorrätig zu halten. Bei einem konkreten Verdacht einer Straftat seitens der Behörden muss der Provider diese Daten zwecks Auswertung sodann an die Behörde weitergeben. Doch auch auf internationaler Ebene gewinnt das Sammeln und Verwerten von immer größeren Datensätzen an Interesse. Als ein in jüngster Zeit besonders herausragendes Beispiel ist das sog. „Swift-Abkommen" vom 30.11.2009 zu nennen. Dieses sollte verbindliche Regelungen schaffen, unter denen Datensätze mit detaillierten Bankinformationen einzelner Betroffener künftig von der EU an die Sicherheitsbehörden der USA übermittelt werden, um diese Datensätze für die Terrorabwehr im Rahmen des amerikanischen *„Terror financial tracking program" (TFTP)* nutzbar zu machen. Der Abschluss dieses Abkommens ist aufgrund einer Umstrukturierung der SWIFT notwendig geworden, weil das Unternehmen seine primären Verarbeitungsserver von den USA in die Schweiz verlagerte. Aufgrund der stark divergierenden Rechtsnormen stellte sich jedoch die Problematik, unter welchen Voraussetzungen diese Datensätze hätten abgegriffen werden dürfen, ohne dass geltende Datenschutzstandards der EU unterlaufen worden wären. Das Abkommen wurde in einer „Hau-Ruck-Aktion" verabschiedet und letztlich durch das Europäische Parlament aufgrund des neuen Lissabonvertrages wieder gekippt[2], bevor es zu größeren Schäden kommen konnte[3]. Mittlerweile wurde ein Folgeabkommen ausgehandelt, welches bereits vom Parlament gebilligt wurde.[4]

Diese Möglichkeiten der Datenerfassung und des Datenabgleichs rücken das dringende Bedürfnis eines effektiven Schutzes des Einzelnen immer mehr in den Fokus juristischen Interesses. Dabei gilt es einen Interessenausgleich zwischen den Technologieentwicklern bzw. Technologieträgern und den je-

---

2   http://www.faz.net/s/RubDDBDABB9457A437BAA85A49C26FB23A0/Doc~EE
      DC2739A30394F68 AB13D4 E9C9536FAA~ATpl~Ecommon~Scontent.html (zuletzt abgerufen am 5.8.2010).

3   Vgl. für weitere Informationen die Berichterstattung unter http://www.daten
      schutz.de/feature/detail/?featid=11 (zuletzt abgerufen am 5.8.2010).

4   Vgl. den neuen Vertragstext unter http://register.consilium.europa.eu/pdf/
      en/10/st11/st11222-re01.en10.pdf (zuletzt abgerufen am 5.8.2010).

weils Betroffenen herzustellen, die versuchen ihre Daten erfolgreich vor unbefugten Zugriffen zu schützen.

Dass dieses Thema höchste Brisanz besitzt, zeigt eine jüngst eingereichte Verfassungsbeschwerde beim Bundesverfassungsgericht, die in der Presse als „die größte der deutschen Justizgeschichte" bezeichnet worden ist. Über 34000 Beschwerdeführer fühlten sich durch die eben genannten Regelungen zur Vorratsdatenspeicherung in ihrem Persönlichkeitsrecht verletzt und erhoffen sich nun Klärung aus Karlsruhe[5].

Doch auch hier gilt es weiter zu blicken. Obwohl mittlerweile viele Staaten diverse Normen zum Zwecke des Datenschutzes erlassen haben, darf dies nicht darüber hinwegtäuschen, dass deren Wirkungskreis von Natur aus erheblich begrenzt ist und erhebliche Divergenzen bezüglich des Schutzstandards bestehen. Basierend auf der rapiden Geschwindigkeit, mit der sich personenbezogene Daten im Internet über jedwede territorialen Grenzen hinweg verbreiten lassen, wird klar, dass allein nationale Regelungen zum Datenschutz nur innerhalb des jeweiligen Staates anwendbar sind und somit Dritte außerhalb des Staates nicht gebunden werden.

In der Praxis bestehen daher nicht unerhebliche Probleme bei der Geltendmachung der Betroffenenrechte. Umso drastischer wird die Situation, wenn man berücksichtigt, dass die klassische Gefahr eines Überwachungsszenarios durch den Staat längst nicht mehr die einzige Bedrohung darstellt. Wirtschaftsunternehmen sind heute nicht mehr national, sondern im Wege der Globalisierung international tätig. Diese Unternehmen unterliegen dem jeweiligen Rechtssystem des Staates, in dem sie ihren Hauptsitz haben. Dies führt in der Regel dazu, dass in dem einen Staat dedizierte Regelungen für einen umfangreichen Schutz bestehen, diese jedoch mangels eines territorialen Bezuges nicht anwendbar sind[6]. Hinzu kommt die Tatsache, dass es sich bei diesen Unternehmen nicht um staatliche, sondern um private Institutionen handelt, die folglich nicht an die engen Regeln gebunden sind, die für staatliche Stellen bestehen.

Somit richtet sich das Schutzbedürfnis nicht nur auf die nationalen Regelungen, die aufgrund eklatanter Unterschiede wie ein Flickenteppich nur bedingten Schutz bieten, sondern vor allem auf das Bedürfnis einheitlicher internationaler Regelungen, um zu allererst einen Mindestschutz zu schaffen,

---

5   Mittlerweile ist ein positives Urteil zugunsten der Beschwerdeführer in den verbundenen Rechtssachen 1 BvR 256/08; 1 BvR 263/08 und 1 BvR 586/08 ergangen.

6   *ROßNAGEL*, Informatik Spektrum 12/2005, S. 462 (465) .

der unabhängig vom Territorialitätsprinzip ist. Dabei nimmt die EU auf dem Gebiet des partiellen Völkerrechts eine zentrale Rolle ein, da es ihr möglich ist für den Bereich der EG, aufgrund ihrer Supranationalität, einheitliche und vor allem verbindliche Regelungen zu erlassen.

Im Anschluss an diese Überlegungen stellt sich dem Betroffenen sodann die Frage, wie er im Falle einer missbräuchlichen oder rechtswidrigen Nutzung seiner Daten Rechtsschutz erlangen kann, oder ob dieser Schutz nicht eher nur ein theoretischer ist, denn zu einem „Datenschutz" im engeren Sinne gehört es notwendigerweise auch, nicht nur recht zu haben, sondern dieses Recht auch wirksam durchsetzen zu können.

Unter Betrachtung dieser Gesichtspunkte ist festzustellen, dass die ursprüngliche Angst und Gefahr des Bürgers vor einer ungewollten Erfassung seiner Daten und deren Verwendung sich nicht mehr nur auf staatliche Stellen beschränken, sondern ebenfalls, wenn nicht sogar hauptsächlich, durch private Dritte drohen. Auch, so scheint es, sind staatliche Behörden mehr und mehr dazu geneigt, immer tiefgreifendere Eingriffe in rechtsstaatlich geschützte Rechte als gerechtfertigt anzusehen, um der Gewährung innerer Sicherheit bei ständig neuen Bedrohungsszenarien einen Schritt näher zu kommen.

Angesichts dieser Entwicklung, dem ständig fortschreitenden technologischen Fortschritt, dem breiten mangelnden Bewusstsein dieser Problematik in der Bevölkerung und den teilweise irreparablen Schäden, die dem jeweils Betroffenen entstehen können, muss der Schutz privater Personen vor derlei Eingriffen in den Vordergrund gerückt werden und hinreichend anhand der bestehenden Probleme ausdifferenziert werden. Dies ist zunehmends Aufgabe der Staatengemeinschaft.

B. Untersuchungsgegenstand der Dissertation

In dieser Arbeit soll untersucht werden, inwiefern ein Datenschutzsystem auf dem Gebiet des europäischen Rechts besteht. Hierzu werden als Erstes die Grundzüge und die Entstehung des Datenschutzes im nationalen Recht beleuchtet, da dieser einen entscheidenden Einfluss auf das nationale sowie das europäische Normgefüge hatte.

Sodann soll sowohl das internationale, als auch das europäische Datenschutzrecht im Fokus stehen, wobei der Schwerpunkt dem europäischen Datenschutz zukommen soll. Neben dem relevanten EU Primär- und Sekundär-

recht wird dabei insbesondere Art. 8 EU-Charta ein besonderes Interesse zukommen, da die Charta mit dem Wirksamwerden des Lissabonvertrages eine
neue, vermutlich erheblich tragende Rolle einnehmen wird. Eine gründliche
Auseinandersetzung mit den rechtlichen Grundlagen und deren Voraussetzungen ist daher dringend geboten.

In einem nächsten Schritt ist dann zu untersuchen, warum der Datenschutz
für die Union und den modernen Rechtsstaat eine bedeutende Rolle spielt.
Hierbei wird unter anderem zu eruieren sein, wie der nationale und internationale Gesetzgeber besonders in der Hinsicht der Rechtsverfolgung und -
durchsetzung seiner „Infrastrukturverantwortung" gerecht wird. In diesem
Zusammenhang sollen vor allem Aspekte der Prävention eine tragende Rolle
spielen. Hier, so scheint es, bestehen erhebliche Probleme, wie ein effektiver
Rechtsschutz für den Betroffenen erreicht werden kann, ohne dass elementare
rechtsstaatliche Grundprinzipien verletzt werden (Konflikt „Sicherheit vs.
Freiheit").

· Des Weiteren gilt es zu ergründen, wie das Rechtsschutzsystem, namentlich die Rechtsdurchsetzung, auf europäischer Ebene in diesem Bereich funktioniert. Lässt sich ein wirksamer Rechtsschutz durch ein reines Normgefüge
wirklich erreichen? Welche Kontrollinstanzen gibt es, und ist es ihnen möglich die Rechte des Betroffenen wirksam durchzusetzen? An dieser Stelle
werden vor allem die genaue Funktionsweise der Rechtsdurchsetzungsmechanismen und der Kontrollorgane von besonderem Interesse sein, so wie die
Probleme, die sich bei der Wahrnehmung der Betroffenenrechte ergeben.

Bezüglich der Prävention von Datenmissbrauch gilt es sodann nicht nur auf
die Anforderungen der Infrastrukturverantwortung des europäischen bzw. nationalen Gesetzgebers einzugehen, sondern auch genauer zu untersuchen,
welche Rolle das Individuum selbst in diesem System einnimmt und wie diese Rolle gestärkt werden kann. Kann der Staat oder die Staatengemeinschaft
durch einen normativen Regelungsmechanismus wirklich eine Art „Total-
schutz" erreichen, oder bedarf es nicht vielmehr nur eines normativen Rah-
mengefüges, in welches vor allem das Individuum aktiv eingebunden ist? Zur
Beantwortung dieser Frage soll besonders die Korrelation zwischen der individuellen Einzelverantwortung und der staatlichen Infrastrukturverantwortung
näher beleuchtet werden.

Diese Fragestellungen sollen anhand der Analyse des bestehenden Nor-
mengefüges und dessen Anforderungen erfolgen. Dabei soll ein besonderes

Augenmerk der Vorratsdatenspeicherung, sowie konkreten Problemen der Praxis zukommen.

Ziel dieser Arbeit soll es sein, eine Übersicht über das hoch komplexe Regelungsgeflecht des Datenschutzes auf europäischer Ebene zu geben, sowie Stärken und Schwächen des bestehenden Datenschutzsystems herauszuarbeiten und angesichts aktueller Problemkreise die Möglichkeiten einer effektiven Rechtsdurchsetzung des individuell Betroffenen aufzuzeigen. Bei der Analyse sollen sodann mögliche Verbesserungen des bestehenden Systems diskutiert werden.

Gleichsam soll das Augenmerk auf einen Rechtsbereich gelenkt werden, der bis dato von vielen Personen im Alltag sehr stiefmütterlich behandelt wird, aber dennoch einen der zentralen Grundrechtsbereiche überhaupt betrifft. Angesichts des teilweise schon grob fahrlässigen Umgangs mit personenbezogenen Daten und deren unbedachter Herausgabe soll sie zusätzlich ein Denkanstoß an jeden Einzelnen sein, inwieweit er sich Dritten gegenüber offenbaren möchte und welche Folgen dies haben kann, wenn allzu unbedacht auf diesen Schutz verzichtet wird. Sofern daher in dieser Arbeit vom „europäischen Datenschutzrecht" gesprochen wird, so bezieht sich dies auf die europäischen Vorgaben hinsichtlich des Datenschutzes, die in der Europäischen Union ein „einheitliches" und harmonisiertes Datenschutzrecht darstellen sollen.

C. Gang der Untersuchung

Der Gang der Untersuchung wird im Einzelnen folgendermaßen erfolgen:

Das erste Kapitel gibt eine Einführung in die Materie und beleuchtet den Gang und den Gegenstand der Dissertation.

Im zweiten Kapitel erfolgt die Beleuchtung der nationalen und internationalen Verankerung des Datenschutzes im Rechtssystem. Dabei werden in Kurzform wesentliche historische Aspekte, sowie relevante Begrifflichkeiten, wesentliche Regelungen und systematische Überlegungen analysiert, da deren Verständnis eine zwingende Voraussetzung für die in den folgenden Kapiteln behandelten Thematiken darstellt. Gleichsam soll auch eine Übersicht über die komplexe Materie ermöglicht werden.

Es wird herauszuarbeiten sein, welche Verantwortlichkeit dem Staat bzw. der Union im Rahmen des Datenschutzes genau zukommt. Hierbei werden insbesondere die Bedeutung und die Reichweite des Datenschutzes für den modernen Rechtsstaat, die Vereinbarkeit mit rechtsstaatlichen Grundsätzen und die Nachteile des Betroffenen von besonderem Interesse sein.

Im dritten Kapitel folgt sodann eine Untersuchung der Rechtmäßigkeit der Vorratsdatenspeicherungsrichtlinie anhand der geltenden Schutzprinzipien, um deren Einfluss auf die Reichweite und Effektivität des europäischen Datenschutzes anschaulich darzustellen.

Im vierten Kapitel gilt es sodann die Struktur der Rechtsdurchsetzungsmechanismen und Kontrollorgane zu erörtern, deren Probleme in der Praxis zu eruieren und zu prüfen, wie diese behoben werden können. Gleichsam soll exemplarisch untersucht werden, ob es dem Individuum tatsächlich möglich ist den „theoretischen" Rechtsschutz in der Praxis auch erfolgreich umzusetzen und welche Folgen ein misslingender Rechtsschutz für den Betroffenen haben kann.

Schließlich beschäftigt sich das fünfte Kapitel mit der Rolle des Individuums im Bereich des Datenschutzes. Dabei gilt es nicht nur die Rechte und Pflichten des Einzelnen zu analysieren, sondern insbesondere auch die Aufgaben des Staates bzw. der Union herauszustellen, die für einen effektiven Schutz verwirklicht werden müssen. Hierbei werden konkrete Problemkonstellationen angesprochen, zu welchen sodann Lösungsvorschläge erfolgen sollen.

Im sechsten Kapitel schließlich werden die Ergebnisse der Arbeit zusammengefasst und abschließend ein Fazit gezogen.

Kapitel II: Rechtsgrundlagen des Schutzes personenbezogener Daten

A. Der nationale und internationale Begriff des Datenschutzes

I. Datenschutz als Teil der grundrechtlich geschützten Privatsphäre

Sowohl das internationale, als auch das nationale Datenschutzrecht verfolgen den Zweck, den Einzelnen vor Verletzungen seiner Privatsphäre durch den Umgang mit ihn betreffenden Daten zu schützen[7]. Der Begriff „Datenschutz" ist dabei insoweit missverständlich, da er dem Leser suggeriert, dass es um den Schutz von Daten (also Informationen des jeweiligen Datenbesitzers) geht und nicht um den Schutz desjenigen, den die Daten betreffen (Datenschutz ist Betroffenenschutz)[8]. Dieses Recht, das vor Eingriffen in die Privatsphäre schützt, ist ein Grundrecht, wenn auch vielerorts Streit über die Reichweite und den Umfang des Schutzgegenstandes besteht.

Das Recht zum Schutz der Privatsphäre ist national wie international anerkannt und genießt in zahlreichen Staaten verfassungsrechtlichen oder zumindest einfach gesetzlichen Schutz[9]. Wo ein solcher Schutz durch ein entsprechendes Normgefüge nicht vorhanden ist, wird ein zumindest grundsätzlicher Schutz vielfach durch Gerichte aus den allgemeinen Werten und Prinzipien hergeleitet. Es stellt einen wesentlichen Eckpunkt des Privatlebens für einen jeden dar.

Umso mehr überrascht es, dass eine Vielzahl von Menschen sich der Verletzung dieses Rechts im Alltag nicht bewusst ist, denn die Eingriffe durch eine Verarbeitung von personenbezogenen Daten sind quasi alltäglich geworden und werden größtenteils nicht wahrgenommen oder gar ignoriert.

---

7   Vgl. §1 I 1 BDSG; §1 LDSG; Art. 1 I Richtlinie 95/46/EG
8   *ROßNAGEL*, Informatik Spektrum 12/2005, S. 462 (463); *ROßNAGEL*, Datenschutz in einem informatisierten Alltag, S.107; *ROßNAGEL* in: MATTERN, Die Informatisierung, S. 267.
9   *GENZ*, Datenschutz in Europa und den USA, S. 7; eine Liste der Länder, die den Schutz auf Privatsphäre anerkennen und dessen Reichweite, kann man schematisch unter http://www.privacyinter national.org/survey/rankings2007/phrcomp_sort.pdf (zuletzt abgerufen am 5.8.2010) einsehen. Aufschlussreich sind auch die Länderberichte der EPIC und PrivacyInternational die jährlich neu erscheinen. Diese sind einsehbar unter http://www.privacyinternational.org/article.shtml?cmd[347]=x-347-563326 (zuletzt abgerufen am 5.8.2010).

Erfolgen Eingriffe in ein anderes Grundrecht, wie beispielsweise durch eine Durchsuchung der Wohnung (Art. 13 GG), die Beschlagnahme von Gegenständen (Art. 14 GG), die Untersagung der Vornahme einer religiösen Handlung (Art. 4 GG), oder wird eine spezifische Berufsgruppe mit neuen gesetzlichen Regelungen bedacht (Art. 12 GG), so sind die jeweils Betroffenen schnell dazu geneigt, sich eines Rechtsbeistandes zu befleißigen, um die Verletzung rechtlich feststellen zu lassen und gegebenenfalls Sekundäransprüche geltend zu machen.

Welche Person vermutet jedoch hinter einer unverlangt zugesandten Werbe-E-Mail (Spam), Werbe-SMS, der Veröffentlichung von Fotos in sozialen Netzwerken (StudiVZ, Facebook), einen Eingriff oder gar eine Verletzung der Privatsphäre? Erst bei gravierenden Eingriffen, wie zum Beispiel der Weitergabe von Bank oder Flugpassagierdaten an die USA, Nacktscannern an Flughäfen, massenhaft unerlaubten Kontoabbuchungen, der Speicherung von Verbindungsdaten oder ähnlichen Sachverhalten, die auch zumeist große Beachtung durch die Medien erfahren, nimmt der individuell Betroffene von der Situation Kenntnis und registriert, dass er in seinen Rechten unmittelbar verletzt bzw. eingeschränkt wird. Diese Tatsache verdeutlicht, dass dieses elementare Recht im Gegensatz zu anderen Grundrechten eine eklatant geringe Aufmerksamkeit genießt. Die Folgen sind immer häufigere und intensivere Eingriffe und ein nur grundsätzlicher Schutzstandard, der zum Teil der bereits erfolgten gesellschaftlichen und technischen Entwicklung hinterherhinkt.

II. Der nationale Privatsphäreschutz und der aus ihm entwickelte Datenschutz

1. Die Grundrechte

Die Privatsphäre des Einzelnen wird in der deutschen Verfassung auf unterschiedliche Weise geschützt. Im Wesentlichen sind dazu die Art. 2 Abs. 1 (teils i.V.m. Art. 1 Abs. 1), 10 und 13 GG zu nennen. Dabei ist direkt auf den ersten Blick feststellbar, dass es einen expliziten Schutz i.S.d. Begriffs „Datenschutz" im Grundgesetz nicht gibt. Vielmehr werden verschiedene Aspekte und Bereiche, die als Teile der Privatsphäre anzusehen sind, speziell geregelt[10]. An erster Stelle ist dabei Art. 13 GG zu nennen, der die Integrität der Wohnung schützt, also Objekt bezogen fungiert. Er schützt den Einzelnen davor, dass ohne seinen Willen ihn betreffende Tatsachen oder Informationen

---

10   *PLACZEK*, Allgemeines Persönlichkeitsrecht, S. 44.

aus seinem zentralen Gestaltungs- und Lebenskreis nicht nach außen dringen und somit Dritten nicht zugänglich werden[11]. Als Eingriff ist somit jede Handlung zu qualifizieren, die versucht diese Wahrnehmungsblockade zu umgehen[12].

Gleiches gilt für Art. 10 GG, welcher nicht nur vor der inhaltlichen Kenntnisnahme individueller Kommunikation im Brief-, Post- und Fernmeldeverkehr schützt, sondern auch vor der Kenntnisnahme der Umstände, unter denen diese erfolgt (Häufigkeit, Empfänger, Datum etc.).[13]

a) Das allgemeine Persönlichkeitsrecht (Art. 2 Abs. 1, 1 Abs. 1 GG)

Der wohl wesentlichste Aspekt des Schutzes der Privatsphäre ist jedoch in dem allgemeinen Persönlichkeitsrecht gem. Art. 2 Abs. 1, 1 Abs. 1 GG zu sehen, welches einen unantastbaren Bereich der privaten Lebensgestaltung darstellt. Es verpflichtet den Staat die Privatsphäre des Grundrechtsträgers als Sphäre der Intimität und des individuellen Gestalten und Wirkens anzuerkennen und zu schützen.[14]

Dem Grundrechtsträger wird somit eine eigene Sphäre zugestanden, in welcher er frei von staatlichem Zwang und autonom sein eigenes Leben gestalten kann. Somit wird es jedem individuell ermöglicht zu entscheiden, wann, wie und in welchem Umfang er am gesellschaftlichen und sozialen Leben teilhaben möchte. Schon durch den Begriff „allgemeines Persönlichkeitsrecht" wird klar, dass dieses Recht einen weiten Interpretationsspielraum zulässt. Im Verlauf der Zeit hat das Bundesverfassungsgericht dieses Recht konkretisiert, indem es zunehmend bereichsspezifische Ausprägungen des allgemeinen Persönlichkeitsrechts herausgebildet hat, um neu entstandenen spezifischen Gefährdungslagen zu entgegnen. Unter anderem zählen hierzu

---

11 *Kühne* in: Sachs, Grundgesetz, Art. 13 Rn. 9 ff.

12 Ein Beispiel hierfür ist die Installation von Mikrotransmittern („Wanzen"), mit denen man Gespräche, die in der Wohnung geführt werden, mithören kann. Auch eine Durchsuchung der Wohnung oder die heimliche Installation einer Videoüberwachung stellt einen solchen Grundrechtseingriff dar.

13 *Pagenkopf* in: Sachs, Grundgesetz, Art. 10 Rn.12 ff.; *Jarass* in: Jarass/Pieroth, Grundgesetz, Art. 10 Rn. 3 ff.

14 *Genz*, Datenschutz in Europa und den USA, S. 8; *Kunig* in: v. München/Kunig, Grundgesetz, Art. 2 Rn. 32; *Jarass* in: Jarass/Pieroth Art. 2 Rn. 41; *Murswiek* in: Sachs, Grundgesetz, Art. 2 Rn. 69 ff.

vor allem das Recht am gesprochenen Wort[15], das Recht am eigenen Bild[16] und diverse andere Einzelrechte[17].

b) Das „Recht auf informationelle Selbstbestimmung"

Einen weiteren spezifischen Aspekt der Privatsphäre und elementaren Teil des allgemeinen Persönlichkeitsrechts, der über den bloßen Text des Art. 2 Abs. 1 GG hinausgeht und der über den eigentlichen Entscheidungsgegenstand hinaus elementare Bedeutung für den Datenschutz erlangte, hat das Bundesverfassungsgericht in seinem am 15.12.1983 erlassenen Volkszählungsurteil[18] erarbeitet. In diesem hat das Bundesverfassungsgericht erstmals das „Recht auf informationelle Selbstbestimmung"[19] hergeleitet und so zu einer Konkretisierung des Persönlichkeitsrechts und zwangsläufig auch zu einem höheren Schutz der Privatsphäre in Bezug auf Informationsverarbeitung beigetragen. Die zentralen Aspekte des Urteils lauten wie folgt:

- Nach dem Recht auf informationelle Selbstbestimmung ist jeder Einzelne befugt grundsätzlich „selbst über die Preisgabe und Verwendung seiner persönlichen Daten zu bestimmen".[20] Dies umfasst jegliche Verwendung oder Zugänglichmachung von Informationen, unabhängig von einer manuellen oder automatisierten Verarbeitung.

- Eine Einschränkung dieses Rechts bedarf einer verfassungsgemäßen gesetzlichen Grundlage (Vorbehalt des Gesetzes).

---

15   Vgl. BVerfGE 34, 238 (246 ff.).
16   Vgl. BVerfGE 35, 202 (224).
17   Vgl. dazu MURSWIEK in: SACHS, Grundgesetz, Art. 2 Rn. 68 ff.
18   BVerfGE 65, (1 ff.); dem Urteil lag folgender Sachverhalt zugrunde: Nach den Bestimmungen des Volkszählungsgesetzes sollte im Frühjahr 1983 eine Volkszählung in Form einer Totalerhebung stattfinden. Die Erfassung sollte durch Beamte oder Beauftragte der öffentlichen Verwaltung von Tür zu Tür erfolgen, da ein Registerabgleich durch die Behörden als zu fehleranfällig angesehen wurde. Neben der vollständigen Kopfzählung war auch die Erhebung weiterer Angaben, wie z.B. die Religionsangehörigkeit, erlernter Beruf, ein eventuell zu zahlender Mietzins, die Eigenschaft als Student oder Schüler und vieles mehr beabsichtigt. Hiergegen erhob eine Vielzahl von Bürgern Verfassungsbeschwerde.
19   BVerfGE 65, 1 (41 ff.).
20   BVerfGE 65, 1 (43).

- Basierend hierauf muss das Gebot der Normenklarheit gewahrt sein, damit der Betroffene klar über Voraussetzungen und Umfang des Eingriffs informiert ist.

- Die Eingriffsnorm muss dem durch das Rechtsstaatprinzip verbürgten Verhältnismäßigkeitsgrundsatz entsprechen.

- Die Norm muss präzise den Verwendungszweck bestimmen, woraus folgt, dass eine Verwendung entgegen den gesetzlichen Bestimmungen zu unterbleiben hat.[21]

- Es müssen organisatorische und verfahrensrechtliche Regelungen zum Schutz des individuell Betroffenen kreiert werden.

Diese Grundsätze gelten dabei nicht nur für das Verhältnis Staat-Bürger, sondern über den Gedanken einer Schutzpflicht des Staates auch für den privaten Bereich der Verarbeitung von personenbezogenen Daten[22]. Mit dieser Entscheidung hat das Bundesverfassungsgericht entgegen einer expliziten Verankerung im Wortlaut des Grundgesetzes den Datenschutz in den Bereich der von der Verfassung geschützten Rechtsgüter gehoben. Bemerkenswert ist hierbei vor allem, dass dieser Schutz unabhängig von der Art der Verarbeitung und der Frage, ob es sich um einen privaten oder öffentlichen Verarbeitungsprozess handelt, fungiert. Alleiniger Anknüpfungspunkt ist das Verarbeitungsobjekt des „personenbezogenen Datums".

Dabei kann bei Betrachtung des erstgenannten Grundsatzes, dass der Einzelne über seine personenbezogenen Daten grundsätzlich selbst bestimmt, der Eindruck entstehen, dass das informationelle Selbstbestimmungsrecht dem Einzelnen ein eigentumsähnliches Herrschaftsrecht (Property Right) an eben diesen Daten einräumt (bspw. Gesundheitsdaten bei einem Arztbesuch). Diese Annahme scheint zusätzlich durch die alltägliche Praxis gestärkt zu werden,

---

21 Dies entspricht den Grundsätzen der Zweckbestimmung, -bindung, der Datenvermeidung und –sparsamkeit, welche sowohl dem nationalen als auch internationalen Datenschutz immanent sind.

22 Vgl. *WOHLGEMUTH/GERLOFF*, Datenschutzrecht, S. 13; *KÜHLING/SEIDEL/SIVRIDIS*, Datenschutzrecht, S. 78; BVerfGE 84, 192 (194 f.), *ROẞNAGEL*, Datenschutz in einem informatisierten Alltag, S. 115.

denn allzu gern werden personenbezogene Daten im Austausch gegen geringe Entlohnungen „entäußert"[23].

Eine solche Interpretation ist jedoch gänzlich abzulehnen[24]. Die informationelle Selbstbestimmung soll dem Individuum die nötige Freiheit bescheren, um sich ungehindert und zwanglos zu entwickeln und nach beliebigem Umfang am gesellschaftlichen Leben teilzunehmen. Sie ist daher ein wichtiges Element, das eine freie demokratische Gesellschaft erst funktionsfähig macht[25].

Mit der Zeit hat das BVerfG bestimmte Abwägungskriterien herausgebildet, um einen Eingriff in dieses Recht interessengerecht beurteilen zu können. Für die Intensität des Eingriffs sind daher dessen Beschaffenheit, also insbesondere die Frage, ob der Eingriff offensichtlich oder heimlich stattfindet, und die Tatsache entscheidend, ob der Betroffene einen Anlass für den Eingriff gegeben hat. Des Weiteren sind die Streubreite des Eingriffs, dessen Heimlichkeit, die Verdachtlosigkeit und der von dem Eingriff ausgehende Einschüchterungseffekt zu berücksichtigen[26].

Einige Zeit nach diesem grundlegenden Urteil folgten mehrere Bundesländer der Ansicht des BVerfG und etablierten in ihren Landesverfassungen ausdrücklich ein Recht auf Datenschutz[27].

c) Das „Recht auf Gewährleistung der Vertraulichkeit und Integrität informationstechnischer Systeme"

In einer weiteren Entscheidung vom 27. Februar 2008[28] kam es zu einer Konkretisierung des Rechts auf informationelle Selbstbestimmung durch das Bundesverfassungsgericht.

---

23 Als Beispiel hierfür ist die Herausgabe von personenbezogenen Daten wie Anschrift, Name, E-Mailadresse und zum Teil höchstpersönlicher Daten wie Kontodaten, zum Zwecke der Teilnahme an einem Autogewinnspiel in einer Fußgängerzone zu sehen.

24 *ROßNAGEL* in: MATTERN, Die Informatisierung, S. 267 ff.; *ROßNAGEL* in: FG BÜLLESBACH, S. 131 (133 ff.).

25 *ROßNAGEL*, Informatik Spektrum 12/2005, S. 462 (464); *DI MARTINO*, Datenschutz im europäischen Recht, S. 25; *ROßNAGEL*, Datenschutz in einem informatisierten Alltag, S. 111.

26 Vgl. hierzu mit entsprechenden Nachweisen *KÜHLING/SEIDEL/SIVRIDIS*, Datenschutzrecht, S. 78.

27 Vgl. Art. 4 Abs. 2 LVerf NW; Art. 6 LVerf SA; Art. 12 Abs. 3 LVerf Bremen.

28 BVerfG, Urt. v. 27.2.2008, - 1 BvR 370, 595/07.

Hintergrund war eine Regelung im Verfassungsschutzgesetz NRW, welche die Behörde berechtigte, sich im Rahmen der Aufklärung von Straftaten heimlich Zugriff auf informationstechnische Systeme zu verschaffen (sog. „Online-Durchsuchung"). In seiner Urteilsbegründung entwickelte das Bundesverfassungsgericht sodann das Recht auf Gewährleistung der Vertraulichkeit und Integrität informationstechnischer Systeme, welches zwar grundsätzlich subsidiär zu dem Recht auf informationelle Selbstbestimmung ist, aber dennoch eine wichtige Lücke schließt. Die zentralen Aussagen lauten wie folgt:

„Jedoch trägt das Recht auf informationelle Selbstbestimmung den Persönlichkeitsgefährdungen nicht vollständig Rechnung, die sich daraus ergeben, dass der Einzelne zu seiner Persönlichkeitsentfaltung auf die Nutzung informationstechnischer Systeme angewiesen ist und dabei dem System persönliche Daten anvertraut oder schon allein durch dessen Nutzung zwangsläufig liefert. Ein Dritter, der auf ein solches System zugreift, kann sich einen potentiell äußerst großen und aussagekräftigen Datenbestand verschaffen, ohne noch auf weitere Datenerhebungs- und Datenverarbeitungsmaßnahmen angewiesen zu sein. Ein solcher Zugriff geht in seinem Gewicht für die Persönlichkeit des Betroffenen über einzelne Datenerhebungen, vor denen das Recht auf informationelle Selbstbestimmung schützt, weit hinaus."[29]
„Soweit kein hinreichender Schutz vor Persönlichkeitsgefährdungen besteht, die sich daraus ergeben, dass der Einzelne zu seiner Persönlichkeitsentfaltung auf die Nutzung informationstechnischer Systeme angewiesen ist, trägt das allgemeine Persönlichkeitsrecht dem Schutzbedarf in seiner lückenfüllenden Funktion über seine bisher anerkannten Ausprägungen hinaus dadurch Rechnung, dass es die Integrität und Vertraulichkeit informationstechnischer Systeme gewährleistet. [...]"[30]

Vom Schutzbereich dieser Grundrechtsausprägung sind somit Personalcomputer sowie informationstechnische Komponenten in Telekommunikationsgeräten oder anderen elektronischen Geräten, und die Vernetzung der Systeme selbst, geschützt[31]. Der Einzelne wird somit vor gezielten Übergriffen geschützt, die nicht auf einen konkreten Kommunikationsvorgang oder auf

---

29   BVerfG, Urt. v. 27.2.2008 - 1 BvR 370, 595/07, Rn. 200.
30   BVerfG, Urt. v. 27.2.2008 - 1 BvR 370, 595/07, Rn. 201.
31   *JARASS* in: JARASS/PIEROTH, Grundgesetz, Art. 2 Rn. 45 c.

die Erhebung bestimmter Daten gerichtet sind, sondern auf das Informationssystem im Ganzen. Zugriffe auf Systeme, die lediglich Daten mit einem partiellen Bezug zu einem konkreten Lebensbereich des Betroffenen enthalten,
unterliegen demnach dem Recht auf informationelle Selbstbestimmung[32].

2. Die geschichtliche Entwicklung des Datenschutzes im Überblick

Das Volkszählungsurteil ist jedoch nicht die Wiege des Datenschutzrechts.
Im Jahre 1970 erfolgte die weltweit erste Kodifizierung des Datenschutzes im
hessischen Datenschutzgesetz. Das erste einheitliche Datenschutzgesetz für
die Bundesrepublik Deutschland erfolgte 1977[33]. Bis heute erfolgten zahlreiche Reformierungen, wobei die Reformierung durch die RL 95/46/EG besonders hervorzuheben ist.

Dabei muss festgehalten werden, dass die Regelungen des BDSG funktional gesehen reine Auffanggesetze sind[34] und durch eine Vielzahl von be-
reichsspezifischen Regelungen ergänzt werden, die als jeweilige „lex specialis" Regelungen vorgehen.

Darauf basierend und aufgrund der Tatsache, dass der Schutz personenbezogener Daten auf dem allgemeinen Persönlichkeitsrecht beruht, ist der Datenschutz als eine „Querschnittsmaterie"[35] zu beurteilen, für die keine spezifische Gesetzgebungskompetenz des Bundes vorhanden ist. Der Begriff Querschnittsmaterie ist insofern angebracht, da der Datenschutz zwar einerseits auf
einheitlichen Regelungen beruht, deren Grundprinzipien auch verfassungsrechtlich verbürgt sind (s.o.), er aber andererseits für jeden Bereich besonders
geregelt ist. Beispielsweise werden datenschutzrechtliche Fragestellungen im
Bereich des Versicherungswesens im jeweiligen Versicherungsgesetz geregelt
und nicht in den Bundes- oder Landesdatenschutzgesetzen.

Vielmehr müssen für die entsprechenden Regelungen die jeweiligen be-
reichsspezifischen Gesetzgebungskompetenzen fruchtbar gemacht werden

---

32   BVerfG, Urt. v. 27.2.2008 - 1 BvR 370, 595/07, Rn. 202; beispielsweise sind Lese-
       geräte für EC-Karten nicht von dem Recht auf Integrität informationstechnischer
       Systeme, sondern von dem Recht auf informationelle Selbstbestimmung, erfasst.
33   BGBl. I 1977 S. 201.
34   Vgl. *WOHLGEMUTH/GERLOFF*, Datenschutzrecht, S. 7.
35   Vgl. *WOHLGEMUTH/GERLOFF*, Datenschutzrecht, S. 8; *GOLA/KLUG*, Grundzüge des
       Datenschutzrechts, S. 7; *GENZ*, Datenschutz in Europa und den USA, S. 9; *BRITZ*,
       EuGRZ 2009, S. 1 (4).

(Annexkompetenz des Bundes)[36]. Im Bereich der Verwaltung des Bundes ergibt sich die Gesetzgebungskompetenz somit aus den Art. 70 ff. i.V.m. Art. 84 Abs. 1 GG, Art. 85 Abs. 1, Art. 86 GG, da die Verarbeitung der Daten hier zu arbeitstechnischen- und organisatorischen Zwecken eingesetzt wird und somit dem Verwaltungsverfahren zuzuordnen ist. Für den Bereich des Privatsektors folgt die Gesetzgebungskompetenz aus der jeweiligen Sachkompetenz der Art. 70 ff GG[37], wobei besonders die Bereiche des Art. 72 Abs. 1 i.V.m. Art. 74 Abs. 1 Nr. 1, 11, 12, GG eine hohe Relevanz besitzen.

3. Die Bedeutung des Datenschutzes für den modernen Rechtsstaat

a) Datenschutz als unmögliche Aufgabe?

Wie die vorherigen Ausführungen bereits gezeigt haben, besteht ein Spannungsverhältnis zwischen dem Datenschutz und den besonderen staatlichen Interessen an einer möglichst umfangreichen Datenverarbeitung. Schon immer bestand ein hoher Bedarf des Staates an differenzierten Datensätzen, damit dieser seinen Pflichten angemessen nachkommen konnte. Dies betrifft nicht nur die Bereiche der ordnungsgemäßen Daseinsvorsorge, sondern auch die Ordnungs- und Sicherungsfunktion des Staates, sodass die Bereitstellung und Wahrnehmung entsprechender staatlicher Einrichtungen immer auch mit einem entsprechenden Informationsbedarf des Staates einhergehen[38]. Die technischen Entwicklungen haben jedoch zu einer drastischen Vereinfachung der Datenverarbeitung und somit zu einem Anstieg der Verarbeitungsvorgänge sowohl im staatlichen, als auch im privaten Bereich geführt, sodass die Datenerhebung nunmehr platzsparend, schnell und umfangreich erfolgen kann. Dies birgt jedoch in besonderer Weise erhöhte Missbrauchsgefahren. Dabei muss der Staat sich zunehmend der Tatsache stellen, dass allein rechtliche Mechanismen an teilweise unüberwindbare Grenzen stoßen, welche im Folgenden nur kurz skizziert werden sollen.

Das erste zentrale Problem wurde bereits erwähnt und resultiert aus dem Territorialitätsprinzip, denn der Staat selbst kann rechtliche Regelungen nur

---

36 *GOLA/KLUG*, Grundzüge des Datenschutzrechts, S. 7, 8.
37 Vgl. *KÜHLING/SEIDEL/SIVRIDIS*, Datenschutzrecht, S. 74; *GENZ*, Datenschutz in Europa und den USA, S. 10; *GOLA/KLUG*, Grundzüge des Datenschutzrechts, S. 8.
38 *SCHOLZ/PITSCHAS*, Informationelle Selbstbestimmung und staatliche Informationsverantwortung, S. 103.

auf seinem Hoheitsgebiet durchsetzen, und dies auch nur dort, wo die digitale Welt in die reale Welt mündet[39]. Sobald der Datenverkehr die staatliche Grenze überschritten hat, ist dieser der nationalen Beeinflussung entzogen. Auch internationale Datenströme, die von außen auf ihn einwirken, kann er kaum beeinflussen, da sich schon aufgrund des immensen Datenvolumens, der Vielzahl von Verarbeitungsvorgängen und der physischen Unfassbarkeit von Daten in der Praxis unüberwindbare Hindernisse stellen. Würde man in Erwägung ziehen eine Kontrollstelle zu errichten, die sämtliche Verarbeitungsvorgänge untersucht, so ließe sich dieses Vorhaben zum einen praktisch erst gar nicht umsetzen[40], und wäre zum anderen auch unerwünscht, da dies eine unerträgliche Verlangsamung der Datenflüsse und somit des freien Datenaustausches zur Folge haben würde, was wiederum zu einem gravierenden Handelshemmnis führen würde.

Hinzu kommt die steigende Komplexität der Datenverarbeitung, da sich viele Verarbeitungsvorgänge „fremder" Datenbanken bedienen, um an die nötigen Informationen für eigene Auswertungen zu gelangen und diese später wiederum weitergeben. Dies basiert auf der zunehmenden Verflechtung der bestehenden Systeme, da sich hierdurch bestehende Datenpools aufgrund der Zentralisierung besser und einfacher verwalten lassen.

Zudem finden die meisten Vorgänge unsichtbar und verborgen vor dem Auge des Betroffenen statt. Ein klassisches Beispiel hierfür sind sog. „Cookies" (Kekse), die von verschiedenen Programmen gesetzt werden. Dieser Cookie enthält Informationen und übermittelt diese an andere Programme, wodurch beispielsweise ersichtlich wird, wer wann ein bestimmtes Programm wie häufig benutzt hat, oder für welche Internetseiten sich eine Person interessiert[41]. Als ebenfalls sehr prägnantes Beispiel lässt sich auch die steigende Datensammlung und -verarbeitung von Bordcomputern in neuen Automodellen nennen. Diese registrieren und speichern die gefahrene Distanz und das Fahrverhalten, wie zum Beispiel die Geschwindigkeit oder die Anzahl der Bremsvorgänge, und gleichen diese mit den internen Parametern ab, um die Funktionsfähigkeit einiger Ausstattungsteile zu garantieren[42]. Gleichfalls

---

39   Vgl. ROßNAGEL, Informatik Spektrum 25/2002, S. 33 (35).
40   So auch ROßNAGEL, Informatik Spektrum 12/2005, S. 462 (466); ROßNAGEL, ZRP 1997, S. 26 (27).
41   PETRI in: SCHULZKI-HADDOUTI, Bürgerrechte im Netz, S. 77 ff.
42   Dies ist zum Beispiel bei Funktionen der Fall, die den Abstand, die Geschwindigkeit und die Sichtweite wahrnehmen, um rechtzeitig einen Bremsvorgang einzuleiten o-

können diese Daten jedoch auch bei einem Unfall ausgewertet werden, oder der Autowerkstatt Aufschluss über gewisse Verhaltensweisen geben. Einen zusätzlichen „Negativfaktor" stellt zudem die dezentrale Organisation des Internets dar. Wurden Daten erst einmal erhoben und finden sie den Weg ins Internet, so ist es unmöglich diese Informationen wieder zu unterdrücken oder zu beseitigen[43]. Ein Beispiel für diese Unkontrollierbarkeit sind die zahlreichen Beiträge über die Präsidentenwahlen im Iran 2009, die trotz hoheitlich veranlasster Internetsperre auf Twitter oder ähnlichen Kommunikationsplattformen frei zugänglich wurden.

Die Volumenzunahme der Verarbeitungsvorgänge beeinflusst zudem auch die Möglichkeit der effizienten Rechtsausübung. Selbst wenn man von einem umfassenden Schutz ausgehen könnte, so ist für die Rechtsausübung eine genaue Beobachtung der einzelnen Prozesse notwendig. Deren Anzahl im Alltag ist jedoch bereits jetzt nahezu unüberschaubar, oder es wäre zumindest ein erheblicher Arbeitsaufwand notwendig, um die jeweils für die Datenerhebung verantwortliche Stelle zu ermitteln. Beispielhaft hierfür anzuführen sind Sensoren, Überwachungskameras, RFID-Chips und der bereits eingangs erwähnte Einsatz von diversen Kunden-/Rabattkarten. Es stellt sich somit unmittelbar die Frage, wie ein „Datenschutz" erreicht werden soll, wenn der Weg über die bisherigen rechtlichen Vorschriften alleine nicht zum Ziel eines „Vollschutzes" führt.

Als ein zentraler Gesichtspunkt ist hier vor allem die staatliche „Gewährleistungsverantwortung" zu erwähnen[44]. Der Staat soll hier, entgegen der aktuell angewendeten Praxis, nicht die Verantwortung des Datenschutzes allein tragen, sondern die nötigen Ressourcen schaffen bzw. fördern, damit jeder einzelne in die Lage versetzt wird, seine Daten in einem gewissen Maß selbst zu schützen und geeignete Maßnahmen zu ergreifen. Diese „Gewährleistungsverantwortung" ist also nicht im Sinne einer Gewährung von „Vollschutz", sondern eher als eine Art „Infrastrukturverantwortung" zu interpre-

---

der bei einem Ausscheren im Rahmen eines Überholvorgangs vor einer Kollision warnen sollen.

43 Insofern ist dem oft in der Fachliteratur zitierten Spruch, „Das Netz vergisst nie!", uneingeschränkt zuzustimmen.

44 Vgl. zu diesem Begriff näher *ROßNAGEL*, Informatik Spektrum 12/2005, S. 462 (469); *DI MARTINO*, Datenschutz im europäischen Recht, S. 25; *ROßNAGEL* in: ROßNAGEL, Handbuch Datenschutzrecht, S. 333 Rn. 21; *HOFFMANN-RIEM*, AöR 1998, S. 513 (534, m.w.N.); *WEICHERT*, DuD 2010, S. 7 (10).

tieren, nach welcher der Staat verpflichtet ist, den jeweiligen Bürger mit effektiven Handlungsinstrumentarien auszustatten. Dies kann beispielsweise durch den sog. „Systemdatenschutz" oder den „Selbstdatenschutz" erfolgen[45].

Zusätzlich muss sich jedoch auch die Staatengemeinschaft ihrer stetig wachsenden Aufgabe bewusst werden, da, wie noch zu zeigen sein wird, nur international einheitliche Regelungsstandards in der Lage sein werden einen soliden Mindestschutzstandard zu gewährleisten[46] und die Mitgliedstaaten allein dieser Aufgabe im Rahmen des europäischen Normgefüges zunehmend nur schwerlich gewachsen sein dürften.

b) Freiheit vs. Sicherheit

Seit der Geburtsstunde der Grundrechte sieht sich der Staat in einen scheinbar immerwährenden Konflikt verstrickt. Auf der einen Seite muss er die Grundrechte des einzelnen Bürgers stets achten und berücksichtigen, andererseits ist er jedoch auch verpflichtet die notwendigen Maßnahmen zu ergreifen, damit er seine innere Funktionsfähigkeit aufrechterhalten und seine Bürger vor von außen einwirkenden Gefahren effektiv schützen kann. Dies gilt auch zunehmend für die Union selbst, da Bedrohungen wie der Terrorismus mittlerweile globale Probleme darstellen.

Konsequenterweise ist daraus zu folgern, dass der Staat die Rechte des Einzelnen in einem gewissen Rahmen einschränken muss, um an die nötigen Informationen zu gelangen, damit er erst in die Lage versetzt wird diesen Schutz auch tatsächlich bewirken zu können. Somit stehen sich zwei konfligierende Interessenkreise gegenüber, zwischen denen es einen Interessenausgleich herzustellen gilt.

Dieser Konflikt wird gemeinhin als „Konflikt Freiheit – Sicherheit" bezeichnet.

aa) Sicherheit

Was ist unter dem Begriff der Sicherheit zu verstehen? Diese Frage lässt sich nicht ohne weiteres einheitlich beantworten, denn der Begriff wird in der

---

45   Siehe hierzu später Kapitel V.
46   Vgl. hierzu auch die Ausführungen bei *VIETHEN*, Datenschutz als Aufgabe der EG, S. 9 ff., 137.

Gesellschaft vielfältig verwendet[47]. Er ist inhaltlich einem stetigen Wandel unterzogen, der die Reaktion auf gesellschaftliche Entwicklungen und Befindlichkeiten darstellt[48]. Trotz der vielfältigen Verwendung lässt sich aus all den verschiedenen Verwendungsmöglichkeiten eine Kernaussage des Sicherheitsbegriffs kristallisieren.

Sicherheit wird danach gemeinhin als ein relativer Zustand der Gefahrenfreiheit angesehen[49], der für eine bestimmte Zeit, einen bestimmten Zeitraum oder unter bestimmten Konditionen gegeben ist. Im Rahmen der modernen Industrie- und Kommunikationsgesellschaft wird hierzu neben dem klassischen Bereich der „physischen Sicherheit" auch die eng mit ihr verbundene ökologische und soziale Sicherheit gezählt[50]. Gefahren und Risiken sind jedoch nur begrenzt beherrschbar, weshalb allgemein anerkannt ist, dass es eine hundertprozentige Sicherheit nicht gibt[51]. Ein allgegenwärtiger Vollschutz, der zu jeder Zeit und überall verfügbar ist, kann somit nicht existieren, denn es gibt immer Risiken und Gefahren, die zum Teil unvorhersehbar bzw. unkontrollierbar sind. „Sicherheit" bzw. „Unsicherheit" sind dabei subjektiv vermittelte Begriffe und damit von einem vielschichtigen Interaktions-/Interpretationsprozess abhängig. Zusätzlich besitzt „Sicherheit" auch stets eine spezielle Angst-/Furchtkomponente, sodass Sicherheit nur dort herrschen kann, wo sich der Einzelne bzw. die Gesellschaft eines zuverlässigen Schutzes der eigenen Unversehrtheit gewiss sein kann[52].

Sicherheit, als Zustand der Gefahrenfreiheit, ist daher seit ewigen Zeiten ein Grundbedürfnis des Menschen[53] und stellt zugleich ein Element der naturrechtlich geprägten Staatslehre dar. Im Folgenden sollen die wesentlichen historischen Züge kursorisch dargestellt werden und sodann die Rolle der Sicherheit im modernen Rechtsstaat eruiert werden, wobei dies spezifisch unter dem Gesichtspunkt des Datenschutzes erfolgen soll.

Beispiele für die vielfältige Verwendung des Begriffes sind Rechtssicherheit, innere Sicherheit, äußere Sicherheit, wirtschaftliche Sicherheit, soziale Sicherheit, individuelle Sicherheit, kollektive Sicherheit etc.

48 Vgl. *ISENSEE*, Das Grundrecht auf Sicherheit, S. 22 ff.

49 Vgl. *KÖBLER*, Juristisches Wörterbuch, S. 430; *ERBEL*, APuZ 10-11/2002, S. 14 (15).

50 Vgl. *SOMMERMANN*, Staatsziele und Staatszielbedürfnisse, S. 205; *CALLIESS*, DVBl 2003, S. 1096 (1096).

51 Vgl. statt vieler *ISENSEE*, Das Grundrecht auf Sicherheit, S. 41 f.

52 Vgl. *AHLF*, Situation der Polizeiforschung, Rn. 2 a.

53 Vgl. *SOMMERMANN*, Staatsziele und Staatszielbedürfnisse, S. 203 (m.w.N.).

(1) Die Geschichte des Sicherheitsbegriffs

Die Idee der Sicherheit wurde Mitte des vorigen Jahrtausends zur Triebkraft der Idee eines modernen Staates. Herrschte doch vielerorts das „Recht des Stärkeren", der sich aufgrund seiner Gewaltstellung das nehmen konnte, was er wollte, und damit andere einschränkte, so kristallisierte sich zunehmend die Idee eines modernen Staates, der dieses Prinzip ablösen sollte. Hintergrund war, dass der moderne Staat das rechtmäßige Gewaltanwendungsmonopol zugesprochen bekommen sollte, und im Gegenzug hierfür Friede nach Innen und Außen versprach. Dies war die Geburtsstunde der bis heute geltenden Idee einer souveränen Staatsgewalt. JEAN BODIN (1530-1596) war einer der bedeutendsten Vertreter dieser Theorie, der in seinem Werk „De la Republique" dem Staat das immerwährende und absolute Gewaltmonopol in Form einer „souveräne(n) Gewalt"[54] zusprach, jedoch noch offen ließ, was diesen zur Herrschaft mit absoluter Macht berechtigte[55]. BODIN argumentierte historisch und begründete die Herrschaftsstellung mit dem alten Recht des Königreichs, was jedoch nicht überzeugend war. So blieb er den Nachweis dieses Rechts schuldig, obwohl es zu diesem Zeitpunkt bereits eine Erklärung gab, die jedoch üblicherweise von den Gegnern absoluter Fürstenmacht vertreten wurde[56]. Es handelte sich dabei um die Theorie des „Herrschaftsvertrages"[57].

Die Antwort auf die Frage erfolgte durch Thomas HOBBES (1588-1679), der diese Idee in seinen Werken „De cive" (1641) und „Leviathan" (1651) fortentwickelte.

Er stützte sich dabei auf ein Gedankenexperiment. In diesem Experiment wurde der Mensch in einen „Naturzustand" versetzt, in dem es keinerlei Rechtsordnung oder Organisation gab. Dieser Zustand war nicht ein Zustand des friedlichen Zusammenlebens, sondern ein kriegsähnlicher Zustand, in welchem Konflikte und Gewaltbereitschaft vorherrschten (der sog. „bellum omnium contra omnes"). Bestückt mit unbegrenzter Handlungsfreiheit, seinen Trieben unterworfen und bedingt durch die natürliche Gleichheit aller Men-

---

54 *BODIN*, Sechs Bücher über den Staat, Buch I, Kapitel 8 und 10; *MIDDEL*, Innere Sicherheit und präventive Terrorismusbekämpfung, S. 21.
55 *SCHULZE*, Staat und Nation in der europäischen Geschichte, S. 66 ff.
56 *SCHULZE*, Staat und Nation in der europäischen Geschichte, S. 67.
57 Häufig wird in diesem Zusammenhang auch von einem „Gesellschaftsvertrag" gesprochen.

schen, hatte jeder Mensch somit ein Recht auf alles[58]. Damit musste aber jeder Mensch allgegenwärtig den Tod oder den Verlust seines Hab und Guts fürchten. Aus diesem Grund schlossen die Menschen einen Vertrag, mit welchem sie auf das Recht verzichteten sich zu töten und zu schädigen[59]. Da ein wechselseitiger Vertrag nach dem Grundsatz „neminem laedere" allein jedoch nicht ausreichte, bedurfte es einer zwingenden Macht, die alle Menschen zum Frieden zwingen konnte[60].

Diese Macht wurde auf den Staat, den „Leviathan", übertragen, jenes biblische Ungeheuer, das über Leben und Tod, Freund und Feind und Krieg und Frieden entscheidet[61].

Mit diesem Konstrukt sollte also der „Naturzustand" in einen Friedenszustand überführt werden, der dem Einzelnen Sicherheit für Leib und Leben gewähren sollte. Vereinfacht lässt sich daher feststellen, dass sich der Zusammenschluss der Menschen zu einem Staat auf einen Tausch von Unterwerfung gegen Sicherheit durch Schutz darstellen lässt[62].

Folglich erfolgt die Legitimation des Staates aus der Erfüllung des fundamentalen Zwecks der Sicherheit und der daraus erwachsenden Aufgabe, den Schutz des Bürgers sicherzustellen. Diese Schutzpflicht ist die Kompensation für die Akzeptanz des Gewaltmonopols im Interesse allgemeiner Sicherheit („Friedenspflicht des Bürgers")[63]. Demnach ist der Bürger verpflichtet, Konflikte im Rahmen des Rechts auszutragen und ansonsten auf Androhung oder Anwendung von Gewalt zu verzichten. Eben hierauf beruht wiederum das Gewaltmonopol, sodass sich der Kreis schließt. Diese Verpflichtung besteht

---

58 „Der Mensch ist des Menschen Wolf", *SCHULZE*, Staat und Nation in der europäischen Geschichte, S. 67; vgl. *CALLIESS*, ZRP 2002, S. 1 (3).

59 Vgl. *CALLIESS*, ZRP 2002, S. 1 (3); *SCHULZE*, Staat und Nation in der europäischen Geschichte, S. 67.

60 „Verträge ohne das bloße Schwert sind bloße Worte und besitzen nicht die Kraft, einem Menschen auch nur die geringste Sicherheit zu bieten. Falls keine Zwangsgewalt errichtet worden oder diese für unsere Sicherheit nicht stark genug ist, wird und darf jedermann sich rechtmäßig zur Sicherung gegen alle anderen Menschen auf seine eigene Kraft und Geschicklichkeit verlassen.", *HOBBES*, Leviathan, Kap. 13, S. 131.

61 *HOBBES*, De Cive, Kap. 6, 3; *SCHULZE*, Staat und Nation in der europäischen Geschichte, S. 67, 68; *CALLIESS*, ZRP 2002, S. 1 (3).

62 Vgl. *GUSY*, DÖV 1996, S. 573 (577); *ISENSEE*, Das Grundrecht auf Sicherheit, S. 3 ff.

63 *KRÖGER*, JuS 1984, S. 172 (173); *ISENSEE*, Das Grundrecht auf Sicherheit, S. 23 ff.

jedoch nur, soweit der Staat auch effektiv Sicherheit leisten kann, da ansonsten jeder berechtigt ist sich selbst zu verteidigen[64].

Neben den Alternativen des „Naturzustandes" und dem „Leviathan", als extreme Herrschaftsszenarien, entwickelte John LOCKE (1632-1704) eine dritte Alternative[65].

LOCKE geht ebenfalls wie HOBBES davon aus, dass der Staat für Sicherheit zu sorgen hat und demnach verpflichtet ist, Leib, Leben und Eigentum seiner Bürger zu schützen. Zu diesem Zweck wird dem Staat die Macht verliehen Gesetze zu erlassen, und deren Erhaltung gegebenenfalls gewaltsam sicherzustellen.

LOCKE blickte jedoch weiter als HOBBES, denn er sah gerade in dieser absoluten Macht gleichzeitig auch eine Gefahr für den Bürger durch Machtmissbrauch. Einem solchen will LOCKE entgegenwirken, indem er Menschenrechte konstituiert und die Aufteilung der Staatsgewalt auf verschiedene Institutionen vornimmt, welche sich gegenseitig balancieren und kontrollieren sollen[66]. Damit erweiterte LOCKE das Herrschaftsszenario „Sicherheit durch den Staat" um den Aspekt der „Sicherheit vor dem Staat"[67]. Dabei schließen sich die Theorien von HOBBES und LOCKE nicht aus, sondern ergänzen sich vielmehr, da LOCKE auf den Theorien HOBBES aufbaut und eine genauere Differenzierung vornimmt[68].

Diese grundsätzlichen Szenarien gelten bis heute, wenn sie auch freilich stets fortentwickelt und an die moderne Gesellschaft angepasst wurden. In der modernen Zeit lassen sich diese Aspekte im Rahmen der Globalisierung sogar von dem einzelnen Staat auf supranationale Gebilde wie die EU, und damit auf das europäische Gemeinschaftsrecht übertragen, da die wachsenden Verknüpfungen der globalen Gesellschaft immer filigraner und fragiler werden und neue Gefahrenquellen eröffnen, vor denen die Bürger geschützt werden müssen[69].

---

64 HOBBES, Leviathan, Kap. 13, S. 131.
65 LOCKE, Zwei Abhandlungen über die Regierung, Band II, § 93, S. 258; § 228, S. 343.
66 Vgl. LOCKE, Zwei Abhandlungen über die Regierung, Band II, §§ 123 – 127, 134 – 136, 138, 143, 144.
67 Vgl. ISENSEE, Das Grundrecht auf Sicherheit, S. 6.
68 Vgl. ISENSEE, Das Grundrecht auf Sicherheit, S. 7.
69 Vgl. die "Erdbeerkrieg"-Entscheidung des EuGH, Rs. C-265/95, NJW 1998, S. 1931 ff., EuGRZ 1997, S. 620 ff, Rdnr. 32 ff., 52 f.; hierzu auch SZCZEKALLA, DVBl 1998, S. 219 (219 ff., 222). In dieser Entscheidung stellte der EuGH fest, dass die schädigenden Drohungen und Sachbeschädigungen nicht nur die Ein- oder Durchfuhr der

Folglich ist festzuhalten, dass die Entwicklung des Begriffes „Sicherheit" drei Stufen durchlebt hat. Die erste Stufe ist die Stufe der Sicherheit zur Verhinderung zwischenmenschlicher Gewalt durch den Staat (HOBBES). Die zweite Stufe ist die Sicherheit als Schutz bürgerlicher Freiheit vor Erdrückung durch die übermächtige Staatsmacht (LOCKE) und die dritte Stufe ist die Sicherheit als gesetzlich garantierte Absicherung der Menschen gegen die Risiken der gelebten Freiheit (soziale Sicherheit).

(2) Die Verankerung des Sicherheitsbegriffs im modernen Rechtsstaat

Nachdem die Entstehungsgeschichte und die Hintergründe des Sicherheitsbegriffs kurz beleuchtet wurden, stellt sich unmittelbar die Frage, inwieweit dieser im modernen Rechtsstaat Einzug hält. Wie bereits ausgeführt, versuchte LOCKE „Sicherheit durch/ vor dem Staat" zu gewähren, indem er die Staatsgewalt teilte und Menschenrechte etablierte. Im Grundgesetz wird dieser Gedanke vor allem durch das Rechtsstaatsprinzip aufgegriffen[70]. Dieses wird in Art. 28 Abs. 1 Satz 1 GG ausdrücklich erwähnt, weshalb das Grundgesetz also grundsätzlich von der Existenz eines Rechtsstaates ausgeht[71]. Bei diesem Prinzip handelt es sich um ein Verfassungsprinzip, das jedoch keine genauere Konkretisierung durch das Grundgesetz selbst erhält[72].

Es besteht jedoch Einigkeit dahin, dass sich vielfältige formelle und materielle Einzelgehalte aus ihm ableiten lassen[73].

In seiner ursprünglichen Bedeutung zielt das Rechtsstaatsprinzip auf die Abwehr des Staates im Allgemeinen ab[74] und stellt somit das Pondon zum

---

von den Gewalttaten unmittelbar betroffenen Erzeugnissen in Frankreich betraf, sondern auch eine Atmosphäre der Unsicherheit schaffen könne, die sich nachteilig auf die gesamten Handelsströme auswirken könne. Damit wurde der Aspekt der Sicherheit nicht nur auf Frankreich, sondern auf die Handelsströme insgesamt ausgedehnt.

70   Eine ausdrückliche Verbürgung der wichtigen Staatszielbestimmung „Sicherheit" und auch das Gewaltmonopol finden sich nicht im Grundgesetz, sondern diese zwei Komponenten werden vielmehr vom Grundgesetz vorausgesetzt, vgl. CALLIESS, DVBl 2003, S. 1096 (1097).

71   Vgl. KUNIG, Das Rechtsstaatsprinzip, S. 68 ff. (m.w.N.).

72   Vgl. SOBOTA, Das Prinzip Rechtsstaat, S. 527, 528.

73   Vgl. hierzu SOBOTA, Das Prinzip Rechtsstaat, S. 471 ff.; KUNIG, Das Rechtsstaatsprinzip, S. 117 ff.; HEINTSCHEL V. HEINEGG in: HOFMANN/MARKO/MERLI/WIEDERIN, Rechtsstaatlichkeit in Europa, S. 107 ff.

74   BRAUN, Einführung in die Rechtswissenschaft, S. 255.

staatlichen Gewaltmonopol dar. Außerhalb des Staates scheint die individuelle Freiheit grenzenlos zu sein, während Freiheit im Staat selbst nur existieren
kann, soweit er diese durch Ge- und Verbote gewährt. Das Dilemma liegt auf
der Hand, denn zum einen besitzt der Staat das Gewaltmonopol, muss aber
gleichzeitig als Garant der Freiheit fungieren[75]. Damit hängt die Freiheit des
Einzelnen von dem Umstand ab, inwieweit der Staat seine Machtposition
selbst beschränkt, und ob er von seinen Machtmitteln nur dann Gebrauch
macht, wenn dies auch wirklich notwendig ist. Diese Selbstbeschränkung sicherzustellen, und damit die Freiheit der Bürger zu gewährleisten, ist das An-
liegen des Rechtsstaates[76]. Das zuvorderste Ziel ist dabei die Gewährleistung
der Grundrechte[77], und zwar sowohl unter dem Gesichtspunkt als Abwehrrecht gegen den Staat, als auch als Gewährleistung des Schutzes der Bürger
im horizontalen Verhältnis[78].

Demnach gründet der Rechtsstaat in materieller Hinsicht, ausgehend von
der Würde des Menschen in Art. 1 Abs. 1 GG als grundlegendstes Prinzip, auf
der Achtung der Grundrechte, welche den Staatsaufgaben der Gewährleistung
von Freiheit und Sicherheit Substanz verleihen. Untermauert wird dies von
Art. 1 Abs. 1 Satz 2 GG, der hieran Achtungs- und Schutzpflichten knüpft.

Demnach ist von dem Begriff der Rechtsstaatlichkeit auch die Pflicht des
Staates erfasst, Sicherheit durch Schutz des inneren und des äußeren Friedens
zu gewährleisten[79]. Die Kerneigenschaft des Rechtsstaates besteht also in einem Doppelauftrag[80], nämlich der Staatsabwehr, sowie der Begrenzung und
Gewährleistung staatlichen Handelns, um damit die genannten Ziele sowohl
gegenüber der Staatsgewalt, als auch zwischen den Individuen zu gewährleisten.

Die Sicherheit ist somit elementarer Bestandteil des Rechtsstaatsprinzips.

---

75 *BRAUN*, Einführung in die Rechtswissenschaft, S. 255.
76 *BRAUN*, Einführung in die Rechtswissenschaft, S. 255.
77 *SOMMERMANN*, Staatsziele und Staatszielbestimmungen, S. 205 ff. (m.w.N.); *CAL-LIESS*, DVBl 2003, S. 1096 (1101).
78 Vgl. *HEINTSCHEL V. HEINEGG* in: HOFMANN/MARKO/MERLI/WIEDERIN, Rechtsstaat-lichkeit in Europa, S. 110 f.
79 *CALLIESS*, ZRP 2002, S. 1 (5).
80 *CALLIESS*, DVBl 2003, S. 1096 (1101).

(3) Arten der Sicherheit

Die Sicherheit ist also ein Primärziel des modernen Rechtsstaates und im Rechtsstaatprinzip verankert. Damit ist jedoch keine nähere Aussage über ihren Inhalt getroffen worden. Sicherheit kann in verschiedenen Formen gewährt werden.

Zunächst kann zwischen „privater Sicherheit" und „öffentlicher Sicherheit" differenziert werden. Unter „privater Sicherheit" sind alle selbstverantwortlichen Maßnahmen einzelner Individuen zwecks Verbesserung der persönlichen Sicherheit zu verstehen, während die „öffentliche Sicherheit" alle Sicherheitsbelange des Gemeinwesens betrifft, die der Staat im Rahmen des objektiven Rechts zu gewährleisten verpflichtet ist[81].

Die „öffentliche Sicherheit" ihrerseits ist wiederum in die „innere Sicherheit" und die „äußere Sicherheit" zu unterteilen. Unter „innerer Sicherheit" versteht man den Schutz der Gesellschaft und des Staates vor gesellschaftlichen Bedrohungen wie Terrorismus, Kriminalität etc., die sich aus der Gesellschaft selbst heraus entwickeln[82]. Der Begriff geht auf die 1960er bis 1970er-Jahren zurück und war zunächst eng mit den damaligen Protestbewegungen und ihrer Repression verbunden. Der ursprüngliche Gedanke war die Sicherheit des Staates vor Bedrohungen von innen zu schützen. In den 90er-Jahren ging diese Zielvorstellung zwar nicht gänzlich verloren, wurde aber dahingehend erweitert, dass als zu schützendes Gut die Sicherheit des einzelnen Bürgers zunehmend in den Mittelpunkt trat. Zu dem Schutz vor Feinden aus dem Inneren gesellten sich der Schutz vor internationalem Terrorismus, aber auch vor organisierter Kriminalität und Alltagskriminalität.

Der Begriff der „äußeren Sicherheit" hingegen, bezeichnet den Schutz eines Staates oder einer Gruppe von Staaten vor Bedrohungen durch andere Staaten oder Staatengruppen, die von außen auf ihn einwirken. Während früher unter diesen Begriff vor allem militärische Bedrohungen durch andere Staaten subsumiert wurden, fallen heute insbesondere auch nichtmilitärische Risiken, wie der internationale Terrorismus, die organisierte Kriminalität oder die illegale Migration unter diesen Begriff. Die äußere Sicherheit wird dabei regelmäßig durch die Streitkräfte gewährleistet.

Bereits aus den kurzen Erläuterungen der Begrifflichkeiten ist ersichtlich, dass an einigen Stellen Überschneidungen vorliegen. Während früher eine

---

81   Vgl. *ERBEL*, APuZ 10-11/2002, S. 14 (15).
82   Vgl. *ERBEL*, APuZ 10-11/2002, S. 14 (16).

48   A. Der nationale und internationale Begriff des Datenschutzes

scharfe Trennung zwischen „innerer und äußerer Sicherheit" erfolgte, so sind diese heute eng miteinander verknüpft[83], was unter anderem auch auf die Ereignisse des 11. Septembers 2001 zurückzuführen ist.

Ebenfalls tragen die Globalisierung und die zunehmende Digitalisierung dazu bei. Diese führen dazu, dass Gefahren nunmehr nicht innerhalb oder außerhalb eines Staates entstehen und wirken können, sondern dass sie, vereinfacht gesagt, allgegenwärtig vorhanden sind.

Auch die zunehmend dichtere Vernabelung der Staaten - und damit der Gesellschaften - trägt hierzu bei. Waren die einzelnen Volkswirtschaften früher auf nur lokale Bedingungen begrenzt, so existieren heute diesbezüglich keine klaren Grenzen mehr. Damit sind die einzelnen Staaten in einer sehr empfindlichen Weise aneinander gekoppelt. Wie empfindlich dieses gesamte Gefüge ist, lässt sich an den jüngsten Auswirkungen der globalen Finanz- und Wirtschaftskrise erahnen. Parallel zu diesen Entwicklungen hat sich jedoch auch der Sicherheitsbegriff fortentwickelt.

Grund hierfür ist die bereits angesprochene Vielschichtigkeit des Sicherheitsbegriffs und dessen Subjektivität. Sicherheit bezieht heute somit nicht nur die Sicherheit von Leib, Leben und Eigentum im klassischen Sinne ein, sondern auch soziale und wirtschaftliche Aspekte. Die Gefahren gehen somit nicht mehr nur vom Staat und seinen Bürgern aus, sondern vielmehr auch von gesellschaftlichen Entwicklungen und Missständen, der globalen Marktwirtschaft, ökologischen Katastrophen wie Wassermangel oder Hungersnöten, dem internationalen Terrorismus und anderen multiplen Faktoren. Daher wird in diesem Zusammenhang von dem sog. „erweiterten Sicherheitsbegriff" gesprochen.

Der „erweiterte Sicherheitsbegriff" will auf diese Entwicklungen reagieren und ein zusammenführendes Sicherheitsdenken bewirken[84]. Dies führt jedoch zwangsläufig dazu, dass die Grenzziehungen zwischen den genannten Begrifflichkeiten, zwischen Prävention und Repression, als auch zwischen Polizei, Militär und Nachrichtendiensten zunehmend verschwimmen, da diese möglichst effizient „zusammenarbeiten" sollen[85]. Der Staat soll sich also umfassend auf die Sicherheit als entscheidende Entwicklungskonstante konzentrieren. Dieser Umstand beruht zu einem großen Teil darauf, dass durch die

---

83   Zu der Problematik der zunehmenden Verschmelzung von innerer und äußerer Sicherheit vgl. ERBEL, APuZ 10-11/2002, S. 14 (16).
84   LANGE, Wörterbuch zur Inneren Sicherheit, S. 287.
85   Vgl. ALBRECHT, Der erweiterte Sicherheitsbegriff und seine Folgen, Nr. 4, 6.

fortschreitende Globalisierung territoriale Grenzen zunehmend schwinden und somit nicht nur Handelsströme, sondern auch die Kriminalität internationalisiert werden, da sie die staatlichen Grenzen einfacher überwinden kann.

Eine zweite wichtige Komponente in diesem Zusammenhang ist die Entwicklung zur „Risikogesellschaft"[86]. Die stetigen Fortschritte auf dem Gebiet der Wissenschaft und der Technik kreieren nicht nur Vorteile, sondern als unmittelbare Nebenfolge auch Risiken. Dies führt dazu, dass sich die genannten Formen der Sicherheit wandeln und noch mehr in den staatlichen Fokus rücken[87]. Bedenklich erscheint an diesem Wandel besonders, dass die so generierte Sicherheitsgesetzgebung eine „Querschnittsmaterie" wird, die die Freiräume der modernen Zivilgesellschaft, und damit deren Substanz, als potentielle Gefahr versteht und somit unter einen generellen Verdacht stellt[88]. Dadurch bedingt nimmt auch die Einbeziehung der Zivilgesellschaft in die Kontrolle und Repression von Kriminalität zu[89].

Dieser Wandel wurde zusätzlich durch die jüngsten Terroranschläge verstärkt.

Die seit dem 11. September 2001 ständige Angst vor erneuten Terroranschlägen hat eine Art Paradigmenwechsel herbeigeführt und den bis zu dieser Zeit herrschenden Konflikt zwischen staatlichem Informationsinteresse und Freiheit des Individuums noch weiter in den Vordergrund gerückt und verschärft. In ständiger Besorgnis vor neuen Anschlägen ging man dazu über, immer mehr Eingriffe in die Privatsphäre des Individuums zu legitimieren.[90] Dies erfolgte zumeist zum Schutze der Rechte Dritter.

---

86 *STOLL*, Sicherheit als Aufgabe von Staat und Gesellschaft, S. 462.
87 Vgl. *CALLIESS*, DVBL 2003, S. 1096 (1097).
88 *ALBRECHT*, Der erweiterte Sicherheitsbegriff und seine Folgen, Nr. 1.
89 *ALBRECHT*, Der erweiterte Sicherheitsbegriff und seine Folgen, Nr. 4.3; diese Einbeziehung verwirklicht sich besonders auf dem Gebiet des Telekommunikationssektors.
90 Ein Beispiel hierfür sind die zahlreichen „Antiterrorpakete", welche unter anderem die Kompetenzen des BKA und des BND erheblich erweiterten. Namentlich sind hier auch das Terrorismusbekämpfungsgesetz, die Aufnahme biometrischer Daten in Pässe und die Vorratsdatenspeicherung zu nennen. Für eine Vielzahl weiterer Beispiele vgl. *HOFFMANN-RIEM*, ZRP 2002, S. 497 (498); *LEUTHEUSSER-SCHNARRENBERGER*, Blätter für die deutsche und internationale Politik 1/2008, S. 61 (63 ff.); sehr aufschlussreich ist auch die Auflistung der verschiedenen Maßnahmen auf der Internetseite des Instituts für Bürgerrechte & öffentliche Sicherheit e.V., http://www.cilip.de/terror/gesetze.htm (zuletzt abgerufen am 5.9.2010).

Die Eingriffsvoraussetzungen wurden zeitlich immer mehr vorgelagert und die Maßnahmen fanden zunehmend im Verborgenen statt[91], um „schon möglichst vor dem Täter am Tatort zu sein"[92].

Als besonderes Beispiel hierfür ist die in Deutschland von der Bundesregierung vorgeschlagene Einführung eines sog. „Bundestrojaners" zu nennen, mit dem es möglich sein sollte, unentdeckt die auf einem PC eines Verdächtigten gespeicherten Daten zu sichten und zu sichern. Des Weiteren ist hier auch die durch die EU eingeführte Vorratsdatenspeicherung zu erwähnen, mit welcher die Betreiber von Telekommunikationsnetzen verpflichtet werden, Verbindungs- und Verkehrsdaten anlasslos über den Zeitraum der Verbindung bzw. der Abrechnung hinaus zu speichern und diese mindestens für einen Zeitraum von 6 Monaten vorrätig zu halten, damit die Strafverfolgungsbehörden im Falle eines konkreten Tatverdachts Zugriff auf diese Daten erhalten können. Während also bis dato der aus dem Volkszählungsurteil hervorgehende Grundsatz der Datensparsamkeit und der Zweckbindung galt, so geht der aktuelle Trend dazu über, eine möglichst große Vielzahl von Daten zu erfassen und bei Bedarf zu durchsuchen. Das Stichwort der Zeit heißt „Prävention"[93]. Der Staat ist verpflichtet die notwendigen Maßnahmen zu ergreifen, um die innere Sicherheit, eine angemessene Daseinsvorsorge und die körperliche Unversehrtheit seiner Bürger zu gewährleisten[94]. Das diese Verpflichtung existiert ist unbestritten, jedoch ist die Herleitung dieser Verpflichtung streitig. Anders als beispielsweise die EU-Charta[95] oder die EMRK[96] sieht das Grundgesetz selbst keine entsprechende Garantie vor. Dennoch wird teilweise vertreten, dass ein „Grundrecht auf Sicherheit" existiert[97].

---

91   Vgl. *HIRSCH* in: HUSTER/RUDOLPH, Vom Rechtsstaat zum Präventionsstaat, S. 164 (168).

92   *HIRSCH* in: HUSTER/RUDOLPH, Vom Rechtsstaat zum Präventionsstaat, S. 164 (168).

93   Vgl. *BAUM* in: HUSTER/RUDOLPH, Vom Rechtsstaat zum Präventionsstaat, S. 181 (185, 186).

94   *SCHOLZ/PITSCHAS*, Informationelle Selbstbestimmung und staatliche Informationsverantwortung, S.108; *CALLIESS*, ZRP 2002, S. 1 (1 f.).

95   Art. 6 EU-Charta lautet: „ Jeder Mensch hat das Recht auf Freiheit und Sicherheit."

96   Art. 5 Abs. 1 Satz 1EMRK lautet: „Jede Person hat das Recht auf Freiheit und Sicherheit."

97   Vgl. hierzu insbesondere *ISENSEE*, Das Grundrecht auf Sicherheit, 1983, sowie *ROBBERS*, Sicherheit als Menschenrecht, 1987. Zu der Herleitung und Existenz vgl. die näheren Ausführungen in Kapitel II A. II. 3. b) cc) (1).

Dieser Aspekt „Sicherheit" ist jedoch sehr fragil, denn der Staat muss bedächtig immer wieder aufs Neue prüfen, ob er der veränderten Gefährdungslage angemessen angepasst ist. Dies geschieht in der Regel durch ein hinreichend ausdifferenziertes System von Sanktions- und Eingriffsnormen. In Zeiten, in denen Selbstmordattentäter bereitwillig ihr Leben geben, um einem „höheren Zweck" zu dienen, stößt jedoch ein rein auf repressiver Sanktionierung aufgebautes System an seine Grenzen, denn wer bereit ist sein Leben für eine entsprechende Straftat aufzugeben, der lässt sich von Sanktionen nicht abschrecken[98]. Aus diesem Grund schickte man sich seit dem 11. September 2001 dazu an, mehr präventiv tätig zu werden, um eben jene potenziell gefährlichen Täter ausfindig zu machen. Dies ist in begrenztem Maße nachvollziehbar, da besondere Charakteristika dazu geführt haben, dass das Sicherheitsparadigma derart schlagartig gewandelt wurde.

Zum einen sind die modernen Bedrohungen entindividualisiert, sodass es nicht mehr möglich ist eine bestimmte Person oder Gruppe mit ihr in Verbindung zu bringen. Aufgrund dessen sind die Bedrohungen auch nicht mehr lokalisierbar, da sie zumeist von systematisch organisierten Netzwerken ausgehen. Dazu tritt die Tatsache, dass die Täter durch immer drakonischere Strafandrohungen nicht zu beeindrucken sind. Großereignisse, wie das Attentat am 11. September 2001, sind zudem derart beeindruckend, dass die Gesellschaft diese als katastrophenähnliche Ereignisse wahrnimmt[99] und nicht mehr nur als singulären kriminellen Akt[100]. Um dieser Gefahrensituation Herr zu werden ist es notwendig, dass die zuständigen Kontrollstellen auf ein möglichst großes Spektrum personenbezogener Daten zurückgreifen können, um ihrer Aufgabe möglichst gerecht zu werden[101]. Die zunehmende Prävention und die damit zwangsläufig verbundene „Informationssammelwut", führen jedoch zwangsläufig dazu, dass auch der „normale Bürger" mehr und mehr in den

---

98 *HOFFMANN-RIEM*, ZRP 2002, S. 497 (499); *HUSTER/RUDOLPH* in: HUSTER/RUDOLPH, Vom Rechtsstaat zum Präventionsstaat, S. 9 (15).

99 Derartige Ereignisse lassen den Einzelnen die „Ohnmacht" des Staates spüren. Diese wird zumeist als unerträglich empfunden, da scheinbar kein probates Mittel existiert, um dieser Gefahr Herr zu werden. Folglich ist eine Vielzahl von Personen geneigt immer weitergehende Eingriffsnormen zu akzeptieren, vgl. hierzu auch *BULL* in: BULL, Sicherheit durch Gesetze?, S. 15 (19 ff.).

100 *HUSTER/RUDOLPH* in: HUSTER/RUDOLPH, Vom Rechtsstaat zum Präventionsstaat, S. 9 (14, 15).

101 *HUSTER/RUDOLPH* in: HUSTER/RUDOLPH, Vom Rechtsstaat zum Präventionsstaat, S. 9 (18).

Ermittlungsfokus rückt und somit zum Objekt staatlicher Ermittlungen wird, was zwangsläufig Einschneidungen in seine „Freiheit" zur Folge hat.

Der Staat sieht sich im Rahmen der Sicherheitsgewährleistung also einer doppelten Aufgabe ausgesetzt. Zum einen muss er der schwindenden Differenzierung von innerer und äußerer Sicherheit Rechnung tragen, was ihm bereits durch die Reformation auf internationaler Ebene in Form der EU, der NATO oder der UN in einem gewissen Umfang gelungen ist. Zum anderen nimmt die Komplexität der bestehenden Gesellschaften zu, bei welcher Ungewissheit und Nichtwissen um Handlungsbedingungen und Kausalverläufe zur Tagesordnung gehören[102], weshalb es einer erhöhten und differenzierteren Aufklärung bedarf.

bb) Freiheit

(1) Die Bedeutung von „Freiheit"

Wie bereits im Rahmen der „Sicherheit" erwähnt wurde, ist diese ein wesentlicher Baustein für die Wahrung von Rechten durch das Gesetz, und damit der „Freiheit".

Der Begriff der „Freiheit" wird jedoch nicht einheitlich definiert. Gemeinhin wird unter „Freiheit" die allgemeine Möglichkeit der uneingeschränkten Entfaltung verstanden[103].

Der Begriff der Freiheit entzieht sich aufgrund seiner Komplexität und seiner vielschichtigen Verwendung in Religion, Rechtswissenschaften, Ethik Philosophie etc. einer einheitlichen Definition. Im Folgenden soll daher der rechtswissenschaftliche Begriff der Freiheit („individuelle Freiheit vor staatlichen Eingriffen") und dessen Inhalt und Wirkung auf den modernen Rechtsstaat betrachtet werden, da eine umfassende Darstellung aller Zusammenhänge den Umfang der Dissertation sprengen würde[104].

Freiheit lässt sich grundsätzlich sowohl positiv als auch negativ definieren.

In negativer Form („Freiheit von…") beschreibt der Begriff die Abwesenheit bzw. Unabhängigkeit von Einschränkungen, Zwängen und Hemmnissen.

---

102 *CALLIESS*, DVBl 2003, S. 1096 (1097).

103 Vgl. die Definition bei *KÖBLER*, Juristisches Wörterbuch, S. 171

104 Eine ausführliche Diskussion der verschiedenen Freiheitsbegriffe und ihren Verknüpfungen untereinander findet sich bei *POSCHER*, Grundrechte als Abwehrrechte, S. 109 ff.; *WILDFEUER* in: DÜWELL/HÜBENTHAL/WERNER, Handbuch der Ethik, S. 1 ff.

Der Staat gewährt negative Freiheit nicht durch aktives Tun in Form von Leistungen, sondern vielmehr durch ein Unterlassen[105]. Die negative Freiheit ist daher sehr weitreichend.

Freiheit im positiven Sinn („Freiheit zu...") umschreibt die Fähigkeit, mit seinem Handeln und Wollen in ein tatsächliches Verhältnis zu treten, in letzter Instanz zu entscheiden, zu erreichende Ziele und Mittel zu wählen und damit eine Ordnung nicht nur hinzunehmen, sondern diese auch selbst zu setzen und zu gestalten[106].

Bereits aus dieser Differenzierung werden drei wesentliche Elemente der Freiheit sichtbar. Zum einen bedarf es stets eines Subjekts (Freiheitssubjekt), welches Träger der Freiheit ist. Der Gegenstand der Freiheit ist eine dem Träger an sich mögliche Handlung (Freiheitsgegenstand). Zusätzlich zu diesen zwei Elementen bedarf es jedoch auch noch eines zumindest gedachten Hindernisses, da erst dieses den „Freiheitsraum" begründet und ihm Kontur verleiht (Freiheitshindernis)[107].

Die Idee der individuellen Freiheit ist ein Produkt der Aufklärung. Im 18. und 19. Jahrhundert machte sich zunehmend das Bedürfnis breit, den einzelnen Bürger und auch die Gesellschaft selbst vor der Macht des Staates zu schützen. Es sollte daher ein sog. „Kernbereich" der freien Entfaltung vor staatlichem Zugriff immunisiert werden. Als Mittel hierzu diente das Gesetz, welches als Grenzziehung zwischen dem Staat einerseits und der Gesellschaft andererseits fungierte. Auf dieser Basis verband sich die Idee des Rechtsstaates, welche auf die Vorhersehbarkeit und Bestimmtheit staatlicher Eingriffe ausgerichtet war, mit dem Prinzip der Demokratie. Somit wurde ein sich selbst beeinflussendes System geschaffen. Die Demokratie sichert die parlamentarisch organisierte Selbstbestimmung der Gesellschaft darüber, wie viel Freiheit es gegen staatliche Eingriffe geben soll und damit zwangsläufig, in wie weit der staatliche Schutzanspruch die politische oder wirtschaftliche Entscheidungsfreiheit einschränken kann.

Auf der anderen Seite führen die Freiheit des Einzelnen und die damit verbundene Wahrnehmung bzw. Ausübung von Rechten auch zu Konfliktsituationen mit der Freiheit anderer. Vereinfacht lässt sich daher folgern, dass die Freiheit des einen die Einschränkung von Rechten des anderen zur Folge hat. Damit die Freiheit des Einzelnen jedoch nicht die Rechte der anderen Indivi-

---

105 Vgl. POSCHER, Grundrechte als Abwehrrechte, S. 112
106 WILDFEUER in: DÜWELL/HÜBENTHAL/WERNER, Handbuch der Ethik, S. 2.
107 Vgl. POSCHER, Grundrechte als Abwehrrechte, S. 110.

duen nihiliert, bedarf es wiederum der Begrenzung der „Freiheit" im allgemeinen Sinn, um diese in einem speziellen Gesichtspunkt erst zu gewähren[108].
Aus dieser Überlegung folgt daher, dass die individuelle Freiheit nicht nur
durch staatliche Eingriffe, sondern auch durch die Rechte anderer Individuen
eingeschränkt wird, zu deren Schutz der Staat wiederum verpflichtet ist. Daher ist mit der Idee der Freiheit auch die Idee der Gleichheit verbunden, sodass jeder die gleichen Freiheiten genießt.

Damit eine ungehinderte Rechtsausübung jedoch erst möglich ist, muss eine Rechtsordnung geschaffen werden, die klare Regelungen im Zusammenhang mit der Freiheit trifft.

(2) die Verankerung der Freiheit im modernen Rechtsstaat

Die ungehinderte Rechtsausübung und die damit verbundenen Sicherheit
soll, wie bereits im Zusammenhang mit der Verankerung der „Sicherheit"
skizziert wurde, der Rechtsstaat gewährleisten. Er soll es dem Einzelnen ermöglichen, sich in einer staatsfreien Sphäre selbst zu finden und zu entfalten
und somit seines eigenen Glückes Schmied zu sein[109].

Vor diesem Gesichtspunkt gewährt das Grundgesetz in Deutschland in den
Art. 1 bis Art. 19 GG die Grundrechte, welche dem Bürger individuelle Frei-
heit gewähren, sei es nun im klassischen Sinne als Abwehrrecht[110] gegen den
Staat, oder über den Einfluss als objektiver Wertemaßstab und die damit ver-
bundenen Verknüpfung mit der gesamten Rechtsordnung[111] zwischen den
Bürgern[112].

---

108 Vgl. hierzu die Ausführungen bei BRAUN, Einführung in die Rechtswissenschaft, S.
       257.
109 BRAUN, Einführung in die Rechtswissenschaft, S. 256.
110 Häufig wird die abwehrrechtliche Dimension der Grundrechte als negative Freiheit
       qualifiziert und damit lediglich auf diese begrenzt. Der negative Freiheitsbegriff ist
       jedoch nur das dogmatische Konstrukt, auf dem das Abwehrrecht aufbaut. Tatsäch-
       lich ist in den Grundrechten ein differenziertes Freiheitssystem verankert, das nicht
       „den" Freiheitsbegriff umfasst, sondern vielmehr sämtliche Freiheitsbegriffe in ihren
       mannigfachen Erscheinungsformen, vgl. POSCHER, Grundrechte als Abwehrrechte, S.
       120 f., 143.
111 BVerfGE 21, 362 (369).
112 Die Freiheit in Form eines grundrechtlichen Abwehr- oder Leistungsrechts ist an den
       Staat adressiert. Sie wird aber nicht „absolut" gewährt, sondern unterliegt einem
       fluktuierenden Verteilungsprinzip. Dieses besitzt die Form eines Dreiecks, auch

Im Zusammenhang mit dem Datenschutz als Teil des Persönlichkeitsrecht ist daher vor allem Art. 2 Abs. 1 i.V.m Art. 1 Abs. 1 GG hervorzuheben, der, wie bereits dargelegt, die grundrechtliche Verbürgung des Datenschutzes darstellt.

Die aus der Entwicklung des Datenschutzrechts hervorgegangenen Schutzprinzipien, die auch vor allem aus dem Volkszählungsurteil resultieren, stellen elementare Schutzmechanismen für das Individuum, aber vor allem auch Schranken für öffentliche Verarbeiter auf. Das gewandelte Sicherheitsparadigma stellt jedoch eine zunehmende Gefahr für diese Freiheiten dar.

Aus dem Rechtsstaatsprinzip selbst erwächst folglich ein Widerspruch, denn es soll eine staatsfreie Sphäre innerhalb des Staates selbst geschaffen werden. Dieser Widerspruch der konfligierenden Interessen wird gemeinhin als „Konflikt Freiheit-Sicherheit" bezeichnet. Der Konflikt entsteht durch das stets erneute Ringen um einen angemessenen Ausgleich zwischen diesen beiden wichtigen rechtsstaatlichen Staatsaufgaben.

Speziell im Zusammenhang mit dem Datenschutz stehen sich damit letztlich das „Grundrecht auf Sicherheit"[113], also der Anspruch des Einzelnen gegen den Staat einen möglichst umfangreichen Schutz für Leib und Leben zu gewährleisten, und das Recht auf Privatsphäre gegenüber.

cc) Konflikt Freiheit vs. Sicherheit

Freiheit und Sicherheit stehen nicht in einem isolierten Verhältnis zueinander, sondern bedingen sich vielmehr gegenseitig. *Wilhelm von HUMBOLDT* formuliert in seinem 1792 entstandenen Werk „Ideen zum Versuch, die Grenzen der Wirksamkeit des Staates zu bestimmen" daher: „Ohne Sicherheit vermag der Mensch weder seine Kräfte auszubilden noch die Früchte dersel-

---

mehrpoliges Verfassungsverhältnis oder „Störerdreieck" genannt. Auf der einen Seite steht der Betroffene (Opfer; status positivus), den der private Übergriff in seinen Freiheiten beeinträchtigt, auf der anderen Seite die Interessen des „Störers" (status negativus), von dem der Übergriff ausgeht. Der Staat steht an der Spitze, während sich die Rechtsbeziehungen der Beteiligten an den jeweiligen Schenkeln verteilen. Der Boden des Dreiecks wird von der Beziehung zwischen den Privaten gebildet, *CALLIESS*, DVBl 2003, S. 1096 (1102). Bereits daraus ist ersichtlich, dass „Freiheit" und „Sicherheit" zwei Seiten einer Medaille sind. Die Dimension des Grundrechts ist somit eine duale, weshalb „Freiheit" und „Sicherheit" voneinander abhängig sind.

113 Vgl. *BREYER*, Aufzeichnung und Vorhaltung, S. 29 ff.; *SAURER*, NVwZ 2005, S. 275 (282); *DENNINGER* in: BÄUMLER/ V. MUTIUS, Anonymität im Internet, S. 41 (46 ff.).

ben zu genießen; denn ohne Sicherheit ist keine Freiheit."[114] „Der Staat enthalte sich aller Sorgfalt für den positiven Wohlstand der Bürger und gehe keinen Schritt weiter, als zu ihrer Sicherstellung gegen sich selbst und gegen auswärtige Feinde notwendig ist; zu keinem andren Endzwecke beschränke er ihre Freiheit."[115] Der „Sicherheit" kommt damit eine lediglich freiheitsdienende Funktion zu, wohingegen sie nicht zu einer Generalermächtigung für diverse Freiheitseinschränkungen genutzt werden kann[116]. Diese grundsätzliche Konzeption wohnt auch dem Grundgesetz inne. Der Staat hat sich grundsätzlich Eingriffen zu enthalten. Müssen diese erfolgen, so erfolgen sie nach den grundrechtlich etablierten Schranken und müssen daher stets gerechtfertigt werden[117]. Das führt zu einer „Zwickmühle".

Der Staat muss die notwendigen Mittel ergreifen, um die „innere Sicherheit", eine angemessene Daseinsvorsorge[118] und die körperliche Unversehrtheit seiner Bürger zu gewährleisten[119]. Auf der anderen Seite ist der Staat verpflichtet die Interessen und Rechte der Bürger und vor allem deren Freiheit zu wahren. Es geht also um die Doppelaufgabe staatliches Handeln zu aktivieren, dieses aber gleichzeitig auch zu disziplinieren[120], denn die Bürger haben ein erhebliches Interesse daran, dass nur ausgewählte Daten mit Personenbezug der Gesellschaft oder dem Staat selbst zugänglich sind.

(1) Das „Grundrecht auf Sicherheit"

Wie bereits erläutert wurde, soll die Sicherheit grundsätzlich der Freiheit dienen. Die Freiheit wird durch die Grundrechte gewährleistet. Im Zusammenhang mit dem Konflikt, zwischen der Gewährung von Sicherheit und Freiheit, ist eine Diskussion entstanden, ob es ein „Grundrecht auf Sicherheit" wirklich gibt. Dass die Gewährung von Sicherheit als elementare Staatsaufgabe anzusehen ist, ist unbestritten. Jedoch erscheint die Konstruktion dieser Staatsaufgabe über ein „Grundrecht auf Sicherheit" fraglich. ISENSEE hat die-

---

114 HUMBOLDT, Ideen, S. 58, 59.
115 HUMBOLDT, Ideen, S. 52.
116 KUTSCHA in: ADEN, Handbuch zum Recht der Inneren Sicherheit, S. 29.
117 KUTSCHA in: ADEN, Handbuch zum Recht der Inneren Sicherheit, S. 29.
118 also das Gemeinwohl.
119 SCHOLZ/PITSCHAS, Informationelle Selbstbestimmung und staatliche Informationsverantwortung, S. 108; CALLIESS, ZRP 2002, S. 1 (1 f.).
120 CALLIESS, ZRP 2002, S. 1 (5); KUNIG, Das Rechtsstaatsprinzip, S. 278 ff.

ses Grundrecht entgegen dem eindeutigen Wortlaut des Grundgesetzes als erster konstruiert und definiert dieses als die Gesamtheit der Schutzpflichten des Staates, die diesem ein aktives Handeln zum Schutz grundrechtlicher Rechtsgüter gebieten[121].

Der Konstruktion dieses Grundrechts nach wird der Staat also zu einer Handlung legitimiert, weshalb diesem Grundrecht der Charakter eines Leistungsrechts zukommt. Jedoch dient die Konstruktion nicht dem Zweck, dem Bürger einen neuen Anspruch auf eine staatliche Leistung teil werden zu lassen, sondern um Eingriffe in Freiheitsrecht, beispielsweise in das Recht auf informationelle Selbstbestimmung, zu legitimieren[122].

Die Annahme eines solchen Grundrechts stellt sich aus Sicht des Bearbeiters jedoch als unhaltbar dar. Ein Grund für die Unhaltbarkeit liegt bereits in der Bezeichnung „Grundrecht auf Sicherheit" und dem dadurch vermittelten Charakter eines Grundrechts. Die Grundrechte dienen der persönlichen Entfaltung und damit der „Freiheit". Sie stellen ihrer grundsätzlichen Konzeption nach Abwehrrechte gegen den Staat dar[123]. In gewissen Fällen ist ihnen jedoch auch ein positiver Aspekt zu entnehmen, wonach ein bloßer Schutz im Sinne eines Abwehrrechts nicht ausreichend ist, um die nötige „Freiheit" zu gewährleisten. Daraus erwächst sodann die Verpflichtung des Staates, seinen Bürgern in Form einer positiven Leistung die nötige „Freiheit" zu gewähren. Das „Grundrecht auf Sicherheit" pervertiert diese grundlegende Mechanik, sodass aus Abwehrrechten, die dem Schutz vor staatlichen Eingriffen dienen sollen, eine generalisierte Legitimationsformel erwächst, welche die uferlose Kompetenzerweiterung zu Lasten der Freiheit gestattet[124]. Dann aber verkommen die Grundrechte zu variablen Größen nach Maßgabe übergeordneter Sicherheitsinteressen, was letztlich zu einer Unterwanderung der Grundrechte führt[125].

---

121 ISENSEE, Grundrecht auf Sicherheit, S. 33.

122 KUTSCHA in: ADEN, Handbuch zum Recht der Inneren Sicherheit, S. 31 (m.w.N.).

123 Vgl. POSCHER, Grundrechte als Abwehrrechte, S. 121, der dies als den prägenden Charakter der Grundrechte sieht.

124 Vgl. DENNINGER, KJ 1988, S. 1 (13); GUSY, VVDStRL 63 (2004), S. 151 (168 f.); HANSEN, KJ 1999, S. 231 (240 ff.); LISKEN, ZRP 1990, S. 15 (16); KUTSCHA in: A-DEN, Handbuch zum Recht der Inneren Sicherheit, S. 32; STOLL, Sicherheit als Aufgabe von Staat und Gesellschaft, S. 5.

125 Vgl. KNIESEL, ZRP 1996, S. 482 (486), STOLL, Sicherheit als Aufgabe von Staat und Gesellschaft, S. 5.

Zusätzlich gilt es aber auch zu berücksichtigen, dass die grundrechtliche Schrankendogmatik sich teilweise auch auf immanente Schranken stützt, also die gegenseitige Beeinflussung von Grundrechten. Mit der Annahme eines „Grundrechts auf Sicherheit" wäre eine der hochkarätigsten Staatsaufgaben im Rahmen der Grundrechtsausübung als kollidierendes Grundrecht zu berücksichtigen, sodass aus Gründen der „Sicherheit" eine erhebliche Einschränkung der Grundrechte zu befürchten wäre. Bei einer Abwägung würde folglich die Sicherheit aller, also das Gemeinwohl, regelmäßig über einzelne Bedürfnisse des Individuums gestellt werden[126], denn nur allzu gern wird die Notwendigkeit neuer Eingriffsbefugnisse mit einem Plus an Sicherheit begründet. Die Folge ist die nahezu gänzliche Nihilierung der individuellen Freiheit Zwecks der nur marginalen Verbesserung des kollektivistisch definierten Grundrechts auf „Sicherheit"[127].

(2) Ein Lösungsansatz für den Konflikt Freiheit-Sicherheit

Besonders im Zusammenhang zwischen dem Datenschutz und der Gewährung von Sicherheit entsteht ein erheblicher Konflikt zwischen den Grundrechten eines jeden und den grundlegenden rechtsstaatlichen Prinzipien. Es ist daher fraglich, ob und gegebenenfalls wie der Konflikt gelöst werden kann. Eine mögliche Lösung könnte in einer Rückbesinnung auf die konkrete Aufgabe des Rechtsstaates liegen.

Dieser hat, wie bereits dargestellt wurde, eine Doppelaufgabe, denn einerseits soll der Staat dem Bürger Freiheit aktiv gewähren, gleichzeitig muss er sein eigenes Handeln gegenüber dem Bürger beschränken. *CALLIESS* zeichnet in diesem Zusammenhang ein sehr prägnantes Bild zweier Kreise (Sicherheit und Freiheit) die sich teilweise überschneiden und in denen sich eine horizontal gleitende Skala befindet[128]. Die Schnittmenge der beiden Kreise stellt sich als kongruente Zielbestimmung zwischen der Staatsaufgabe Sicherheit und den im Rechtsstaatsprinzip verankerten Grundsätzen dar und somit das Angesprochene Spannungsverhältnis der genannten Staatsaufgaben[129].

---

126 Vgl. auch *HANSEN*, KJ 1999, S. 231 (242), der die Konstruktion als kollektives Grundrecht ablehnt.
127 Siehe hierzu auch *HORN*, Die Bekämpfung, S. 178 ff., der diese Konstruktion ebenfalls ablehnt.
128 Vgl. *CALLIES*, ZRP 2002, S. 1 (5); *CALLIESS*, DVBl 2003, S. 1096 (1104).
129 Vgl. *CALLIES*, ZRP 2002, S. 1 (5) (m.w.N.).

Als grundlegende Überlegung, welcher Aufgabe in der konkreten Situation der Vorrang zu geben ist, stellt er sodann die Regel auf: „Je größer die Nähe des jeweiligen Sicherheitsaspekts zur Schnittmenge ist, desto eher lässt er sich unter rechtsstaatlichen Gesichtspunkten rechtfertigen. Denn je geringer sein Abstand im Kreis „Sicherheit" zur Schnittmenge ist, desto geringer ist auch sein Abstand zur Schnittmenge im Kreis „Rechtsstaat/Freiheit"."[130] Folglich gilt, je größer der Abstand zur Schnittmenge ist, desto mehr Rechtfertigung bedarf die konkrete Maßnahme. Der Abstand zur Schnittmenge wird sodann wie folgt definiert: „Je geringer der inhaltliche Bezug zur physischen Sicherheit des Bürgers (mithin der Schnittmenge) ist, desto höher sind die Anforderungen an ihre Rechtfertigung unter freiheitlichen Gesichtspunkten.[...]

Je mittelbarer der Bezug der staatlichen Maßnahme zur physischen Sicherheit der Bürger ist, desto höher sind die Anforderungen an ihre Rechtfertigung."[131]

Bei der Zugrundelegung dieses Schemas wird ersichtlich, dass viele Maßnahmen der jüngsten Zeit, sei es die Einführung biometrischer Daten in den Personalausweis oder die Vorratsdatenspeicherung, gravierende Eingriffe in das Recht auf informationelle Selbstbestimmung darstellen, die hohen Rechtfertigungsanforderungen im gesetzgeberischen Abwägungsspielraum unterliegen, denn diese dienen nur mittelbar der physischen Sicherheit. Der Gesetzgeber hat daher im Wege der praktischen Konkordanz die konfligierenden Interessen bei jeder Maßnahme angemessen gegeneinander abzuwägen.

(3) Die Delegitimation des Rechtsstaates - wie viel Sicherheit verträgt der Rechtsstaat?

Nachdem der vorangegangene Lösungsansatz aufgezeigt hat, dass der Staat bei Eingriffen eine entsprechende Abwägung vornehmen muss, stellt sich die Frage, welche Kriterien bei einer solchen Abwägung zu berücksichtigen sind und ab wann der Rechtsstaat sich selbst delegitimiert und somit zum „Präventionsstaat" wird. Wichtig erscheinen in diesem Zusammenhang vor allem folgende Gesichtspunkte.

Er muss den durch die Verfassung vorgegebenen Rahmen (insbesondere das Rechtsstaatsprinzip[132]) einhalten und darf nicht jeden Bürger beliebig er-

---

130 Vgl. *CALLIES*, ZRP 2002, S. 1 (6, 7) (m.w.N.).
131 *CALLIES*, ZRP 2002, S. 1 (7). Für genauere Erläuterungen siehe auch die dort genannten Beispiele.

fassen, überwachen oder katalogisieren[133]. In diesem Zusammenhang wird gerne das „Grundrecht auf Sicherheit" angeführt[134], dessen Existenz bzw. Konstruktion aus den zuvor genannten Gründen jedoch abzulehnen ist.

Weder kann Freiheit ohne Sicherheit existieren, noch ist Sicherheit ohne Freiheit erträglich[135], sodass bei der Etablierung neuer Sicherheitsmechanismen auch immer die ihnen innewohnende Freiheitsbeschränkung im Verhältnis zu dem tatsächlichen Nutzen berücksichtigt werden muss, da der Rechtsstaat sich ansonsten in einen „Präventionsstaat" wandelt, den der Bürger durch normkonformes Verhalten nicht mehr auf Distanz zu halten vermag, denn gerade ein solches macht verdächtig.[136]

Umso seltsamer erscheint es, wenn der ehemalige Innenminister SCHÄUBLE[137] fordert, dass der Staat sich bei der Gewährleistung von Sicherheit nicht „blind" stellen dürfe. Er müsse Schritt halten mit der Entwicklung, sich auf „Augenhöhe" mit der Kriminalität befinden und „die technischen Mittel anwenden und kontrollieren, die Kriminelle und Terroristen im 21. Jahrhundert zur Ausübung ihrer Taten benutzen."[138] Diese Aussage ist dem Grunde nach richtig und vermag Zuspruch zu finden. Bei genauerem Lesen des Beitrags fällt jedoch auf, dass lediglich von der Sicherheit und niemals von dem Aspekt der Freiheit die Rede ist. Das Sicherheitsdogma und die Anforderungen des Rechtsstaats stehen sich jedoch diametral gegenüber, denn die Freiheit bedingt der Sicherheit und umgekehrt.

Bejaht man den Ruf nach Sicherheit unbedingt und blendet die Freiheit aus, so wandelt sich der Rechtsstaat, dessen Mittel zur Sicherheitsgewährung verfassungsrechtlich vorgegeben und beschränkt sind, in einen Überwachungsstaat, der die Freiheit des Einzelnen zum Zwecke einer möglichst weitgehen-

---

132 Hier sind vor allem der Verhältnismäßigkeitsgrundsatz, das Über- und Untermaßverbot, die Gesetzmäßigkeit der Verwaltung und das Bestimmtheitsgebot zu nennen.

133 *SCHOLZ/PITSCHAS*, Informationelle Selbstbestimmung und staatliche Informationsverantwortung, S. 108.

134 Vgl. hierzu näher *LEUTHEUSSER-SCHNARRENBERGER*, Blätter für die deutsche und internationale Politik 1/2008, S. 61 (62 f.).

135 Vgl. *HIRSCH*, ZRP 2008, S. 24 (24); *HIRSCH*, DuD 2008, S. 87 (91).

136 Die Rasterfahndung nach dem 11. September 2001 suchte gerade nach unauffälligen Lebensführungen um potentielle Täter ausfindig zu machen. Vgl. *HUSTER/RUDOLPH* in: HUSTER/RUDOLPH, Vom Rechtsstaat zum Präventionsstaat, S. 9 (17).

137 *SCHÄUBLE*, ZRP 2007, S. 210 (210 ff).

138 *SCHÄUBLE*, ZRP 2007, S. 210 (211).

den Sicherheit völlig terminieren kann[139]. Die besondere Problematik besteht hierbei in der Abwendung vom klassischen Begriff der „Gefahr" hin zum Begriff „Risiko"[140]. Während eine „Gefahr" vorliegt, sofern hinreichende Umstände oder Tatsachen gegeben sind, bei deren ungehindertem Ablauf ein Schadenseintritt an einem geschützten Rechtsgut als sicher bzw. wahrscheinlich erscheint[141], liegt ein „Risiko" bereits bei einer Sachlage vor, in der bei ungehindertem Ablauf eines Geschehens ein Zustand oder ein Verhalten möglicherweise bzw. eventuell zu einer Beeinträchtigung von Rechtsgütern führt[142]. Der Unterschied ist gravierend, denn der Gegenstand der Abwehrfunktion wird somit vom Schaden auf die Gefahr verschoben, mit der Folge, dass der zulässige Eingriffszeitpunkt staatlicher Institutionen vorverlagert wird. Es soll also bereits schon die Fehleinschätzung bzw. Unterschätzung einer Gefahr vermieden werden. Dies wird auch als „Vorsorgeprinzip" bezeichnet[143]. Die Sicherheitskompetenz des Staates wird mittlerweile nicht mehr nur daran gemessen, inwiefern er Störungen der öffentlichen Sicherheit und Ordnung effektiv beseitigen kann, sondern auch, ob er fähig ist präventiv für Sicherheit zu sorgen[144]. Risiken können aber nicht gänzlich ausgeschlossen werden, da die Gefährlichkeit eines Risikos ex ante nicht vollständig erfassbar und ein Risiko auch von mehreren Komponenten abhängig ist[145]. Denn je öffentlicher das Rechtsgut ist und je mehr Personen eine Einwirkungsmöglichkeit auf das Rechtsgut haben, desto höher ist die Risikobehaftung dieses Rechtsgutes. Andererseits definiert sich „Freiheit" gerade über die Möglichkeit andere Rechtsgüter zu beeinflussen, mit der Folge, dass ein Mehr an Freiheit auch ein Mehr an Einflussnahme und damit auch ein Mehr unvor-

---

139 Vgl. hierzu auch sinngemäß *HIRSCH*, DuD 2008, S. 87 (91); *HIRSCH*, ZRP 2008, S. 24 (24); *BREYER*, ZRP 2008, S. 65 (65 ff.).

140 Vgl. hierzu auch *ALBRECHT*, Der erweiterte Sicherheitsbegriff und seine Folgen, Nr. 4.4; *HANSEN*, KJ 1999, S. 231 (244 ff.).

141 *KÖBLER*, Juristisches Wörterbuch, S. 179.

142 *CALLIESS*, DVBl 2003, S. 1096 (1099).

143 *CALLIESS*, DVBl 2003, S. 1096 (1099).

144 *CALLIESS*, DVBl 2003, S. 1096 (1099) (m.w.N.).

145 Vgl. *GUSY*, DÖV 1996, S. 573 (579).

hersehbarer Risiken bedeutet[146]. Das Risiko ist somit die Freiheit der Gesell-
schaftsmitglieder selbst[147].

Gerade hier entsteht jedoch ein Konflikt mit rechtsstaatlichen Prinzipien,
denn staatliche Eingriffe müssen sich immer gegen den konkreten Störer richten. Die Inanspruchnahme des „Nichtstörers" ist nur als „ultima ratio" möglich. Bei der „Risikoabwehr" zur Gewährleistung von Sicherheit und der mit
ihr einhergehenden Prävention geraten die Bürger jedoch generell unter Verdacht. Das Resultat ist eine grundsätzliche Beweislastumkehr im Verhältnis
Staat-Bürger, welcher zufolge das Risiko Normalität und die Nichtgefährlich-
keit zur Ausnahme werden, denn nunmehr ist der Bürger dazu aufgerufen zu
beweisen, dass von ihm und seinem Verhalten keine Gefahren bzw. Risiken
ausgehen[148]. Gerade hier tritt der Konflikt der Sicherheit mit der Freiheit des
Einzelnen offensichtlich zu Tage, denn die angestrebte Prävention geht mit
der Erhebung vielfältiger Informationen einher, deren Nutzungsmöglichkeiten
schier unendlich sind. Demnach müssen die jeweiligen Sicherheitsinteressen
gezielt mit dem Eingriff in die individuelle Freiheitssphäre abgestimmt werden, um einen möglichst geringfügigen Eingriffsgrad zu erreichen.

Die Stärke des Rechtsstaates liegt gerade darin, dass er nur die ihm durch
die Verfassung vorgegebenen Mittel verwendet und die Freiheit des Einzelnen respektiert, auch wenn dies bedeutet in gewissen Situationen nicht umfassend eingreifen zu können, denn es ist allgemein anerkannt, dass es einen
hundertprozentigen Schutz nicht geben kann[149]. Dennoch ist zu beobachten,
dass die politischen Darstellungen, welche die Etablierung neuer Maßnahmen
regelmäßig begleiten, zumeist nur einseitig sind, sodass ein Großteil der Bevölkerung unbefangen weitere Eingriffe zulassen würde, nur um ein höheres
Maß an Sicherheit zu erlangen und damit der Angst wieder Herr zu werden.
Zumeist besteht jedoch eine erhebliche Divergenz zwischen der subjektiven
Wahrnehmung einer Gefährdungslage und ihrem tatsächlichen Bedrohungs-

---

Vgl. GUSY, DÖV 1996, S. 573 (579).

147 Insoweit muss also festgestellt werden, dass eine Rekonstruktion des Sicherheitssys-
tems auf der Basis des „Zero-Tolerance" Prinzips stattgefunden hat. Das den Eingriff
auslösende Moment ist demnach das Risiko, HANSEN, KJ 1999, S. 231 (244).

148 Vgl. PRANTL, Verdächtig, S. 9.

149 Vgl. SCHÄUBLE, ZRP 2007, S. 210 (211); WEICHERT, DuD 2001, S. 694 (694);
HOFFMANN-RIEM, ZRP 2002, S. 497 (498); BREYER, Aufzeichnung und Vorhaltung,
S. 30; OSTENDORF, JZ 1991, S. 62 (69); HASSEMER, Strafen im Rechtsstaat, S. 260;
BAUM in: HUSTER/RUDOLPH, Vom Rechtsstaat zum Präventionsstaat, S. 181 (182).

und Gefahrenpotenzial[150], weshalb eine umfassende Darstellung im konkreten Zusammenhang wünschenswerter wäre[151].

Gerade hier fällt aber auch auf, dass die Sicherheit nunmehr einen neuen Aspekt zu umfassen scheint, nämlich die „Sicherheit vor Furcht". Gefährlich ist in diesem Zusammenhang jedoch die Tatsache, dass dieser Aspekt unbegrenzt manipulationsfähig ist, denn „Furcht" und „Angst" sind subjektive, mithin in ihrem jeweiligen Gehalt stark divergierende Komponenten, welche letztlich reine „Gefühle" sind, und somit für die objektive Beurteilung und Abwägung im Rahmen einer gesetzgeberischen Ermessensabwägung im Bereich Freiheit gegen Sicherheit nicht leitend sein können.

Aus diesem Grund müssen staatliche Eingriffe in die Privatsphäre eingeschränkt werden und für den Betroffenen ersichtlich sein, damit dieser sich unter Umständen auch erfolgreich dagegen zur Wehr setzen kann. Andernfalls besteht die dringende Gefahr, dass der Einzelne eingeschüchtert wird und seine verfassungsmäßigen Rechte nicht mehr nutzt, da er einer ständigen Beobachtung ausgesetzt wäre und für ihn nicht nachvollziehbar wäre, wann er beobachtet wird. Denkbar ist auch, dass der Betroffene eben aufgrund dieser Intransparenz das Verhalten an den Tag legt, von welchem er überzeugt ist, dass es von ihm erwartet wird, um nicht aufzufallen. Die Freiheit, selbst zu entscheiden und sich nach einem freien Willen zu entwickeln, würde zur Makulatur verkommen[152] und der Bürger würde zu einer beliebig steuerbaren Marionette degradiert.

Auf der anderen Seite gilt es jedoch zu berücksichtigen, dass jede Maßnahme, die zum Schutz von personenbezogenen Daten oder deren Vermeidung ergriffen wird, eine nachträgliche Auswertung von Datensätzen verhindert und somit die Aufgabenwahrnehmung des Staates beeinträchtigt. Dies führt zwar einerseits zu einer Vergrößerung des individuellen Freiraums und wäre im Sinne der freien Entfaltung der Persönlichkeit durchaus zu begrüßen, andererseits schaffen derlei Vorkehrungen jedoch auch Schutz für Kriminelle und vor allem Terroristen.

---

150 BMI/BMJ, Sicherheitsbericht 2001, S. 39; *SCHWEER/THIES*, Kriminalstatistik 2000, S. 336 (341); *BREYER*, Aufzeichnung und Vorhaltung, S. 29; *ALBRECHT*, Der erweiterte Sicherheitsbegriff und seine Folgen, Nr. 2.

151 Siehe hierzu auch *PETRI*, DuD 2010, S. 539 (542 ff), der feststellt, dass die Etablierung neuer Sicherheitsmechanismen bestimmten Charakteristiken folgt.

152 So auch *ROßNAGEL*, Datenschutz in einem informatisierten Alltag, S. 101.

Besonders deswegen findet allzu häufig eine Stigmatisierung des Datenschutzes statt, bei welcher es vereinfacht heißt „Datenschutz ist Täter-
schutz"[153]

Als Beispiel hierfür sei unter anderem an die heftige Diskussion um die
Vorratsdatenspeicherung und die aktuell wieder aufgeflammte Diskussion um
sog. „Nacktscanner" an Flughäfen erinnert.

Bei der Vorratsdatenspeicherung werden die Daten verdachtsunabhängig
von dem jeweiligen Telekommunikationsdienstleister auf Vorrat gespeichert
und gemäß den jeweiligen nationalen Vorschriften bei Bedarf an das zuständige Strafverfolgungsorgan weitergegeben. Dies stellt einen gravierenden
Grundrechtseingriff dar, weil die Speicherung, verdachtsunabhängig, für eine
lange Dauer erfolgt, um eine geringe Anzahl von Tätern zu ermitteln. Man
könnte sogar sagen, dass der Einzelne unter „Generalverdacht" gestellt wird.

Ähnliches gilt bei den „Nacktscannern". Diese Geräte beschießen den
menschlichen Körper mit sog. „Terahertz-Wellen", mit denen die Oberfläche
des menschlichen Körpers unter der Kleidung abgebildet werden kann. So
sollen versteckte Gegenstände sichtbar gemacht werden, etwa Sprengstoff
oder sog. Nichtmetallwaffen wie Keramikmesser, die bei herkömmlichen
Scannern unerkannt bleiben[154]. Hintergrund der erneuten Diskussion war ein
am 25.12.2009 versuchter Sprengstoffanschlag auf ein Flugzeug, welches von
Amsterdam nach Detroit fliegen sollte[155].

Gemeinhin wird die aus diesen Eingriffen resultierende Gefahr jedoch un-
terschätzt bzw. lapidar nach dem Prinzip „wir haben nichts zu verbergen" ab-
getan[156]. Diese Einstellung führt jedoch letztlich zu einer Transformation des
Rechtsstaats, welcher im Normalfall die Rechte seiner Bürger achtet und nur

---

153 Statt vieler vgl. KUTSCHA, ZRP 1999, S. 156 (160); SIMITIS, NJW 1997, S. 1902
     (1902 ff.); HOFFMANN-RIEM, AöR 1998, S. 513 (518, m.w.N.); WEICHERT, DuD
     2010, S. 7 (10).

154 Nähere Informationen hierzu sind abrufbar unter http://www.spiegel.de/reise/aktuell/
     0,1518,669462,00.html und http://www.tagesschau.de/inland/nacktscanner124.html
     (zuletzt abgerufen am 5.9.2010).

155 Jedoch bietet auch diese Technologie keinen „Vollschutz" und hätte die bei dem ver-
     suchten Anschlag verwendeten Mittel auch nicht aufspüren können,
     http://www.spiegel.de/politik/deutschland/0,1518,669877,00.html (zuletzt abgerufen
     am 5.9.2010).

156 Vgl. HIRSCH in: HUSTER/RUDOLPH, Vom Rechtsstaat zum Präventionsstaat, S. 164
     (169); HOHMANN-DENNHARDT, RDV 2008, S. 1 (1); HEFENDEHL, JZ 2009, S. 165
     (172).

in Ausnahmefällen in diese eingreift[157], in einen Überwachungsstaat, in dem der Einzelne in seinen Freiheiten erheblich eingeschränkt wird, sofern er diese noch besitzt, denn für den Bürger ist in einem solchen Staat nicht ersichtlich, in welchem Umfang er wann und wo erfasst wird, was letztlich zu Verhaltensänderungen im Rahmen der alltäglichen Grundrechtsausübung führt.

Letztlich gilt es zusätzlich zu berücksichtigen, dass jede Datenerhebung, möge sie auch einem noch so legitimen Zweck dienen, auf der Kehrseite auch immer eine „Dual-Use-Funktion" besitzt, die für Überwachungszwecke genutzt werden kann. Beginnen der Staat oder die Staatengemeinschaft damit in extensiver Weise immer neue Ermächtigungsgrundlagen und Speicherungspflichten zu kreieren und zu gebrauchen, so werden jene Datenpools mit Sicherheit nach einer gewissen Zeit auch den Strafverfolgungsbehörden zugänglich gemacht werden[158], da sich der Staat bei der Gewährung der inneren Sicherheit und der Verfolgung von Straftaten immer wieder einem enormen Druck ausgesetzt sieht[159]. Insofern trifft *SIMITIS* „den Nagel auf den Kopf", wenn er behauptet: „Immer weniger ist der Staat darauf angewiesen, Angaben selbst zusammenzutragen, er braucht nur zuzugreifen"[160]. Anschaulich hierfür ist wiederum die Vorratsdatenspeicherung, welche erst gänzlich verboten war, sodann durch eine europäische Richtlinie teilweise in Bezug auf eine bestimmte Datenkategorie in das Ermessen der Mitgliedstaaten und der Vereinbarkeit mit deren Verfassungen gestellt wurde[161] und letztlich zu einer europaweiten Etablierung einer Speicherungspflicht zwecks Optimierung der Strafverfolgung führte.

---

157 Vgl. *ROßNAGEL*, Informatik Spektrum 25/2002, S. 33 (35).

158 Vgl. *FORGO/KRÜGEL*, K&R 2010, S. 217 (219), die in der Entscheidung des Bundesverfassungsgerichts zur Vorratsdatenspeicherung (1 BvR 256/08, 1 BvR 263/08, 1 BvR 586/08) einen „Dammbruch" in punkto Vorratsdatenspeicherung sehen. Ebenfalls wird darauf hingewiesen, dass bereits Bestrebungen ersichtlich waren, die Vorratsdatenspeicherung auch außerhalb der Regelungen der StPO fruchtbar zu machen. Die gleiche Besorgnis teilt HEFENDEHL in *HEFENDEHL*, JZ 2009, S. 165 (173); vgl. auch *RONELLENFITSCH*, DuD 2007, S. 561 (570), der feststellt, dass bei der Terrorismusbekämpfung zunehmend die Begehrlichkeit entsteht auf vorhandene Datenpools zuzugreifen und einmal erfolgte Zugriffsmöglichkeiten sich ihrem ursprünglichen Zweck gegenüber schnell verselbstständigen.

159 Vgl. hierzu sinngemäß *RONELLENFITSCH*, DuD 2009, S. 451 (459), der auch weitere Beispiele der vergangenen 2 Jahre anführt.

160 *SIMITIS* in: HASSEMER/MÖLLER (Hrsg), 25 Jahre Datenschutz, S. 28 (33).

161 Art. 15 Abs. 1 RL 2002/58/EG.

Bei der Abwägung der widerstreitenden Interessen muss jedoch zusätzlich auch folgender Gedanke berücksichtigt werden. Auch wenn neue Datenerhebungsmechanismen etabliert oder bestehende Datenpools staatlichem Zugriff eröffnet werden und diese Informationen für sich betrachtet harmlos erscheinen mögen, so gilt es jedoch in einem weiteren Schritt zu überlegen, warum der Staat „nur" solche an und für sich unscheinbare Daten nutzen möchte. Die Antwort auf diese Frage kann nur lauten, dass diese Daten in Kombination mit den ihm bereits zugänglichen Datenpools so tiefgreifende Einblicke gewähren, wie der Staat sie eben gerade wünscht. Somit besteht auch bei an und für sich unscheinbaren Datensätzen ein erhebliches Gefährdungspotenzial.

Ein letzter Punkt, der ebenfalls Berücksichtigung finden muss, ist die Frage, ob ein Abstellen auf die einzelne Maßnahme selbst ausreichend ist, oder ob nicht vielmehr auch die Gesamtzahl der Eingriffsbefugnisse auf einem bestimmten Sektor ebenfalls berücksichtigt werden muss. Grund hierfür ist die Tatsache, dass einmal eingeführte Befugnisse nur ungern wieder aufgegeben werden. Auch stellen sich viele Eingriffe und Maßnahmen im Nachhinein als uneffektiv heraus. Anstatt immer neue Eingriffe zu legitimieren, sollte gerade in heutigen Zeiten genau analysiert werden, ob ein neuer Eingriff wirklich notwendig ist, oder ob es nicht möglich ist, die bereits vorhandenen Eingriffe zu effektivieren. Dies gilt besonders im Zusammenhang mit Eingriffen in das Recht auf informationelle Selbstbestimmung, denn aufgrund der heutigen Kommunikationsstrukturen ist es mehr als fraglich, ob die entsprechenden Daten am Ende ihres „Haltbarkeitsdatums" bzw. nach ihrer Zweckerfüllung auch wirklich gelöscht werden. Auch führt eine Vielzahl von diversen Eingriffsnormen dazu, dass der Bürger zunehmend „gläserner" wird. Der neue Personalausweis enthält biometrische Daten, Nacktscanner werden zur Zeit an Flughäfen erprobt[162], aufgrund erneuter Terrorwarnungen soll die Vorratsdatenspeicherung in Deutschland erneut übereilt eingeführt werden. Ebenso steht die Frage im Raum, ob sich die Pflicht der Vorratsdatenspeicherung der

---

162 Interessant im Zusammenhang mit der Einführung dieser Geräte in Deutschland sind auch die parallelen Geschehnisse in den USA. Berichten zufolge wurde dort festgestellt, dass die Geräte, trotz gegenteiliger Behauptungen ihrer Befürworter, Bilder der gescannten Personen dauerhaft speichern. Eines der schlagenden Argumente für die Einführung dieser Geräte ist jedoch unter anderem, dass eben gerade keine Aufnahmen gespeichert werden würden. Vgl. die Berichterstattung unter http://www.datenschutz.de/news/detail/?nid=4621 (zuletzt abgerufen am 18.11.2010).

Telekommunikationsanbieter nicht auch auf Suchmaschinenbetreiber erweitern lässt. Jeder dieser Eingriffe mag für sich gesehen unter bestimmten Bedingungen als nicht so gravierend angesehen werden, wenn man der Behauptung folgen möchte, dass es sich bei den erhobenen Daten um notwendige und nicht aussagekräftige Daten handele. Jedoch ergeben die Daten bei einer Gesamtschau ein umfassendes Persönlichkeitsprofil mit pikanten Details, zumal der zunehmende Trend der Zusammenarbeit von Sicherheitsbehörden aufgrund des „erweiterten Sicherheitsbegriffes" stetig zunimmt. Die Gefahr der Zusammenführung der Daten ist damit zum Greifen nah.

Folglich sollten statt einer übereilten Einführung von Datenerhebungen und -speicherungen die konfligierenden Interessen für jeden Einzelfall[163] sorgfältig im Lichte der verfassungsrechtlich verankerten Prinzipien abgewogen werden[164], um die individuelle Freiheit nicht Stück für Stück auszuhöhlen[165], einen Wandel zum Präventions- bzw. Überwachungsstaat zu verhindern[166] und eine praktische Konkordanz zu schaffen[167]. Denn Freiheit bedeutet Risiko und das Risiko kann nur verringert werden, wenn auch die Freiheit eingeschränkt wird. Letztlich bedingt die stetig zunehmende Übertragung der Verantwortung des Staates für diverse Sicherheitsaspekte auch zunehmende

---

163 *DIETEL* in: BULL, Sicherheit durch Gesetze?, S. 57 (61).

164 Vgl. auch *RUX* in: HUSTER/RUDOLPH, Vom Rechtsstaat zum Präventionsstaat, S. 208 (215), der schlussfolgert, dass der Rechtsstaat sich mit einem gewissen Risiko arrangieren muss, da eine vollständige Überwachung zwar möglich und praktisch erscheint, eine solche jedoch zu unerträglichen Grundrechtseinschränkungen führt.

165 Grundsätzlich sind Freiheit und Sicherheit bei jeder Maßnahme in ein angemessenes Verhältnis zu bringen. Da es in der heutigen Zeit jedoch kaum noch konkrete Gefahren gibt, sondern die Sicherheitsmaßnahmen zumeist dem Zweck dienen, ein bedrohliches aber nicht näher fassbares unbestimmtes Risiko abzuwehren, kann eine Abwägung der Interessen nur sehr schwer erfolgen. Die Folge ist jedoch, dass „Sicherheit" zu einem Blankettbegriff wird, der mit rechtsstaatlichen Mitteln nicht zu bändigen ist, vgl. *HUSTER/RUDOLPH* in: HUSTER/RUDOLPH, Vom Rechtsstaat zum Präventionsstaat, S. 9 (19); *CALLIESS*, ZRP 2002, S. 1 (6 ff.); *ERBEL*, APuZ 10-11/2002, S. 14 (21).

166 BURKHARD HIRSCH sieht die Grenzen zum Überwachungsstaat bereits teilweise überschritten. Vgl. hierzu dessen Darstellungen bei *HIRSCH* in: HUSTER/RUDOLPH, Vom Rechtsstaat zum Präventionsstaat, S. 164 (170 ff.); *DIETEL* in: BULL, Sicherheit durch Gesetze?, S. 57 (76); vgl. *ROßNAGEL*, Informatik Spektrum 25/2002, S. 33 (37), der ebenfalls vermeiden will, dass sich über diesen Weg dauerhafte Überwachungsnetze bilden.

167 *BULL* in: BULL, Sicherheit durch Gesetze?, S. 15 (20).

Handlungsmöglichkeiten. Je mehr Schutz also gefordert wird, desto mehr Handlungsfähigkeit brauch der Staat, um diese auch gewährleisten zu können. Die steigende Handlungsfähigkeit bedingt jedoch eine Vielzahl an Informationen, weshalb ein Staat, der alles verantworten muss, auch alles wissen und alles können muss[168]. Dies führt dann im besten Fall zum Ausschluss aller Risiken, gleichzeitig aber auch zur Nihilierung der Freiheit, wodurch der Rechtsstaat zum Überwachungsstaat mutiert. Deswegen gilt im Zusammenhang mit staatlichen Ermächtigungsgrundlagen „weniger ist manchmal mehr"[169].

Denn wie die Erfahrungen der Geschichte beweisen, werden einmal eingeführte Überwachungs- und Kontrollmechanismen vom Staat nur in seltenen Fällen wieder aufgegeben. Das wichtigste Instrument für einen angemessenen Ausgleich ist daher das Rechtsstaatsprinzip, dessen Anforderungen gerade hier eingehalten werden müssen, damit stets ein adäquater Ausgleich zwischen Freiheit und Sicherheit gegeben ist.

III. Der internationale Datenschutz und seine Rechtsquellen im Kurzüberblick

Die Entwicklung des Datenschutzes fand jedoch nicht nur auf nationaler Ebene statt. Das Recht auf Schutz der Privatsphäre im weiteren Sinn und auch der personenbezogenen Daten genießt nicht nur in Deutschland den Status eines verfassungsrechtlich geschützten Gutes. Schnell begriffen die Staaten, dass der Schutz personenbezogener Daten durch nationales Recht allein nicht zu bewältigen war. Durch zunehmende Globalisierung und fortschreitende Technisierung, insbesondere das Internet und die stetig steigende Zahl von Personal Computern (PCs), wurde der grenzüberschreitende Datenverkehr immer einfacher und selbstverständlicher. Ein weiterer Zuwachs des Datenaustauschs erfolgte, als die Unternehmen begriffen, dass die ausgetauschten Daten einen enormen Vorteil boten, um neue Märkte zu erschließen, oder einen höheren grenzüberschreitenden Absatz zu erwirtschaften. Die Staaten beschlossen daher, neben den diversen einzelstaatlichen Regelungen in Bezug auf den Schutz personenbezogener Daten, gleichfalls internationale Vereinbarungen zu treffen, um auch grenzüberschreitend weiterhin zum Schutz des Einzelnen beizutragen. Diese internationalen Vereinbarungen haben dabei

---

168 *GUSY*, DÖV 1996, S. 573 (581).
169 Siehe hierzu auch *HORN*, Die Bekämpfung, S. 182 ff., der zu der gleichen Schlussfolgerung ebenfalls zu dieser Schlussfolgerung kommt.

einen ganz entscheidenden Einfluss auf die Entwicklung und Ausgestaltung der jeweiligen nationalen Regelungen gehabt.

1. Die Vereinten Nationen

Die erste internationale Übereinkunft dieser Art, die den Schutz der Privatsphäre derart deutlich hervorhob, ist die am 10. Dezember 1948 von der UN-Generalversammlung beschlossene Allgemeine Erklärung der Menschenrechte[170] (AEMR). Deren Art. 12 zu Folge, darf niemand

„willkürlichen Eingriffen in sein Privatleben, seine Familie, sein Heim oder seinen Briefwechsel noch Angriffen auf seine Ehre und seinen Beruf ausgesetzt werden".

Gegen derlei *„Eingriffe und Anschläge"* hat jeder Mensch *„Anspruch auf rechtlichen Schutz".* Basierend auf dem nationalen Verständnis des Privatsphärenschutzes beinhaltet dies die notwendigen Bedingungen für die Anknüpfung eines spezifischen internationalen Datenschutzes.

Einzig problematisch ist dabei, dass diese Erklärung keinerlei Rechtswirkung erzeugt, da sie außerhalb einer entsprechenden völkerrechtlichen Rechtsquelle als eine Empfehlung der Generalversammlung erfolgte.

Der schließlich am 19. Dezember 1966 verabschiedete und am 23. März 1976 in Kraft getretene internationale Pakt über bürgerliche und politische Rechte (IPBPR)[171] verlieh diesem Schutzgedanken sodann eine konkrete Bedeutung, da er in seinem Art. 17 mit nahezu gleichem Wortlaut der AEMR das gleiche Recht konstatierte.

Eine wesentliche Spezifizierung und Interpretation des Privatsphärenschutzes erfolgte jedoch erst durch die am 14. Dezember 1990 von der Generalversammlung verabschiedeten Leitlinien zur automatisierten Verarbeitung perso-

---

170 Resolution 217 (III) Universal Declaration of Human Rights in: United Nations, General Assembly, Official Records third Session (part I) Resolutions (Doc. A/810); vgl. hierzu die deutsche Übersetzung in Sartorius II, Ordnungsnummer 19.

171 Sartorius II Ordnungsnummer 20.

nenbezogener Daten[172], die jedoch gleichsam aufgrund ihres Empfehlungs-
charakters keine Verbindlichkeit entfalteten[173].

2. Die OECD-Richtlinien

Durch den zunehmenden grenzüberschreitenden Datenverkehr folgten viele
nationale Spezialvorschriften, während hingegen der international einheitliche
Standard und vor allem auch die einheitliche technologische Entwicklung
vom juristischen Aspekt betrachtet immer noch stark unterschiedlich ausgeprägt waren. Basierend auf der wachsenden wirtschaftlichen Bedeutung der
internationalen Datentransfers und den sich neu ergebenden Vermarktungs-
möglichkeiten waren nun Bestrebungen ersichtlich, die darauf abzielen sollten
einen international einheitlichen Standard zu schaffen, um potenziellen Kon-
flikten vorzubeugen und entstehende Konflikte möglichst schnell zu lösen.
Die Organisation für wirtschaftliche Zusammenarbeit und Entwicklung
(OECD) verabschiedete in dieser Gesinnung am 23. September 1980 eine
förmliche Empfehlung[174], in welcher sie einige elementare Prinzipien als Leitlinie verabschiedete, die für die Verarbeitung im öffentlichen und nicht-
öffentlichen Bereich gelten. Diese Empfehlung hat jedoch nicht unmittelbare
rechtliche Geltung erlangt, da der Art. 5 (a) deren Gründungsübereinkom-
mens eine verbindliche Wirkung nur für Beschlüsse, nicht aber für Empfehlungen nach Buchstabe (b) vorsieht[175].

Bemerkenswert ist jedoch der zusätzliche Motivationsgrund für die Empfehlung, denn diese erfolgte nicht nur aus dem bisherigen Bestreben heraus
die Privatsphäre des Individuums zu schützen, sondern erstmals auch aus rein
wirtschaftlichen Gründen, da eine zunehmende Anzahl individuell staatlicher
Regelungen in Bezug auf grenzüberschreitende Datentransfers potenziell ge-

---

172 "Guidelines for the Regulation of Computerized Personnel Data Files"
(A/RES/45/95), im Internet abrufbar unter http://www.unhcr.org/refworld
/docid/3ddcafaac.html (zuletzt abgerufen am 5.9.2010).

173 TINNEFELD/EHMANN/GERLING, Einführung in das Datenschutzrecht, S. 99; GENZ, Datenschutz in Europa und den USA, S. 12; SCHAAR, Datenschutz im Internet, S. 29;
KÜHLING/SEIDEL/SIVRIDIS, Datenschutzrecht, S. 35.

174 „Leitlinie für den Schutz des Persönlichkeitsbereichs und den grenzüberschreitenden
Verkehr personenbezogener Daten", OECD-Dokument C (80) 58 (final).

175 Vgl. TINNEFELD/EHMANN/GERLING, Einführung in das Datenschutzrecht, S. 98; KÜH-
LING/SEIDEL/SIVRIDIS, Datenschutzrecht, S. 36.

eignet waren erhebliche Handelshindernisse[176] zu generieren. Somit fand neben dem Schutz der Persönlichkeit auch der Aspekt der Wirtschaft Einzug in den Datenschutz, der in den Folgejahren eine immer größere Bedeutung erlangte.

3. Die europäische Menschenrechtskonvention

Der am 5. Mai 1949 ins Leben gerufene Europarat, der sich der dauerhaften Sicherung der Demokratie, der Menschenrechte und der Rechtsstaatlichkeit in Europa verschrieben hatte (Art. 3 EurRatS)[177], beschäftigte sich zunehmend mehr mit einer rechtlichen Vereinheitlichung der europäischen Staaten. Dies tat er vor allem unter dem Aspekt der Schaffung eines einheitlichen Menschenrechtsstandards, weshalb er am 4. November 1950 die „Europäische Menschenrechtskonvention" (EMRK)[178] verabschiedete. Diese proklamiert eingedenk der allgemeinen Erklärung der Menschenrechte in ihrem Art. 8 Abs. 1 EMRK für „jeden" das Recht auf Achtung seiner Privatsphäre; Art. 8 Abs. 2 EMRK enthält eine Schrankenbestimmung zugunsten diverser Allgemeinwohlgüter. Ein ausdrückliches Recht auf Datenschutz ist also auch hier nicht vorhanden. Wie zuvor bereits aufgezeigt, ist und war jedoch der Schutz des Einzelnen in Bezug auf personenbezogene Daten gemeinhin anerkannt, sodass der Schutzbereich des Art. 8 EMRK sich also auch grundsätzlich auf solche erstreckt[179]. Jedoch wurde bis dato offen gelassen, ob es sich beispielsweise bei einer Telefonüberwachung oder der Speicherung von Verbindungsdaten um eine Verletzung der Privatsphäre oder der Verletzung des Schutzes der Korrespondenz handelt[180]. Eine Einigkeit besteht jedoch dahingehend, dass an die Rechtfertigung des Eingriffs strenge Voraussetzungen geknüpft sind. Zwar steht der Zweck des Eingriffs im weiteren Ermessensspielraum des jeweiligen Staates, jedoch muss die grundsätzlich erforderliche Gesetzesgrundlage besonders deutlich und genau erkennen lassen, welche Da-

---

176 *KÜHLING/SEIDEL/SIVRIDIS*, Datenschutzrecht, S. 36; *SCHAAR*, Datenschutz im Internet, S. 30.

177 Vgl. Sartorius II Ordnungsnummer 110.

178 Konvention zum Schutz der Menschenrechte und Grundfreiheiten vom 4.11.1950; im Internet abrufbar unter http://conventions.coe.int/treaty/ger/treaties/html/005.htm (zuletzt abgerufen am 5.9.2010).

179 Vgl. statt vieler *FROWEIN* in: FROWEIN/PEUKERT, EMRK³, Art. 8 Rn. 5.

180 *KÜHLING/SEIDEL/SIVRIDIS*, Datenschutzrecht, S. 38

ten zu welchem Zweck wie lange aufbewahrt werden und welche Vorgaben für Kontrollmechanismen und mögliche Auskunftsmöglichkeiten sie enthalten. Insoweit besteht eine bestechende Anlehnung zu den vom Bundesverfassungsgericht im Volkszählungsurteil aufgestellten Kriterien.

4. Die europäische Datenschutzkonvention („Konvention 108")

Eine weitere Konkretisierung des Datenschutzes erfolgte sodann am 28. Januar 1981 gleichfalls durch den Europarat. Dieser verabschiedete das nur für seine Mitglieder offene „Übereinkommen zum Schutz des Menschen bei der automatisierten Verarbeitung personenbezogener Daten", welche kurz „Konvention 108" genannt wird[181]. Die am 1. Oktober 1985 nach der fünften Ratifikation in Kraft getretene Konvention sollte der Schaffung eines einheitlichen internationalen Standards dienlich sein und zu einer gesamteuropäischen Lösung beitragen. Die Konvention befasst sich dabei zentral mit dem Aspekt der automatisierten Verarbeitung personenbezogener Daten[182] von natürlichen Personen und nicht mit einem allgemeinen Persönlichkeitsschutz, wie er in den zuvor genannten Quellen gefordert wurde. Den Mitgliedstaaten stand es selbstredend frei den Anwendungsbereich bei der Umsetzung in innerstaatliches Recht zusätzlich auch auf die manuelle Verarbeitung und juristische Personen auszuweiten. Die Konvention ist somit allein für datenschutzrechtliche Fragen heranzuziehen. Eine Differenzierung in private und öffentliche Verarbeitung unterbleibt, sodass die Konvention generell für alle Sektoren Geltung entfaltet[183].

Neben allgemeinen Begriffsbestimmungen beinhaltet die Konvention, bedingt durch die technikneutrale Formulierung, auch heute noch allgemein verbindliche Datenschutzgrundsätze[184] (Kapitel II), Regeln für grenzüberschreitenden Datenverkehr (Kapitel III), einen Maßnahmenkatalog für gegenseitige Hilfe (Kapitel IV) und die Errichtung eines ständig beratenden Aus-

---

181   Im Internet abrufbar unter http://conventions.coe.int/Treaty/ger/Treaties/Html /108.htm (zuletzt abgerufen am 5.9.2010).
182   Artikel 1 Konvention 108.
183   Artikel 3 Abs. 1 Konvention 108.
184   Datenverarbeitung nach Treu und Glauben Art. 5 lit. a), Zweckbindungsgrundsatz Art. 5 lit. b), Erforderlichkeitsprinzip, Transparentprinzip, Informationsrecht des Betroffenen Art. 8, Prinzip der Datenqualität Art. 5 lit. d), etc.; vgl. hierzu auch TINNE-FELD/EHMANN/GERLING, Einführung in das Datenschutzrecht, S.103.

schusses zu einer höheren Vereinheitlichung. Dabei ist besonders Kapitel III von besonderem Interesse, da dieses zwar nicht unmittelbar eine sog. „Drittstaatenregelung" aufstellt und somit die Datenübermittlung konkret regelt, jedoch einen Privilegierungstatbestand für Mitgliedsstaaten der Konvention in Art. 12 Konvention 108 enthält, der eine Beschränkung außerhalb der in Art. 12 Abs. 3 Konvention 108 genannten Gründen verbietet. Das Kapitel III wird zusätzlich durch das am 8. November 2001 verabschiedete Zusatzprotokoll[185] erheblich konkretisiert. Die Konvention 108 ist deshalb besonders hervorzuheben, weil sie weltweit das erste verbindliche supranationale Abkommen im Punkto Datenschutz ist[186], weshalb sie auch unter anderem als Vorlage für die erste allgemeine Datenschutzrichtlinie der EG diente.

B. Der Datenschutz in der Europäischen Union

Der Datenschutz in der Union wird in dreierlei Weise gewährleistet. Zum einen finden sich datenschutzrechtliche Gewährleistungen im Rahmen der europäischen Grundrechte, und zum anderen gibt es allgemeine und bereichsspezifische Datenschutzvorschriften. Mit Ausnahme des grundrechtlich verbürgten Schutzes sind die Schutzvorschriften sowohl im Primär- und Sekundärrecht als auch in diversen Sonderabkommen verteilt[187]. Ebenfalls finden sich diverse Vorschriften in zahlreichen Einzelabkommen, die nur für einen bestimmten Bereich gelten. Dies ist, wie bereits zu Eingang erwähnt, auf die Eigenschaft des Datenschutzes als „Querschnittsmaterie" zurückzuführen. Im Folgenden sollen daher die wichtigsten europäischen Vorschriften dargestellt werden, da eine genauere Kenntnis der Materie für den Fortlauf der Arbeit zwingend notwendig ist.

---

185 Das Protokoll ETS 181 ist im Internet abrufbar unter http://conventions.coe.int/ Treaty/GER/Treaties/Html/181.htm (zuletzt abgerufen am 5.9.2010).

186 *TINNEFELD/EHMANN/GERLING*, Einführung in das Datenschutzrecht, S. 103; *Johlen* in: TETTINGER/STERN, EU-Charta, Art. 8 Rn. 21.

187 Besonders ausgeprägt ist der bereichsspezifische Datenschutz im europäischen Recht der polizei- und ordnungsrechtlichen Zusammenarbeit, *GUSY* in: RUTHIG/SCHENKE/HILGER/WOLTER/ZÖLLER, Alternativentwurf, S. 265 (267 ff.).

I. Primärrechtsquellen

1. Die bisherige Regelung

Der Angelpunkt des europäischen Grundrechtsschutzes ist Art. 6 Abs. 3 EUV i.V.m. der EMRK (ex Art. 6 Abs. 2 EUV) und die aus den Verfassungstraditionen der Mitgliedstaaten folgenden allgemeinen Grundsätze.

Ergänzend wurde bis dato die bis zum 1.12.2009 noch unverbindliche EU-Grundrechtecharta als zusätzliche Rechtserkenntnisquelle herangezogen. Das nach diesen Grundsätzen durch Auslegung vom EuGH ermittelte Gemeinschaftsgrundrecht auf Datenschutz ist jedoch noch nicht oft Gegenstand der Rechtsprechung gewesen, sodass dieses noch sehr unkonturiert ist[188].

Seit dem 1.12.2009 ist jedoch der Vertrag von Lissabon[189] in Kraft getreten, der unter anderem die Grundrechtecharta für allgemein verbindlich erklärt[190], sodass später noch genauer auf den Schutzbereich des Art. 8 EU-Charta einzugehen sein wird, da dieser in Zukunft sicherlich eine tragende Rolle einnehmen wird.

Für die Kreierung von Datenschutzrecht auf EU Ebene gibt es diverse Kompetenzgrundlagen.

Explizite Kompetenzgrundlage waren bis zum Inkrafttreten des Lissabonvertrages unter anderem Art. 95 EGV und 286 EGV.

Art. 286 EGV ermöglichte es der EG die Wirkung der erlassenen Sekundärrechtsakte, welche grundsätzlich nur an die Mitgliedstaaten adressiert waren, durch entsprechende Maßnahmen auch auf die EG-/EU-Organe zu erstrecken. Seit dem Inkrafttreten des Lissabonvertrages ist Art. 286 EGV jedoch entfallen und wird nun durch den Art. 16 Abs. 2 AEUV ersetzt, der der Union gegenüber ihren Organen und den Mitgliedstaaten eine Gesetzgebungskompetenz im Bereich des Datenschutzes einräumt, sofern diese Unionsrecht ausführen.[191]

---

188 Vgl. hierzu die Ausführungen bei *BRITZ*, EuGRZ 2009, S. 1 (6 ff., 11).

189 Vertrag von Lissabon zur Änderung des Vertrages über die Europäische Union und des Vertrages zur Gründung der Europäischen Gemeinschaft, ABl. EU 2007/C 306/01, im Internet abrufbar unter http://eur-lex.europa.eu/JOHtml.do?uri =OJ:C:2007:306:SOM:DE:HTML (zuletzt abgerufen am 5.9.2010).

190 Zu den Auswirkungen siehe *PACHE/RÖSCH*, EuR 2009, S. 769 (773 ff.).

191 Vgl. hierzu den Vertragstext des Änderungsvertrages von Lissabon S. 69, abrufbar unter http://www.consilium.europa.eu/uedocs/cmsUpload/cg00014.de07.pdf (zuletzt abgerufen am 5.9.2010).

Zur Kreation von Sekundärrecht im Bereich des Datenschutzes kommt grundsätzlich nur Art. 114 AEUV (ex Art. 95 EG) (gemeinschaftliche Binnenkompetenz) in Betracht, von der bis dato häufig Gebrauch gemacht wurde um ein europäisches Datenschutzrecht zu kreieren.

Auf Ebene der EU fanden sich bisher Kompetenzgrundlagen besonders im Bereich der GASP und der PJZS (Art. 31 Abs. 1 lit. c) i.V.m. 34 Abs. 2 lit. b), sowie Art. 24 EUV).

2. Die neue Regelung nach dem Lissabonvertrag

Auch die vorgenannten Kompetenzgrundlagen zum Erlass von Sekundärrechtsakten wurden durch die komplette Umstrukturierung abgeändert. Da die „Drei-Säulenstruktur" der EU nunmehr nahezu aufgelöst ist, finden sich die entsprechenden Kompetenzgrundlagen nun in den Art. 37 EUV (ex Art. 24 EUV) und Art. 82, 83 und 85 AEUV (ex Art. 31 EUV) wieder. Neu ist auch die in Art. 39 EUV geregelte Kompetenz des Rates, welche es ihm gestattet abweichend von Art. 16 Abs. 2 AEUV, einen Beschluss über die Festlegung von Vorschriften über den Schutz natürlicher Personen bei der Verarbeitung personenbezogener Daten durch die Mitgliedstaaten im Rahmen der Ausübung von Tätigkeiten des zweiten Kapitels (GASP, GVSP) und über den freien Datenverkehr zu erlassen[192]. Die Besonderheit besteht darin, dass für den Beschluss eine qualifizierte Mehrheit gem. Art. 16 Abs. 3 EUV notwendig ist, während der Erlass eines Rechtsaktes nach Art. 16 Abs. 2 AEUV nach dem ordentlichen Gesetzgebungsverfahren des Art. 294 AEUV zu erfolgen hat. Zusätzlich ist anzumerken, dass gem. Art. 16 Abs. 2 Unterabsatz 2 AEUV, Rechtsakte, die gem. Art. 16 Abs. 2 AEUV erlassen wurden, keine Auswirkungen auf Beschlüsse gem. Art. 39 EUV besitzen.

a) Die Charta der Grundrechte

Wie bereits erwähnt, kam der EU- Grundrechtecharta[193] bis zum 1.12.2009 keine verbindliche Rechtswirkung zu, sondern sie diente lediglich als Rechtserkenntnisquelle und Auslegungshilfe[194]. Gem. Art. 6 EUV wird die Union

---

192 Vgl. Art. 39 EUV.
193 Vgl. hierzu Sartorius II Ordnugsnummer 146.
194 *SCHMITZ*, EuR 2004, S. 691 (696); *Johlen* in: TETTINGER/STERN, EU-Charta, Art. 8 Rn. 9.

an die Grundrechtecharta gebunden und erkennt diese als mit den Verträgen gleichwertig an, sodass diese seit dem 1.12.2009 rechtsverbindlich ist[195].

aa) Schutz der Privatsphäre in der EU-Charta

Art. 7 EU-Charta entspricht im Wesentlichen dem Wortlaut des Art. 8 EMRK und regelt den Schutz des Privatlebens. Dabei besitzt das Recht nach Art. 7 EU-Charta gem. Art. 52 Abs. 3 EU-Charta den gleichen Umfang wie das Recht nach Art. 8 EMRK. Lediglich der Begriff „Korrespondenz" wurde gestrichen und durch den Begriff der „Kommunikation" ersetzt, sodass auch moderne Kommunikationsformen (SMS, VoIP, E-Mail etc.) erfasst werden können.[196] Einschränkungen des Art. 7 EU-Charta sind nur in den Grenzen des Art. 52 Abs. 3 i.V.m. 8 Abs. 2 EMRK und Art. 52 Abs. 1 EMRK möglich, sofern der Eingriff auf eine gesetzlichen Ermächtigungsgrundlage gestützt, ein legitimes in Absatz 2 genanntes Ziel verfolgt und verhältnismäßig ist[197]. Es gilt zu beachten, dass insbesondere das Brief-, Telekommunikations- und Postgeheimnis in den Schutzbereich des Art. 7 EU-Charta fallen. Der Schutz umfasst dabei nicht nur den Schutz vor Kenntnisnahme des Inhalts des Kommunikationsvorgangs, sondern auch den der Umstände (Sender, Empfänger, Zeit, Häufigkeit), unter denen er geschieht. Diese Informationen sind jedoch grundsätzlich auch von dem spezielleren Art. 8 EU-Charta (Schutz personenbezogener Daten) erfasst.

bb) Das Datenschutzgrundrecht nach Art. 8 EU-Charta

(1) Bedeutung und Schutzbereich

Die erste ausdrückliche Primärrechtsquelle für den Datenschutz ist Art. 8 EU-Charta[198], welcher als lex specialis zu Art. 7 EU-Charta zu lesen ist[199]. Er

---

195   siehe hierzu auch das EuGH-Urteil vom 19.1.2010 (RS C-555/07, Rn 22) in welchem der EuGH explizit die Gleichrangigkeit betont.

196   *KÜHLING/SEIDEL/SIVRIDIS*, Datenschutzrecht, S. 44, *GRABENWARTER*, Europäische Menschenrechtskonvention, § 22 Rn. 2; *TINNEFELD/EHMANN/GERLING*, Einführung in das Datenschutzrecht, S. 102.

197   *KÜHLING/SEIDEL/SIVRIDIS*, Datenschutzrecht, S. 44; *JARASS*, EU-Grundrechte, § 12 Rn. 14; *TINNEFELD/EHMANN/GERLING*, Einführung in das Datenschutzrecht, S. 102, 111; *Johlen* in: TETTINGER/STERN, EU-Charta, Art. 8 Rn. 18-20.

198   Artikel 8 Schutz personenbezogener Daten

wurde in einer Vielzahl von Entscheidungen als Rechtserkenntnisquelle herangezogen[200] und stellt das Schlussglied einer langen Entwicklungskette dar. Art. 8 EU-Charta gründet sich im Wesentlichen aus der Gesamtheit aller Datenschutzregelungen und Grundsätzen des Europarechts. Dies sind namentlich Art. 16 AEUV (ex Art. 286 EGV), die RL 95/46/EG[201] und VO (EG) Nr.45/2001, die Datenschutzkonvention des Europarates und Art. 8 EMRK[202]. Der persönliche Schutzbereich wird in Art. 8 Abs. 1 EU-Charta festgelegt. Demnach hat „jede Person" einen Anspruch auf Schutz der sie betreffenden personenbezogenen Daten. Aufgrund der Analyse des Wortlauts von Abs. 1 lässt sich jedoch nicht direkt ein konkreter Schutzbereich skizzieren. Ein solcher zeichnet sich erst unter Zuhilfenahme des Abs. 2 und einer Analyse der unverbindlichen Erläuterungen des Konvents[203] ab, wonach das in Art. 8 EU-Charta verankerte Recht nach Maßgabe der Richtlinie ausgeübt werden

---

(1) Jede Person hat das Recht auf Schutz der sie betreffenden personenbezogenen Daten.

(2) Diese Daten dürfen nur nach Treu und Glauben für festgelegte Zwecke und mit Einwilligung der betroffenen Person oder auf einer sonstigen gesetzlich geregelten legitimen Grundlage verarbeitet werden. Jede Person hat das Recht, Auskunft über die sie betreffenden erhobenen Daten zu erhalten und die Berichtigung der Daten zu erwirken.

(3) Die Einhaltung dieser Vorschriften wird von einer unabhängigen Stelle überwacht.

199 KÜHLING/SEIDEL/SIVRIDIS, Datenschutzrecht, S. 45; Kingreen, in: Callies/Ruffert, EUV/EGV, Art. 8 Rn. 1.

200 Vgl. eine Übersicht der Leitentscheidungen bei Johlen in: TETTINGER/STERN, EU-Charta, Art. 8 A III.

201 Richtlinie 95/46/EG des Europäischen Parlaments und des Rates vom 24. Oktober 1995 zum Schutz natürlicher Personen bei der Verarbeitung personenbezogener Daten und zum freien Datenverkehr, ABl. EG 1995, L281, 31 (im Folgenden DSRL).

202 ESSER in: RUTHIG/SCHENKE/HILGER/WOLTER/ZÖLLER, Alternativentwurf, S. 281 (281); Erläuterungen zu Art. 8 EU-Charta vom 14.12.2007, ABl. EU Nr. C 303/20; FRENZ, Handbuch Europarecht, S. 422 Rn. 1360.

203 Erläuterung des Präsidiums des Konvents CHARTE 4473/00 CONVENT 49, im Internet abrufbar unter http://www.europarl.europa.eu/charter/pdf/04473_de.pdf , aktualisiert durch die neuen „Erläuterungen zur Charta der Grundrechte" vom 14.12.2007, ABl. EU Nr. C 303/1, im Internet abrufbar unter http://eurlex.europa.eu/LexUriServ/LexUriServ.do?uri=OJ:C:2007:303:0017:0035:DE:PDF (zuletzt abgerufen am 5.9.2010).

soll.[204] Somit kann bei der Auslegung von Begriffen auf die Begriffsbestim-mungen der RL 95/46/EG zurückgegriffen werden[205], weshalb in den Anwen-dungsbereich all diejenigen Daten fallen, die mit einer natürlichen Person in Verbindung gebracht werden können. Der persönliche Schutzbereich des Art. 8 Abs. 1 EU-Charta könnte dem Grunde nach sowohl natürliche als auch ju-ristische Personen schützen[206], aufgrund der engen Verknüpfung zum Schutz der Privatsphäre von natürlichen Personen und der DSRL ist jedoch primär von einem reinen Schutz natürlicher Personen auszugehen[207], wobei es auf-grund der EuGH-Rechtsprechung und der Entwicklung der Rechtssetzung (bspw. RL 2002/58/EG) geboten scheint, zumindest bereichsspezifische Aus-nahmen zuzulassen[208]. Sein sachlicher Schutzbereich umfasst alle Verarbei-tungsvorgänge im Zusammenhang mit personenbezogenen Daten, deren De-finition sich in Art. 2 lit. a) und b) DSRL findet.

Durch den Verweis auf die DSRL wird ein Höchstmaß an Dynamik er-zeugt, sodass sämtliche Verwendungen der Daten von der Erhebung bis zur Löschung erfasst werden und auch zukünftige neue Formen der Verarbeitung berücksichtigt werden können[209].

Das Abwehrrecht des Art. 8 Abs. 1 EU-Charta wird zusätzlich von zwei weiteren Rechten flankiert. In Art. 8 Abs. 2 EU-Charta befindet sich ein Aus-kunftsrecht des Betroffenen über die ihn betreffenden Daten, sowie ein Be-richtigungsrecht, welche den Regelungen des Art. 12 lit. a) und c) der DSRL entsprechen. Somit kann von einer Schutzpflicht des Staates ausgegangen werden[210].

---

204 „Dieser Artikel stützt sich auf Artikel 286 des Vertrags zur Gründung der Europäi-schen Gemeinschaft
und auf die Richtlinie 95/46/EG [...]. Das Recht auf Schutz der personenbezogenen Daten wird nach Maßgabe der genannten Richtlinie ausgeübt [...].
205 Vgl. *Johlen* in: TETTINGER/STERN, EU-Charta, Art. 8 Rn. 12 ff.
206 *Knecht* in: Schwarze, EU-Kommentar, Art. 8 Rn. 3; *KINGREEN* in: *CALLIESS/RUFFERT*, EUV/EGV, Art. 8 Rn.12.
207 *Johlen* in: TETTINGER/STERN, EU-Charta, Art. 8 Rn. 29; *Knecht* in: *Schwarze*, EU-Kommentar, Art. 8 Rn. 3.
208 *Johlen* in: TETTINGER/STERN, EU-Charta, Art. 8 Rn. 29; *Knecht* in: *Schwarze*, EU-Kommentar, Art. 8 Rn. 3.
209 *BERNSDORFF* in: MEYER, Charta der EU-Grundrechte, Art. 8 Rn. 16.
210 *SIEMEN*, Datenschutz als europäisches Grundrecht, S. 282.

Art. 8 Abs. 3 EU-Charta sieht die Überwachung durch eine unabhängige Stelle vor. Diese Aufgabe ist somit dem jeweiligen behördlichen oder dem europäischen Datenschutzbeauftragten übertragen.

(2) Die Schranken

Wie alle Grundrechte wird auch Art. 8 EU-Charta nicht schrankenlos gewährleistet. In seinem Abs. 2 enthält er einen eigenständigen Schrankenkatalog, welcher katalogmäßig einige Zulässigkeitsvoraussetzungen der Art. 6 und 7 DSRL nennt[211]. Auch wenn die Aufzählung nur einzelne Aspekte des Art. 6 und 7 DSRL enthält, so sind die gesamten Grundsätze der beiden Artikel in Art. 8 Abs. 2 S. 1 EU-Charta hineinzulesen[212].

Zusätzlich zu der Art. 8 EU-Charta immanenten Schranke, findet Art. 52 EU-Charta als allgemeine Schrankenregelung Anwendung.

Die Schrankenregelung des Art. 52 EU-Charta[213] unterteilt die Einschränkungsmöglichkeiten dabei in drei Kategorien, nämlich Rechte, die denen der EMRK entsprechen (Art. 52 Abs. 3 EU-Charta), Rechte, die bereits in den Gemeinschaftsverträgen und den Verträgen der Europäischen Union veran-

---

211 Dies entspricht dem Zweckbindungsgrundsatz und dem sog. „Zulässigkeits-Dreiklang" aus Einwilligung, gesetzlicher Allgemein- und Spezialregelung; vgl. hierzu auch *Johlen* in: TETTINGER/STERN, EU-Charta, Art. 8 Rn. 44 ff. Wegen der Zweckbindung im speziellen vgl. BRITZ, EuGRZ 2009, S. 1 (10).

212 *SIEMEN*, Datenschutz als europäisches Grundrecht, S. 282.

213 Art. 52 Tragweite der garantierten Rechte
(1) Jede Einschränkung der Ausübung der in dieser Charta anerkannten Rechte und Freiheiten muss gesetzlich vorgesehen sein und den Wesensgehalt dieser Rechte und Freiheiten achten. Unter Wahrung des Grundsatzes der Verhältnismäßigkeit dürfen Einschränkungen nur vorgenommen werden, wenn sie notwendig sind und den von der Union anerkannten und dem Gemeinwohl dienenden Zielsetzungen oder den Erfordernissen des Schutzes der Rechte und Freiheiten anderer tatsächlich entsprechen.
(2) Die Ausübung der durch diese Charta anerkannten Rechte, die in den Gemeinschaftsverträgen oder im Vertrag über die Europäische Union begründet sind, erfolgt im Rahmen der darin festgelegten Bedingungen und Grenzen.
(3) Soweit diese Charta Rechte enthält, die den durch die Europäische Konvention zum Schutz der Menschenrechte und Grundfreiheiten garantierten Rechten entsprechen, haben sie die gleiche Bedeutung und Tragweite, wie sie ihnen in der genannten Konvention verliehen wird. Diese Bestimmung steht dem nicht entgegen, dass das Recht der Union einen weiter gehenden Schutz gewährt.

kert sind[214] (Art. 52 Abs. 2 EU-Charta), und den übrigen Rechten, die in der Charta garantiert werden (Art. 52 Abs. 1 EU-Charta).

Da die Regelungen des Abs. 2 und 3 als leges speciales anzusehen sind[215], ist als erstes zu untersuchen, ob diese theoretisch auf Art. 8 EU-Charta Anwendung finden.

(a) Die Schranke des Art. 52 Abs. 3 EU-Charta – Rechte, die denen der EMRK entsprechen -

Nach dem in Art. 52 Abs. 3 EU-Charta verankerten Willen sollen die von der Charta garantierten Rechte „die gleiche Bedeutung und Tragweite" haben „wie sie ihnen in der genannten Konvention verliehen werden." Dabei kann das Unionsrecht auch einen weitergehenden Schutz gewähren.

Insofern stellt sich die Frage, inwieweit der Datenschutz von Art. 8 EMRK umfasst wird. Ein expliziter Schutz von personenbezogenen Daten lässt sich nicht aus Art. 8 EMRK extrahieren.[216] Dennoch wäre es denkbar, dass Art. 8 EU-Charta erfasst ist, weil er sich, wie bereits zuvor skizziert, aus einem Teilaspekt des Rechts auf Schutz des Privatlebens entwickelte. Träfe dies zu, so müsste die vom EGMR ergangene Rechtsprechung zum Datenschutz hinreichend berücksichtigt werden.[217] Dem ist jedoch entgegenzuhalten, dass der Begriff „entsprechen" seiner semantischen Bedeutung nach und basierend auf der korrelierenden systematischen Auslegung an dieser Stelle des Gesetzestextes bedeutet, dass der in der Charta garantierte Schutzbereich im Wesentlichen mit dem der in der EMRK gewährten Recht übereinstimmt. Das ist jedoch nicht der Fall, da der Schutz personenbezogener Daten ein spezieller Teilaspekt des Schutzes des Privatlebens und somit erheblich enger ist, als das von Art. 8 EMRK gewährte Recht. Dies wird gleichfalls von der Tatsache gestützt, dass sich Umfang und Reichweite des Art. 8 EU-Charta, wie bereits ausgeführt, nach den gemeinschaftlichen Regelungen richten und dieser auch nicht in der vom Konvent für Art. 52 Abs. 3 EU-Charta aufgestellten Grund-

214   Nach dem Vertrag von Lissabon sind dies der EUV und der AEUV.
215   *Siemen*, Datenschutz als europäisches Grundrecht, S. 284; *von Danwitz* in: Tettinger /Stern, EU-Charta, Art. 52 Rn. 30.
216   Vgl. hierzu auch *Siemen*, Datenschutz als europäisches Grundrecht, S. 52 ff., 285.
217   *Philippi*, Die Charta der Grundrechte der Europäischen Union, S. 27.

rechtsliste[218] aufgeführt wird[219]. Folglich ist Art. 52 Abs. 3 EU-Charta auf Art. 8 EU-Charta nicht anwendbar.

(b) Art. 52 Abs.2 EU-Charta - Rechte, die in den Gemeinschaftsverträgen und den Verträgen der Europäischen Union begründet sind -

Als entsprechende Vorschrift kommt vorliegend allein Art. 16 AEUV (ex Art. 286) als Anknüpfungspunkt in Frage. Dieser normiert in Abs. 1 ein eigenständiges Recht auf Schutz personenbezogener Daten. Somit drängt sich die Vermutung auf, dass Art. 52 Abs. 2 EU-Charta i.V.m. Art. 16 Abs.1 AEUV eine Schrankenbestimmung darstellt. Bei genauerer Betrachtung offenbart sich jedoch, dass Art. 16 Abs. 1 AEUV zwar den gleichen Wortlaut und auch den gleichen Schutzbereich des Art. 8 Abs.1 EU-Charta enthält, aber keinerlei Schrankenbestimmungen beinhaltet. Würde man dieser Überlegung folgen, so folgt daraus unweigerlich, dass Art. 52 Abs. 2 EU-Charta i.V.m. Art. 16 Abs. 1 AEUV die richtige Schrankenbestimmung ist. Dies würde allerdings dazu führen, dass die Voraussetzungen der Art. 51 Abs. 1 und 8 Abs. 2 EU-Charta leer laufen würden und der durch Art. 16 AEUV gewährte Schutz hinter dem des Art. 8 EU-Charta zurückbleiben würde[220]. Im Sinne des Erhalts eines umfassenden Schutzes muss daher auf eine Anwendung des Art. 52 Abs. 2 EU-Charta in diesem konkreten Fall verzichtet werden.

(c) Die allgemeine Schranke des Art. 52 Abs. 1 EU-Charta

Letztlich verbleibt nur die Schrankenvorschrift des Art. 52 Abs. 1 EU-Charta, welcher für die Rechtfertigung einer Einschränkung des Rechts aus Art. 8 EU-Charta eine gesetzliche Grundlage verlangt, die den Wesensgehalt

---

218 ABl. EU 2007 C 303/02 (S. 17 ff.).

219 *SIEMEN*, Datenschutz als europäisches Grundrecht, S. 285; *KINGREEN* in: CAL-LIESS/RUFFERT EUV/EGV, Art. 8 Rn. 5; *BERNSDORFF* in: MEYER, Charta der EU-Grundrechte, Art. 8 Rn. 14; eine Liste der entsprechenden Artikel ist abgedruckt bei *von Danwitz/Ladenburger* in: TETTINGER/STERN, EU-Charta, Art. 52 A. IV., oder im Internet abrufbar unter http://eur-lex.europa.eu/LexUriServ/LexUriServ.do?uri =OJ:C:2007:303:0017:0035:DE:PDF (S. 17 ff.) (zuletzt abgerufen am 5.9.2010).

220 *KÜHLING/SEIDEL/SIVRIDIS*, Datenschutzrecht, S. 46; *KINGREEN* in: CALLIESS/RUFFERT, EUV/EGV, Art. 8 Rn. 4; sinngemäß auch *Hatje* in: Schwarze, EU-Kommentar, Art. 286 Rn. 6.

des Grundrechts achtet. Die Einschränkung muss sich zudem an dem Grundsatz der Verhältnismäßigkeit[221] messen lassen und darf nur erfolgen, wenn sie notwendig ist und den von der Union anerkannten, dem Gemeinwohl dienenden Zielsetzungen oder Erfordernissen des Schutzes der Rechte und Freiheiten anderer tatsächlich entspricht.

Der Gesetzesvorbehalt ist weit zu verstehen, sodass auch Gewohnheitsrecht hierunter fällt[222].

Demnach ist Art. 52 Abs. 1 EU-Charta auf Art. 8 EU-Charta anwendbar.

b) Art. 16 AEUV

Der neu durch den Lissabonvertrag eingefügte Art. 16 AEUV enthält in seinem Abs. 1 ein eigenständiges Datenschutzgrundrecht[223], das den Datenschutz unmittelbar auf Ebene des Primärrechts etabliert. Dieses enthält jedoch im Gegensatz zu Art. 8 EU-Charta, wie bereits dargestellt, keine Schrankenbestimmungen, sodass davon auszugehen ist, dass Art. 16 AEUV wohl i.V.m. Art. 52 Abs. 2 EU-Charta keine Anwendung finden wird, damit die Schranken des Art. 8 Abs. 2 i.V.m. Art. 52 Abs. 1 EU-Charta nicht unterlaufen werden[224]. Für eine Grundrechtsprüfung ist folglich nur Art. 8 EU-Charta als Rechtsquelle heranzuziehen.

c) Art. 6 Abs. 3 EUV i.V.m. Art. 8 EMRK

Über den Verweis des Art. 6 Abs. 3 EUV wird klargestellt, dass die Grundrechte, wie sie in der EMRK gewährleistet sind und wie sie sich aus den ge-

---

221 Vgl. SCHOLZ in: MERTEN/PAPIER, Handbuch der Grundrechte, § 170 Rn. 46 ff.; besonders bei Eingriffen in das Datenschutzgrundrecht lässt sich anhand der bisherigen Entscheidungspraxis konstatieren, dass hier insbesondere die Folgewirkung des Eingriffs für sonstige Freiheiten, sowie die Datenzahl, die Speicherdauer und ein eventueller Einschüchterungseffekt zu berücksichtigen sind, vgl. BRITZ, EuGRZ 2009, S. 1 (10).

222 BOROWSKY in: MEYER, Charta der EU-Grundrechte, Art. 52 Rn. 20. Allgemein ist anzunehmen, dass nur generell abstrakte Regelungen den Gesetzesvorbehalt erfüllen.

223 Vgl. hierzu den Vertragstext von Lissabon S. 69; im Internet abrufbar unter http://www.consilium.europa.eu/uedocs/cmsUpload/cg00014.de07.pdf (zuletzt abgerufen am 8.9.2010).

224 Vgl. hierzu KÜHLING/SEIDEL/SIVRIDIS, Datenschutzrecht, S. 46; BRITZ, EuGRZ 2009, S. 1 (2).

meinsamen Verfassungsüberlieferungen der Mitgliedstaaten ergeben, Bestandteil des Unionsrechts sind. Hierüber und über die mittlerweile gut ausdifferenzierte Rechtsprechung des EGMR zu Art. 8 EMRK wird der Datenschutz in der EU als „Grundrecht auf Datenschutz" etabliert[225].

II. Sekundärrechtsquellen

Mangels expliziter datenschutzrechtlicher Vorschriften im Primärrecht sind auf EU-Ebene zahlreiche sekundärrechtliche Vorschriften geschaffen worden. Besonders hervorzuheben sind hierunter:

- die Richtlinie zum Schutz natürlicher Personen bei der Verarbeitung personenbezogener Daten und zum freien Datenverkehr vom 24.10.1995,[226]

- die Richtlinie über die Verarbeitung personenbezogener Daten und den Schutz der Privatsphäre in der elektronischen Kommunikation (Datenschutzrichtlinie für elektronische Kommunikation)[227],

- und die Richtlinie über Vorratsdatenspeicherung von Daten, die bei der Bereitstellung öffentlich zugänglicher elektronischer Kommunikationsdienste oder öffentlicher Kommunikationsnetze erzeugt oder verarbeitet werden, und zur Änderung der Richtlinie 2002/58/EG[228].

---

225 Vgl. *SIEMEN*, Datenschutz als europäisches Grundrecht, S. 51 ff.; *BRITZ*, EuGRZ 2009, S. 1 (2); zu Reichweite und Umfang ausführlich Kapitel III. B. I.

226 RL 95/46/EG, ABl. EG 1995, L281, 31; (im Folgenden: DSRL) im Internet abrufbar unter   http://eur-lex.europa.eu/LexUriServ/LexUriServ.do?uri=CELEX:31995L0046:DE:HTML (zuletzt abgerufen am 8.9.2010)

227 RL 2002/58/EG, ABl. EG 2002, L201, 37; im Internet abrufbar unter http://eur-lex.europa.eu/LexUriServ/LexUriServ.do?uri=CELEX:32002L0058:DE:HTML (zuletzt abgerufen am 8.9.2010)

228 RL 2006/24/EG, ABl. EG 2006, L105, 54; im Internet abrufbar unter http://eur-lex.europa.eu/LexUriServ/LexUriServ.do?uri=CELEX:32006L0024:DE:HTML (zuletzt abgerufen am 8.9.2010)

1. Die Richtlinie 95/46/EG

a) Ziele und Hintergründe

Die am 24.10.1995 zur Vereinheitlichung innereuropäischer Datenübermittlungsvorgänge verabschiedete und auf die Binnenharmonisierungskompetenz gestützte Richtlinie 95/46/EG ist das zentrale Herzstück des europäischen Datenschutzes. Nachdem verschiedene Mitgliedstaaten schon zu Beginn der 90er Jahre Gesetze besaßen, die den Datentransfer über nationale Grenzen hinweg eher restriktiv handhaben, wurde es unter dem Gesichtspunkt eines einheitlichen Binnenmarktes notwendig eine Harmonisierung dieser Vorschriften herbeizuführen, zumal die nationalen Vorschriften keine Regelungen bzgl. EU internen Datentransfers besaßen. Daher bestand das Primärziel der Richtlinie darin, wie auch aus deren Erwägungsgründen 3, 5 und 7 hervorgeht, das Handelshemmnis Datenschutz zu Gunsten des Binnenmarktes zu beseitigen[229]. Dabei erfolgte vor allem eine Rückbindung des innereuropäischen Datenverkehrs an die Grundrechte, Grundfreiheiten und den Schutz der Privatsphäre. Sie beinhaltet zentrale Begriffsbestimmungen, die für die Anwendung der anderen Datenschutzvorschriften von zentraler Bedeutung sind, und auf die immer wieder Bezug genommen wird. Zusammen mit der Konvention 108, der EU-Grundrechtecharta sowie der EMRK bildet sie ein gemeinsames und umfassendes europäisches Datenschutzrecht[230].

b) Aufbau und Struktur der Richtlinie

Die Richtlinie strukturiert sich im Wesentlichen wie folgt:

- Kapitel I (Art.1-4) enthält allgemeine Begriffsbestimmungen,

- Kapitel II (Art. 5- 21) Enthält die Bedingungen für eine rechtmäßige Datenverarbeitung, wozu unter anderem Informationspflichten der verarbeitenden Stelle und Rechte des Betroffenen gehören,

- Kapitel III (Art. 22-24) regelt die Haftung und Rechtsbehelfe bei einer unerlaubten Verarbeitung,

- Kapitel IV (Art. 25- 26) trifft elementare Regelungen über den Transfer von Daten in nicht EU-Länder (sog. „Drittstaaten),

---

229 *BÜLLESBACH*, Transnationalität und Datenschutz, S. 28.
230 *GENZ*, Datenschutz in Europa und den USA, S. 19.

- und Kapitel V und VI proklamieren allgemeine Verhaltensregeln und Kontrollstellen.

Daraus ergeben sich 3 strukturelle Kernaussagen für den europäischen Datenschutz durch die DSRL:

Die Verarbeitung von personenbezogenen Daten ist grundsätzlich als Verbot mit Erlaubnisvorbehalt[231] konzipiert. Dies folgt daraus, dass eine Verarbeitung nur zulässig ist, wenn der Betroffene eingewilligt hat, oder ein gesetzlicher Erlaubnistatbestand vorhanden ist.

Erfolgt eine Verarbeitung, so kann der Betroffene Möglichkeiten zur Kontrolle und Einflussnahme wahrnehmen.

Zusätzlich werden Kontrollstellen geschaffen, die sowohl präventiv als auch ex-post tätig werden können.[232]

Nach Art. 3 Abs. 1 DSRL ist die Richtlinie zunächst nur auf die ganz oder teilweise automatisierte Verarbeitung personenbezogener Daten, also die Auswertung von Daten unter Einsatz von Datenverarbeitungsanlagen, sowie jede Möglichkeit einer technischen Auswertung, anwendbar. Dabei ist die Richtlinie sowohl auf öffentliche als auch private Datenverarbeiter anwendbar, da eine Differenzierung in die verschiedenen Bereiche von der Richtlinie nicht vorgenommen wird.

In Art. 3 Abs. 2 DSRL werden jedoch zwei wichtige Ausnahmen von diesem Anwendungsbereich gemacht. Die Richtlinie ist unter anderem nicht anwendbar, sofern es sich um eine Verarbeitung personenbezogener Daten handelt, die nicht in den Anwendungsbereich des Gemeinschaftsrechts fallen, „beispielsweise Tätigkeiten gemäß den Titeln V und VI des Vertrages der Europäischen Union". Infolge dessen sind ausdrücklich die Bereiche der GASP und PJZS ausgenommen[233]. Dies ist bis heute äußerst problematisch, da elementare datenschutzrechtliche Elemente somit keine Anwendung finden und ähnlich dedizierte Regelungen auf diesem Gebiet nicht bestehen und somit einige Fragen noch immer offen stehen[234]. Der Datenschutz in der ehemals

---

231 DI MARTINO, Datenschutz im europäischen Recht, S. 51; KÜHLING/SEIDEL/SIVRIDIS, Datenschutzrecht, S. 52; HOLZNAGEL/WERTHMANN in: SCHULZE/ZULEEG, Europarecht, § 37 Rn. 20.

232 vgl. dazu Kapitel IV.

233 Vgl. hierzu den Wortlaut des Art. 3 Abs. 2 der RL 95/46/EG; KÜHLING/SEIDEL/SIVRIDIS, Datenschutzrecht, S. 48.

234 Ausführlich zu dem Datenschutz auf diesem Gebiet auch VIETHEN, Datenschutz als Aufgabe der EG, S. 50 ff.; Zu der unbefriedigenden Situation des Datenschutzes in

zweiten und dritten Säule wurde bis zum Reformvertrag von Lissabon im Wesentlichen durch einen vor kurzem ergangenen Rahmenbeschluss des Rates[235] und diverse völkerrechtliche Abkommen geregelt.[236] Ebenfalls war es gängige Praxis, dass die notwendigen Maßnahmen in den jeweiligen Rechtsakten selbst aufgenommen wurden, was erhebliche Risiken für den Schutzstandard und somit eine hohe Inkohärenz mit sich bringt[237]. Gleichsam findet „auf keinen Fall" eine Anwendung statt, wenn die Verarbeitung die öffentliche Sicherheit, die Landesverteidigung oder die Sicherheit des Staates betrifft.

Zusätzlich sind auch Verarbeitungen ausgenommen, die von natürlichen Personen zum Zwecke privater oder familiärer Tätigkeiten ausgeübt werden.

Ein weiterer wichtiger Aspekt der Richtlinie sind ihre zentralen Begriffsbestimmungen.

Diese werden in Anlehnung an die Konvention 108 übernommen und hinreichend angepasst, um auch künftigen Entwicklungen hinreichend gewachsen zu sein.

Die Richtlinie definiert „personenbezogene Daten" als „alle Informationen über eine bestimmte oder bestimmbare natürliche Person". Eine Person wird dann als bestimmbar angesehen, wenn sie direkt oder indirekt durch die Information identifiziert werden kann. Dabei wird der Begriff durchaus weit verstanden, sodass nicht nur „klassische" Daten wie Name, Geburtsdatum, Geburtsort etc. erfasst werden, sondern auch beispielsweise Bild- und Tonaufnahmen, genetische Merkmale sowie Fingerabdrücke[238].

Von diesen Daten sind die sog. „sensitiven Daten" oder auch „sensiblen Daten"[239] zu differenzieren. Diese werden in Art. 8 DSRL als „besondere Kategorien personenbezogener Daten" bezeichnet und bergen für den Betroffenen ein besonderes Gefährdungspotenzial. Beispiele hierfür sind Gesund-

---

der ehemals dritten Säule vgl. auch das Workingpaper 168 der Art. 29 Gruppe, Dokument 02356/09/DE, S. 8 ff.; *HIJMANS/SCIROCCO*, CMLR 2009, S. 1485 (1485 ff.).

235   Rahmenbeschluss 2008/977/JI des Rates vom 27.11.2008 über den Schutz personenbezogener Daten, die im Rahmen der polizeilichen und justiziellen Zusammenarbeit in Strafsachen verarbeitet werden, ABl. EU 2008, L350, S. 60.

236   Hierzu zählte sowohl das Schengener Durchführungsübereinkommen als auch das ehemalige Europol-Abkommen.

237   *BRÜHANN* in: ROßNAGEL, Handbuch Datenschutzrecht, S. 155 Rn. 84.

238   *EHMANN/HELFRICH*, EG-Datenschutzrichtlinie, Art. 2 Rn. 17; siehe hierzu auch die Erwägungsgründe 14 bis 17;
     BRÜHANN in: ROßNAGEL, Handbuch Datenschutzrecht, S. 137 Rn. 17.

239   *BURKERT* in: ROßNAGEL, Handbuch Datenschutzrecht, S. 103 Rn. 47.

heitsdaten, Daten über das Sexualleben oder die ethnische Herkunft, sowie Genomdaten. Deren Verarbeitung ist gem. Art. 8 Abs. 1 DSRL generell untersagt, jedoch werden für diese Datenart vereinzelte Verarbeitungen unter besonders strengen Verarbeitungskriterien zugelassen (bspw. die sog. „Betroffenen-Ausnahmen", wenn dieser ausdrücklich in deren Verarbeitung eingewilligt hat).[240]

Zusätzlicher Dreh- und Angelpunkt ist der Begriff der „Verarbeitung". Darunter ist gem. Art. 2 lit. b) jeder Manipulationsvorgang im Zusammenhang mit personenbezogenen Daten zu verstehen, angefangen von der Erhebung, über Speicherung, Aufbewahrung, Abfrage, Veränderung, Benutzung, bis hin zu Übermittlung und Löschung. Der Begriff ist somit sehr weit zu verstehen und funktional auszulegen, sodass er stets technikneutral fungiert und geeignet ist, auch die modernsten Verarbeitungsformen zu erfassen[241].

Ein weiterer wichtiger Begriff ist der des „für die Verarbeitung Verantwortlichen". Gem. Art. 2 lit. d) DSRL ist dies derjenige, der über Zweck und Mittel der Verarbeitung entscheidet. Somit ist immer diejenige Person verantwortlich, die die Entscheidungsverantwortung trägt, weshalb die tatsächliche und nicht die rechtliche Zuordnung letztlich entscheidend ist. Gegen diesen macht der Betroffene seine Rechte geltend. Aufgrund dieses Umstandes kann es durchaus geschehen, dass mehreren Personen gleichzeitig die Eigenschaft des Verantwortlichen zufällt[242].

Eine besonders wichtige Rolle für den von einer Verarbeitung Betroffenen spielt Art. 4 Abs.1 lit. a) DSRL, welcher das anwendbare Recht bestimmt. Diesem zufolge hat der für die Verarbeitung Verantwortliche grundsätzlich das Recht des Niederlassungsstaates anzuwenden (Sitzstaatprinzip). Dieses Prinzip wird durchbrochen, sofern der Verantwortliche nicht in dem jeweiligen Staat ansässig ist, aber eine Zweigniederlassung in diesem Staat selbstständig Daten verarbeitet, denn dann ist gem. Art. 4 Abs.1 lit. b) DSRL das Recht des Staates anzuwenden, in dem die Zweigniederlassung ihren Sitz hat. Ist die Niederlassung selbst „Verantwortlicher", so gilt nicht Abs. 2 sondern wiederum Abs. 1.[243]

---

240   *BURKERT* in: ROßNAGEL, Handbuch Datenschutzrecht, S. 103 Rn. 48 f.

241   *BRÜHANN* in: ROßNAGEL, Handbuch Datenschutzrecht, S. 137 Rn. 18, 19.

242   *BRÜHANN* in: ROßNAGEL, Handbuch Datenschutzrecht, S. 138 Rn. 20 ff.

243   *BRÜHANN* in: ROßNAGEL, Handbuch Datenschutzrecht, S. 138 Rn. 23 ff.; *KÜH-LING/SEIDEL/SIVRIDIS*, Datenschutzrecht, S. 50, 51.

c) Die Wirkung der Richtlinie auf nicht EU-Mitgliedstaaten

Obwohl die Richtlinie selbst als Sekundärrechtsakt ergangen ist und somit als direkte Adressaten nur die jeweiligen Mitgliedstaaten verpflichtet, so besitzt sie darüber hinaus auch eine allgemein international wichtige Bedeutung. Unmittelbar harmonisiert sie den transeuropäischen Datenstrom und trägt zu einem gehobenen Datenschutzstandard innerhalb Europas bei. Der stetig wachsende Datenaustausch beschränkt sich jedoch nicht nur auf den europäischen Raum, sodass zwangsläufig die Frage aufgeworfen werden muss, wie der Schutz auch außerhalb der EU aufrecht erhalten werden kann.

Dieser Frage allein widmet sich Kapitel IV der Richtlinie in Art. 25 und 26 DSRL, welches den sog. „Drittstaatentransfer" regelt. Somit erfolgt durch die Richtlinie eine scharfe „Inside-Outside"- Regelung, die somit auch Nicht-EU-Staaten betrifft.

aa) Die Regelungen der Drittstaatentransfers

Art. 25 Abs. 1 DSRL legt die allgemeinen Kriterien für einen Transfer in Drittstaaten fest. Demzufolge besteht ein grundsätzliches Verbot eines Datentransfers in einen Drittstaat, sofern dieser kein „angemessenes Schutzniveau gewährleistet". Die Bestimmung der Angemessenheit erfolgt nach Art. 25 Abs. 2 DSRL durch die verantwortliche Stelle selbst[244], oder durch ein hierfür eigens vor der Kommission eingerichtetes Verfahren gem. Art. 31 Abs. 2 DSRL; Art. 25 Abs. 4, 6 DSRL. Ist ein entsprechendes Niveau festgestellt worden, so bindet diese Feststellung die Mitgliedstaaten, weshalb diese keine Beschränkungen des Datenstroms mehr vornehmen dürfen[245].

Liegt kein angemessenes Schutzniveau vor, sind die Mitgliedstaaten verpflichtet den Transfer zu unterbinden, sofern nicht einer der Ausnahmetatbestände des Art. 26 DSRL greift. Unter anderem ist demnach eine Übermittlung zulässig, wenn der Betroffene in die Übermittlung eingewilligt hat, oder die Übermittlung zur Erfüllung eines Vertrages erforderlich ist. Bereits diese

---

244 Diese Tatsache besitzt für sich selbst schon überaus große Brisanz, da die Überprüfung der Voraussetzungen materiell-rechtlicher Merkmale der verarbeitenden Stelle selbst obliegt, und der Betroffene sich somit auf dessen Mittel und Möglichkeiten zur Ermittlung der adäquaten Rechtslage verlassen muss.

245 *EHMANN/HELFRICH*, EG-Datenschutzrichtlinie, Art. 25 Rn. 23 ff.

Ausnahmen sind so weit, dass sich mit ihnen eine Vielzahl entsprechender Transfers rechtfertigen lässt[246].

bb) Der Sinn und Zweck einer Transferbeschränkung

Wie zuvor schon aufgezeigt, liegt der Richtlinie und der Systematik des Datenschutzes insgesamt die Überlegung zu Grunde, dass der Betroffene hinreichend informiert wurde und in eine Datenverarbeitung eingewilligt hat. Eine etwaige Einwilligung erfolgt unter den Rahmenbedingungen, wie sie der europäische Datenschutz vorgibt. Da der Datentransfer aber nicht nur unionsintern, sondern global erfolgt, besteht die dringende Gefahr, dass der europäische Schutzstandard unterlaufen wird. Abgesehen von den erheblichen Gefahren der unkontrollierten Verarbeitung, ist somit auch die Einwilligung des jeweils Betroffenen hinfällig, da diese als „informierte Einwilligung" nur unter den bei ihrer Abgabe zu Grunde gelegten Konditionen gültig ist. Entsprechendes gilt auch für die jeweiligen gesetzlichen Erlaubnistatbestände. Die Drittstaatenregelung dient somit als Schutz vor einer etwaigen Umgehung enger europäischer Schutzstandards durch Verlagerung der tatbestandsmäßigen Tätigkeiten in nicht EU-Staaten und schützt somit vor der Verlagerung von Datenverarbeitungsvorgängen in sog. „data heavens" bzw. „Datenschutzoasen"[247]. Gleichsam sollte die Regelung das augenfällige Schutzgefälle zwischen den einzelnen Mitgliedsstaaten beseitigen, welches vor dem Erlass der Richtlinie bestand, denn zu diesem Zeitpunkt reichte das Normspektrum einzelner Mitgliedstaaten von strengen Regulierungsmodellen mit Registrierungspflichten über nur bereichsspezifische Regelungen einer bestimmten Datenkategorie, bis hin zu gänzlich fehlenden Regelungen[248].

cc) Das Kriterium der „Angemessenheit"

Bei dem Begriff der „Angemessenheit" handelt es sich um einen auslegungsbedürftigen Rechtsbegriff[249]. Somit stellt sich die Frage, in wieweit dieser Begriff auszugestalten ist. Auf rein begrifflicher Ebene ist er abzugrenzen von dem Begriff der „Äquivalenz" im engeren Sinne, welche eine Gleichwer-

---

246 Siehe hierzu auch *SIMITIS*, CR 2000, S. 472 (473 ff.).

247 *BRÜHANN* in: ROßNAGEL, Handbuch Datenschutzrecht, S. 147 Rn. 50.

248 Vgl. hierzu *BÜLLESBACH*, Transnationalität und Datenschutz, S. 28, 29.

249 *GOLA/KLUG*, Grundzüge des Datenschutzrechts, S. 20.

tigkeit voraussetzt. Das heißt, dass ein Schutzniveau in einem Drittstaat durchaus angemessen sein könnte, obwohl es nicht dem europäischen Standard entspricht[250].

(1) Die Kriterien der Richtlinie

Die Richtlinie selbst gibt jedoch keine Definition für die „Angemessenheit" vor, sodass sich aus ihr auch keine Anhaltspunkte destillieren lassen, die für ein gerade noch „angemessenes" Niveau sprechen. Insbesondere besteht Uneinigkeit darüber, ob „angemessen" auch bedeuten kann, dass ein nicht „gleichwertiger" Standard in Bezug auf die Richtlinie vorliegt[251].

Zur konkreten Bestimmung der Angemessenheit stellt Art. 25 Abs. 2 DSRL dem Rechtsanwender daher einen Katalog von Kriterien zur Verfügung, um zu einer umfassenden Beurteilung zu gelangen. Dabei sollen all die Kriterien berücksichtigt werden, die für die Übermittlung eine Rolle spielen. Dies sind insbesondere:

- die Art der Daten

- die Zweckbestimmung

- die Dauer der geplanten Verarbeitung

- das Herkunfts-/Endbestimmungsland

- die in diesem Lande geltenden allgemeinen oder sektoriellen Rechtsnormen

- sowie Standesregeln und sonstige Sicherheitsmaßnahmen.

Dabei ist der Katalog des Art. 25 Abs. 2 keineswegs als abschließend zu betrachten, denn die genannten Kriterien sind eine bloße Aufzählung, wie an dem Wort „insbesondere" zum Eingang der Norm zu erkennen ist[252].

---

250 *EHMANN/HELFRICH*, EG-Datenschutzrichtlinie, Art. 25 Rn. 5.
251 Vgl. hierzu *BÜLLESBACH*, Transnationalität und Datenschutz, S. 42.
252 *EHMANN/HELFRICH*, EG-Datenschutzrichtlinie, Art. 25 Rn. 3, 12; *BÜLLESBACH*, Transnationalität und Datenschutz, S. 39, 41.

(2) Die Ergänzungskriterien

Aufgrund des nicht abschließenden Beurteilungskataloges versuchte man weitere Kriterien herauszuarbeiten.

Die nach Art. 29 DSRL eingesetzte und nach diesem benannte ("Art. 29 Arbeitsgruppe") Gruppierung hat mehrmals zu den Kriterien Stellung genommen und dabei einen Katalog von Anforderungen und Beurteilungsaspekten aufgestellt, der die Mindestanforderungen eines angemessenen Schutzes darstellt[253]. Die Art. 29 Datenschutzgruppe stellte dabei fest, dass sich basierend auf den vorhergegangenen Abkommen folgende Kriterien als „Kern"[254] für die Mindestanforderungen eines angemessenen Schutzniveaus herausarbeiten lassen, welche „unbedingt zu berücksichtigen sind"[255]:

- der Grundsatz der Beschränkung der Zweckbestimmung,

- der Grundsatz der Datenqualität und –verhältnismäßigkeit,

- der Grundsatz der Transparenz,

- der Grundsatz der Sicherheit,

- die Rechte auf Zugriff, Berichtigung und Widerspruch,

- Beschränkung der Weiterübermittlung in andere Drittländer

Ebenfalls sei eine Differenzierung nach Art der Verarbeitung zu berücksichtigen[256], sowie die Sicherstellung einer guten Befolgungsrate und schnelle Hilfe für Betroffene.

Die Arbeitsgruppe kommt somit zu dem Schluss, dass die in Art. 25 Abs. 2 DSRL genannten Kriterien keinesfalls für sich ausreichend sind, sodass in jedem Einzelfall eine umfassende Prüfung von Nöten ist und die zuvor ge-

---

253 Vgl. hierzu Dokument XV D/5020/97 (WP 4) und Dokument GD XV D/5025/98 (WP 12 = Übermittlungen personenbezogener Daten an Drittländer: Anwendung von Artikel 25 und 26 der Datenschutzrichtlinie der EU), im Internet abrufbar unter http://ec.europa.eu/justice/policies/privacy /docs/wpdocs/1998/wp12_de.pdf (zuletzt abgerufen am 5.9.2010).

254 WP 12 S. 5 ff.; ebenfalls für einen gleichartigen Kern sprechen sich DAM-MANN/SIMITIS, EG-Datenschutzrichtlinie, Art. 25 Rn. 8 ff. aus.

255 Vgl. hierzu die detaillierte Erläuterung in WP 12 S. 6 ff.; *Ehrmann/Helfrich*, EG-Datenschutzrichtlinie, Anhang Art. 25 Rn. 24 ff.

256 Bspw. sensible Daten, Verwendung im Direktmarketing oder automatisierte Einzelentscheidungen, vgl. hierzu WP 12 S. 7.

nannten Elemente in Kumulation mit den Kriterien des Art. 25 Abs. 2 erst zu einer Angemessenheit führen können.

(3) Kompetenz zur Feststellung der Angemessenheit

Bei der Lektüre des Art. 25 DSRL stellt sich sodann die Frage, wer letztlich für die Feststellung der Angemessenheit zuständig ist. Bei der Betrachtung des Art. 25 Abs. 4 DSRL der i.V.m. Art. 31 Abs. 2 DSRL der Kommission ein eigenes Verfahren zur Feststellung der Angemessenheit zur Verfügung stellt, kann man zu dem Schluss kommen, dass die Entscheidung allein durch die Kommission erfolgt.

Betrachtet man jedoch Art. 25 DSRL im Ganzen, so wird klar, dass die Kompetenz alleine bei den Mitgliedstaaten liegt. Dies zeigt insbesondere Art. 25 Abs. 3 DSRL, welcher eine gegenseitige Unterrichtungspflicht zwischen der Kommission und den Mitgliedstaaten vorschreibt, sofern eine der beiden Stellen zu dem Schluss kommt, dass ein angemessener Schutz nicht vorhanden ist[257]. Die Mitgliedstaaten bestimmen somit gem. Art. 25 Abs. 1 1. Halbsatz selbst, welche Stellen für die Feststellung verantwortlich sind. In Deutschland wurde diese Bestimmung in § 4 b Abs. 5 BDSG getroffen. In diesem wird die Verpflichtung der Feststellung der Angemessenheit ausdrücklich der übermittelnden Stelle zugewiesen[258].

Dennoch ist die Feststellung der Kommission, dass in einem Drittland ein angemessenes Datenschutzniveau vorherrscht, für die Mitgliedstaaten verbindlich. In diesem Zusammenhang kann es unter anderem zu der Frage kommen, wie weit diese Bindungswirkung reicht, also ob der Mitgliedstaat folglich derart gebunden ist, dass er eine Übermittlung zwingend zulassen muss.

Der zustimmenden Ansicht zur Folge[259], könnte sich die übermittelnde Stelle aufgrund der Feststellung, ohne eine konkrete Einzelfallprüfung vorzunehmen, generell auf die Angemessenheit und somit auch auf die Zulässigkeit

---

257 So auch *ELLGER* CR 1994 S. 565; *EHMANN/HELFRICH*, EG-Datenschutzrichtlinie, Art. 25 Rn. 19.

258 Dabei beinhaltet diese Zuweisung besonders in der Praxis erhebliche Gefahren, da der jeweils Betroffene darauf angewiesen ist, dass insbesondere private Übermittler genügend finanzielle Möglichkeiten besitzen, um eine solche Rechtsprüfung durchzuführen oder durchführen zu lassen.

259 *EHMANN/HELFRICH*, EG-Datenschutzrichtlinie, Art. 25 Rn. 23 ff.

der Übermittlung berufen. Als berechtigter Grund hierfür lässt sich anführen, dass das ordnungsgemäß durchgeführte Verfahren der Kommission, in welchem die Maßgaben des Art. 25 Abs. 1 DSRL berücksichtigt wurden, von den Mitgliedstaaten als verbindlich anzuerkennen sei. Zusätzlich läge bei einer Missachtung ein Verstoß gegen den dem Europarecht immanenten Effektivitätsgrundsatz („effet-utile") vor[260].

Die gegenteilige Auffassung[261] nimmt hingegen keine Bindungswirkung an. Begründet wird diese Annahme mit der grundsätzlichen Konzeption der Richtlinie. Es werden Gefahren für das Schutzniveau bei Übermittlungen befürchtet, wenn das von der Richtlinie vorgesehene System einer konkreten Einzelfallprüfung durch eine Bindung an die Angemessenheitsprüfung umgangen wird und somit die angestrebte Flexibilität der Regelung verloren geht. Dies erscheint begründet, wenn man bedenkt, dass die Entscheidung der Kommission einmalig festgestellt wird und nicht einer dauernden wiederholten Überprüfung unterzogen wird. Insofern ist es denkbar, dass nach der Kommissionsentscheidung Änderungen eintreten, die zu einem unangemessenen Schutzniveau führen. Demzufolge steht mit der Kommissionsentscheidung lediglich fest, dass kein Übermittlungshindernis für die Datenübermittlung vorliegt, woraus jedoch keine unmittelbare Verpflichtung folgt die Datenübermittlung zuzulassen, wie dies bspw. in Art. 1 Abs. 2 DSRL der Fall ist. Demzufolge ist es den Staaten lediglich nicht mehr möglich die Übermittlung aufgrund eines angeblich unangemessenen Schutzniveaus i.V.m. eigenen nationalen Vorschriften zu untersagen. Daraus resultiert jedoch keine zwingende Verpflichtung die Übermittlung zuzulassen, da zusätzlich noch weitere Gründe gegen eine Übermittlung sprechen können. Da der Datenschutz grundsätzlich den von einer Verarbeitung Betroffenen schützen soll und dieser Schutz nur dann Erfolg haben kann, sofern er zu einem möglichst frühen Zeitpunkt greift, ist der zweiten Ansicht der Vorzug zu geben.

Die Kommission hat bis zum heutigen Tag für eine Reihe von Nichtmitgliedstaaten ein angemessenes Datenschutzniveau anerkannt[262](bspw. Kanada, Argentinien, Schweiz).

---

260 *EHMANN/HELFRICH*, EG-Datenschutzrichtlinie, Art. 25 Rn. 24.

261 *DAMMANN/SIMITIS*, EG-Datenschutzrichtlinie, Art. 25 Rn. 30; *SIMITIS* in: SIMITIS (Hrsg.), BDSG, § 4b Rn. 65 f.

262 ein Überblick sowie die entsprechenden Dokumente im Detail sind einsehbar unter http://ec.europa.eu/justice/policies/privacy/thridcountries/index_en.htm (zuletzt abgerufen am 5.9.2010).

Einen Sonderfall bieten in diesem Zusammenhang die USA. Aufgrund der stark divergierenden Regelungsstandards und der strukturellen Differenz[263] der Datenschutzsysteme erfolgte bis heute keine Anerkennung der Angemessenheit. Stattdessen, wurde ein auf Selbstregulierung beruhendes Transfersystem[264] geschaffen, um einen Datentransfer zwischen den EU-Mitgliedstaaten und den USA zu ermöglichen. Nach den sog. „Safe-Harbour-Prinzipien"[265] (sicherer Hafen) steht es US-amerikanischen Datenempfängern[266] frei, sich einer Reihe von Datenschutzgrundsätzen zu unterwerfen, wobei diesen im Gegenzug ein angemessener Schutzstandard zuerkannt wird.

Dieses Selbstregulierungssystem wird bis heute sehr kontrovers diskutiert, da insbesondere bei der Bereitstellung von effektiven Rechtsschutz- und Kontrollmechanismen immer noch erhebliche Zweifel bestehen.[267]

(4) Weitere Möglichkeiten einer Übermittlung trotz fehlender Angemessenheit

Sofern ein angemessenes Schutzniveau nicht gegeben ist, kann dennoch eine Übermittlung im Einzelfall erfolgen. Diese Ausnahmeregelung ist in Art. 26 Abs. 1 und Abs.2 DSRL normiert. Abs. 1 zählt enumerativ in den lit. a) bis f) konkrete Ausnahmesituationen auf, in welchen eine Übermittlung im Einzelfall zulässig ist. Hierzu zählen vor allem die Einwilligung des Betroffenen (Art. 26 Abs. 1 lit. a)), der Fall, dass die Übermittlung zur Erfüllung von Ver-

---

263 eine ausführliche Behandlung der strukturellen Unterschiede findet sich bei BURKERT in: ROßNAGEL, Handbuch Datenschutzrecht, S. 121 Rn. 85 ff.

264 GOLA/KLUG, Grundzüge des Datenschutzrechts, S. 21; KÜHLING/SEIDEL/SIVRIDIS, Datenschutzrecht, S. 55.

265 Anlagen I und II der Entscheidung der Kommission 2000/520/EG. ABl. EG 2000, L 215, 7; im Internet abrufbar unter http://eur-lex.europa.eu/LexUriServ/ LexUriServ.do?uri=CELEX:32000D0520: DE:NOT (zuletzt abgerufen am 8.9.2010).

266 Eine Liste der sich aktuell unterwerfenden Empfänger findet sich unter https://www.export.gov/safehrbr/list.aspx (zuletzt abgerufen am 26.1.2010).

267 GOLA/KLUG, Grundzüge des Datenschutzrechts, S. 22; KÜHLING/SEIDEL/SIVRIDIS, Datenschutzrecht, S. 56; eine jüngst ergangene Analyse zu „Safe-Harbour" hat jedoch belegt, dass das System nicht so effektiv arbeitet wie gedacht. Es bestehe anlässlich des 10 jährigen Bestehens des Abkommens „kein Grund zum Feiern, sondern zum Handeln", vgl. die Berichterstattung und genauere Begründung des virtuellen Datenschutzbüros im Internet, http://www.datenschutz.de/news/alle /detail/?nid=4408 (zuletzt abgerufen am 5.9.2010).

trägen notwendig ist (Art. 26 Abs.1 lit. b)), und die Wahrung wichtiger öffentlicher Interessen (Art. 26 Abs.1 lit. d)). Bereits an dieser nur exemplarischen Aufzählung wird ersichtlich, dass durch die genannten Ausnahmeregelungen eine Vielzahl von Übermittlungen vollzogen werden kann, obwohl die Voraussetzungen des Art. 25 DSRL nicht vorliegen. Dies ist jedoch der Tatsache geschuldet, dass hier alltägliche Situationen beschrieben werden, bei denen es niemanden zumutbar ist, bei einem jeden Alltagsgeschäft über das Vorliegen entsprechender Vorkehrungen zu reflektieren und sich intensiv mit der Frage der Angemessenheit des Schutzniveaus auseinanderzusetzen.

Art. 26 Abs. 2 DSRL lässt des Weiteren eine Übermittlung immer dann zu, wenn der für die Verarbeitung Verantwortliche „hinreichende Garantien" bietet. Auch hierbei handelt es sich wiederum einen unbestimmten Rechtsbegriff, für dessen Ausfüllung die Richtlinie keine Vorgaben bietet. Ebenso ist nicht ersichtlich, welche Form der Garantien gemeint ist. Dennoch lässt sich aus der Zielverfolgung der Garantien, nämlich einen Austausch trotz unangemessenen Niveaus zu ermöglichen, destillieren, dass eine Bestimmung in Korrelation zu der des Art. 25 Abs. 2 und 3 DSRL vorzunehmen ist[268].

Derlei Garantien können insbesondere durch individualvertragliche Klauseln gewährleistet werden. Die Kommission hat daher gem. Art. 26 Abs. 4, 2 i.V.m. Art. 31 Abs. 2 DSRL die Möglichkeit festzustellen, dass bestimmte Klauseln[269] diese Voraussetzungen erfüllen[270]. Dieser Regelungsmechanismus soll vor allem der Entlastung und Unterstützung der einzelstaatlichen Stellen dienen[271] und wirkt für die Mitgliedstaaten gleichsam wie die Feststellung der Angemessenheit des Schutzniveaus.

Vertiefte Kenntnisse über den Ablauf des Verfahrens sind für die Untersuchung jedoch nicht von Bedeutung, sodass auf tiefer gehende Ausführungen an dieser Stelle verzichtet wird.

---

268 Vgl. hierzu mit näheren Hinweisen *BÜLLESBACH*, Transnationalität und Datenschutz, S. 52.

269 Eine Übersicht der insgesamt 3 ergangenen Entscheidungen findet sich unter http://ec.europa.eu/justice/policies/privacy/modelcontracts/index_en.htm (zuletzt abgerufen am 5.9.2010).

270 Vgl. hierzu das Muster in der Entscheidung der EG-Kommission 2004/915/EG, ABl. EU 2004, L 385, 74; http://eur-lex.europa.eu/LexUriServ/LexUriServ.do?uri=OJ:L:2004:385:0074:0084:DE:PDF (zuletzt abgerufen am 5.9.2010).

271 Vgl. *EHMANN/HELFRICH*, EG-Datenschutzrichtlinie, Art. 26 Rn. 34.

Die EG Richtlinie 95/46/EG ist damit eine der elementarsten Regelungen im europäischen Datenschutzrecht. Sie beinhaltet eine Vielzahl von Definitionen und Grundsätzen, die eine Allgemeingültigkeit besitzen. Trotz der Tatsache, dass sie als EG-Richtlinie unmittelbar nur an die Mitgliedstaaten adressiert ist, entfaltet sie über diesen Adressatenkreis hinaus auch Wirkung für Nicht-Mitgliedstaaten, soweit sie Regelungen für Drittstaatentransfers enthält. Dabei besteht ein enger Bewertungsmaßstab für eine Angemessenheitsprüfung im Rahmen des Art. 25 DSRL. Dieser enge Maßstab wird jedoch durch zahlreiche Ausnahmen im Art. 26 DSRL aufgeweicht, sodass Übermittlungen trotz starker Abweichungen vom europäischen Standard im Einzelfall zulässig sein können.

Darüber hinaus spielt sie eine wichtige Rolle bei der Interpretation der Schutzbereiche im Primärrecht (bspw. Art. 8 EU-Charta)[272].

2. Die Datenschutzrichtlinie für elektronische Kommunikation – RL 2002/58/EG[273]

a) Ziel und Hintergrund der RL 2002/58/EG

Die am 12.7.2002 erlassene EDSRL löste die vom Rat am 15.12.1997 erlassene Richtlinie 97/66/EG[274] über die Verarbeitung personenbezogener Daten und den Schutz der Privatsphäre im Bereich der Telekommunikation ab. Die Ablösung war notwendig geworden, da die RL 97/66/EG im Wesentlichen auf die ISDN-Technik ausgerichtet war und aufgrund der rasanten technischen Entwicklungen einer dringenden Neuregelung bedurfte. Aus diesem Grund ist die EDSRL technikneutral und entwicklungsoffen konzipiert worden, indem der Anknüpfungsgegenstand der verwendeten Technik gegen den Vorgang der elektronischen Kommunikation ausgetauscht wurde. Hierdurch werden auch die neuesten Entwicklungen auf diesem Gebiet von der Richtlinie erfasst.

---

272 Zur Wechselwirkung vgl. *FRENZ*, Handbuch Europarecht, S. 422 Rn. 1362 ff.

273 RL 2002/58/EG vom 12.7.2002 über die Verarbeitung personenbezogener Daten und den Schutz der Privatsphäre in der elektronischen Kommunikation, ABl. EG 2002, L 201, 37 (im Folgenden abgekürzt EDSRL)

274 RL 97/66/EG vom 15.12.1997 über die Verarbeitung personenbezogener Daten und den Schutz der Privatsphäre im Bereich der Telekommunikation, ABl. EG 1998, L 24, 1.

Die Rechtsgrundlage für die EDSRL ist, ebenfalls wie bei der DSRL, die Binnenmarktkompetenz gem. Art. 114 AEUV (ex Art. 95 EGV). Sie stellt eine wesentliche bereichsspezifische Erweiterung der DSRL dar[275], weil sie im Gegensatz zu dieser nicht nur natürliche Personen, sondern auch juristische Personen in den geschützten Personenkreis einbezieht und weitere Begriffsbestimmungen enthält[276]. Da die EDSRL eine bereichsspezifische Ergänzung darstellt, findet sie ebenfalls keine Anwendung auf die Verarbeitung personenbezogener Daten, welche im Rahmen von Tätigkeiten erfolgt, die nicht in den Anwendungsbereich des Gemeinschaftsrechts fallen[277].

b) Wesentliche Regelungsergänzungen der Richtlinie

Die EDSRL trifft wichtige Regelungen in Bezug auf die Verarbeitung von Standort- und Verkehrsdaten[278], wonach eine Verarbeitung nur nach den genannten Grundsätzen erfolgen darf[279]. Zusätzlich erfolgen unter Anderem Regelungen bezüglich der Rufnummernanzeige, der Direktwerbung und dem Einsatz von Instrumenten, mit deren Hilfe es möglich ist, Daten vom Endgerät eines Nutzers auszulesen[280]. Ein Auslesen solcher Daten ist jedoch grundsätzlich nur nach umfassender und verständlicher Information des Betroffenen gestattet.

Neben der Ermöglichung von Abhör- und Überwachungsmaßnahmen zwecks Strafverfolgung, dem Schutze der Öffentlichkeit und der Bekämpfung der Netzkriminalität, enthält die EDSRL eine bis zu diesem Zeitpunkt einma-

---

275 *KÜHLING/SEIDEL/SIVRIDIS*, Datenschutzrecht, S. 64.
276 Vgl. Erwägungsgrund 12, Art. 1 Abs. 2 EDSRL; Neben den spezifischen Begriffsbestimmungen in Art. 2 lit. a) bis h) EDSRL gelten für die Richtlinie auch die Begriffsbestimmungen der DSRL.
277 Ebenso sind daher die Verarbeitungen im Bereich der ehemals zweiten (GASP) und dritten Säule (PJZS) ausgenommen, vgl. Art. 1 Abs. 3 und Erwägungsgrund 11 EDSRL.
278 Standortdaten sind Daten, die in einem elektronischen Kommunikationsnetz verarbeitet werden und die den geographischen Standort eines Endgeräts eines Nutzers eines öffentlich zugänglichen elektronischen Kommunikationsdienstes angeben; Verkehrsdaten sind Daten, die zum Zwecke der Weiterleitung einer Nachricht an ein elektronisches Kommunikationsnetz oder zum Zwecke der Fakturierung des Vorgangs verarbeitet werden; vgl. Art. 2 lit. b), c) EDSRL.
279 Vgl. Art. 6 und 9 EDSRL.
280 Sog. „Cookies", vgl. Art. 5 Abs. 3 EDSRL.

lige Regelung zur Thematik der Vorratsdatenspeicherung. Gemäß Art. 15 Abs. 1 S. 2 EDSRL sind die Mitgliedstaaten befugt, zu den genannten Zwecken Rechtsvorschriften zu erlassen, die die Aufbewahrung der Standort- und Verkehrsdaten unter Einhaltung der geltenden Grundsätze ermöglichen. Bereits an dieser Regelung lässt sich ein teilweise gewandeltes Verständnis im Datenschutzrecht nach den Geschehnissen des 11. Septembers 2001 bemerken, welchem zufolge immer mehr Datenbestände dem Zugriff staatlicher Organe eröffnet wurden, damit das steigende Bedürfnis nach Sicherheit gestillt werden konnte. Diese Regelung spielt auch im Zusammenhang mit der Vorratsdatenspeicherungsrichtlinie eine wichtige Rolle[281].

3. Die Vorratsdatenspeicherungsrichtlinie 2006/24/EG[282]

Der seit dem Volkszählungsurteil bestehende Grundsatz der Datensparsamkeit, der die jeweiligen Verarbeiter personenbezogener Daten dazu verpflichtet nur die nötigsten Daten zu erheben und diese auch nur so lange wie notwendig zu speichern, sah sich seit den Ereignissen am 11. September 2001 immer wieder Angriffen ausgesetzt, deren Zweck in der Etablierung einer Vorratsdatenspeicherung auf europäischer Ebene lag. Diese dient dem grundsätzlichen Zweck, Standort- und Verkehrsdaten, die z.B. bei der Kommunikation über Mobiltelefone oder das Internet anfallen, für einen längeren Zeitraum zum Zwecke der Strafverfolgung und Kriminalitätsbekämpfung vorrätig zu halten. Hierdurch erhoffen sich die Befürworter eine erhöhte Aufklärung von schweren Straftaten und vor allem eine effektive Behinderung des Terrorismus. Diesbezügliche Beratungen erfolgten stets im Rahmen der PJZS, der

---

281 Diese Aussage beruht auf der Tatsache, dass die Vorratsdatenspeicherungsrichtlinie erlassen wurde, weil in den Mitgliedstaaten unterschiedliche Regelungen im Zusammenhang mit der Vorratsdatenspeicherung bestanden, welche auf Art. 15 Abs. 1 S. 2 EDSRL zurückzuführen sind. Diese Divergenzen führten nach Ansicht des Rates und der Kommission zu einer nachhaltigen Binnenmarktbeeinträchtigung, sodass eine Harmonisierung in Form einer Richtlinie erfolgen sollte, und nicht in Form eines Rahmenbeschlusses in der ehemaligen dritten Säule. Vgl. hierzu Kap. III. A.

282 RL 2006/24/EG vom 15.3.2006 über die Vorratsdatenspeicherung von Daten, die bei der Bereitstellung öffentlich zugänglicher elektronischer Kommunikationsdienste oder öffentlicher Kommunikationsnetze erzeugt oder verarbeitet werden, und zur Änderung der Richtlinie 2002/58/EG, ABl. EG 2006, L 105, 54 (im Folgenden abgekürzt: VDSRL).

„dritten Säule", weshalb die Vorratsdatenspeicherung ursprünglich durch einen Rahmenbeschluss innerhalb der dritten Säule erfolgen sollte[283].

Das schließlich im Jahre 2004 durch die Mitgliedstaaten für einen Rahmenbeschluss auf dem Gebiet der PJZS vorgelegte Eckpunktepapier[284] erreichte jedoch nicht die erforderliche Einstimmigkeit. Nach heftigen Kompetenzstreitigkeiten zwischen Kommission, europäischem Parlament und Rat[285], wurde daher die VDSRL verabschiedet.

Hintergrund des Streits war die Frage, auf welche Rechtsgrundlage sich die Maßnahme stützen sollte. Während bei Rechtssetzungsakten im Bereich der PJZS gem. ex Art. 34 Abs. 2 lit. b EUV[286] ein einstimmiger Rahmenbeschluss von Nöten ist, so bedurfte es im Bereich der EG nach dem in Art. 5 Abs. 1 EUV verankerten Prinzip der begrenzten Einzelermächtigung einer ausdrücklichen Ermächtigungsgrundlage im Gemeinschaftsrecht. Als Grundlage hierzu wurde Art. 114 AEUV (ex Art. 95 EGV) gewählt. Die von Irland angestrengte Klage wurde mittlerweile als unbegründet abgewiesen[287], da der EUGH es als erwiesen ansieht, dass die Binnenmarktkompetenz (ex Art. 95 EGV) die richtige Kompetenzgrundlage für die Richtlinie sei, was in der Literatur zu harscher Kritik führte[288].

Die Vollziehung der Vorratsdatenspeicherung erfolgt praktisch wie folgt:

Kommuniziert eine Person über eine der überwachten Telekommunikationswege, so werden hierdurch Verkehrsdaten (Standort, Funkzelle, Rufnummer bzw. IP der Gesprächsteilnehmer, Uhrzeit etc.) von dem jeweiligen Dienstanbieter erhoben. Diese Daten werden generell zu Abrechnungszwe-

---

283 Vgl. *SIERCK/SCHÖNING/PÖHL*, Zulässigkeit der Vorratsdatenspeicherung, S. 7.

284 Ratsdokument 8958/04 vom 28.4.2004.

285 Vgl. hierzu *WESTPHAL*, EuR 2006, S. 706 (706 f.) und die von Irland angestrengte Klage C-301/06 in ABl. EG 2006, C 237, 5.

286 Nun geregelt in den Art. 82 Abs. 2 und Art. 87 Abs. 2 AEUV.

287 Das Urteil ist im Internet abrufbar unter http://curia.europa.eu/jurisp/cgi-bin/form.pl?lang=de&alljur=alljur&jurcdj=jurcdj&jurtpi=jurtpi&jurtfp=jurtfp&numaff=C-301/06&nomusuel=&docnodecision=docnodecision&allcommjo=allcommjo&affint=affint&affclose=affclose&alldocrec=alldocrec&docor=docor&docav=docav&docsom=docsom&docinf=docinf&alldocnorec=alldocnorec&docnoor=docnoor&radtypeord=on&newform=newform&docj=docj&docop=docop&docnoj=docnoj&typeord=ALL&domaine=&mots=&resmax=100&Submit=Rercher (zuletzt abgerufen am 5.9.2010).

288 Hierzu kritisch *AMBOS*, JZ 2009, S. 466 (470); *SIMITIS*, NJW 2009, S. 1782 (1784); in Kapitel III wird hierauf genauer zurück zu kommen sein.

cken benutzt (unter anderem z.B. auch für die Erstellung eines Einzelverbindungsnachweises). Sobald die Daten jedoch nicht mehr benötigt werden, sind sie qua Gesetz zu löschen. Die Richtlinie modifiziert die Gesetzeslage jedoch dergestalt, dass eine Speicherung über diesen Zeitrahmen hinaus für einen bestimmten Zeitraum zu erfolgen hat, damit Ermittlungsbehörden bei Bedarf auf diese Daten zugreifen können. Ist das Verfallsdatum der Daten erreicht, so sollen diese gelöscht werden.

a) Ziele der Richtlinie

Die VDSRL verfolgt, obwohl sie auf die Binnenmarktkompetenz gestützt ist, den Zweck, verdachtsunabhängig Kommunikationsdaten auf Vorrat zu speichern, um auf diese im Einzelfall zum Zweck der Ermittlung, Feststellung und Verfolgung von schweren Straftaten (und insbesondere zur Bekämpfung des Terrorismus) zugreifen zu können[289]. Dies folgt sowohl aus dem operativ fungierenden Art. 1 Abs. 1 VDSRL als auch aus den Erwägungsgründen 7, 9, 11 und 21 der Präambel.

Mit den Bestimmungen der VDSRL wurde in den meisten Mitgliedstaaten erstmals eine Rechtsgrundlage für ein solches Vorgehen geschaffen[290].

b) Der Kerngehalt der VDSRL

Die Richtlinie ist gem. ihrem Art. 1 Abs. 2 S. 1 VDSRL auf alle Verkehrs- und Standortdaten i.S.d. EDSRL anwendbar. Lediglich ausgenommen sind Inhaltsdaten, die sich auf die Kommunikation beziehen und sog. Cookies[291].

Die zentrale Norm der Richtlinie ist dabei Art. 3 Abs. 1 VDSRL, welcher eine Pflicht für die jeweiligen Netz- bzw. Dienstanbieter etabliert, die in Art. 5 Abs. 1 VDSRL detailliert bezeichneten Datenkategorien (z.B. Name, Anschrift, Benutzerkennung, Datum und Uhrzeit des Kommunikationsvorganges etc.) auf Vorrat zu speichern.

Die wesentliche Neuerung der Richtlinie ist, dass sie die schon in der EDSRL geschaffenen Möglichkeit einer Speicherung von Verkehrs- und Standortdaten für bestimmte Zwecke dahingehend modifiziert, dass nunmehr

---

289 *KÜHLING/SEIDEL/SIVRIDIS*, Datenschutzrecht, S. 67; *GITTER/SCHNABEL*, MMR 2007, S. 411 (412 ff.); *ZÖLLER*, GA 2007, S. 393 (409 ff.).
290 *GITTER/SCHNABEL*, MMR 2007, S. 411 (412).
291 Vgl. hierzu auch Art. 5 Abs. 2 VDSRL.

ein wesentlich dedizierterer Datenbestand archiviert wird. Art. 4 VDSRL gestattet hierbei den Mitgliedstaaten selbst zu entscheiden, unter welchen Voraussetzungen den staatlichen Behörden der Zugriff auf den Datenbestand gewährt wird, sodass den jeweiligen Mitgliedstaaten ein erheblicher Ermessensspielraum zuteilwird.

Die Befristung für die Dauer der Speicherung findet sich gleichfalls in Art. 6 VDSRL, welche mindestens 6 Monate und maximal 2 Jahre betragen darf. Gem. Art 12 Abs. 1 S. 1 VDSRL kann diese Frist unter besonderen Voraussetzungen verlängert werden.

Art. 7 und 8 VDSRL konstatieren Regelungen bzgl. der Datensicherheit und –qualität.

Die VDSRL stellt eine wesentliche Ergänzung des sekundärrechtlichen europäischen Datenschutzrechts dar. In dem Bestreben Ereignisse, wie die des 11. Septembers 2001 zu vermeiden und effektiver den Gefahren des modernen Terrorismus zu Leibe zu rücken, findet mit der VDSRL ein Paradigmenwechsel statt, durch welchen die in Vorgängerregelungen immer wieder betonten Grundsätze der Zweckbindung, Datenvermeidung und Datensparsamkeit durch eine verdachtsunabhängige umfassende Speicherung ersetzt werden. Obwohl die erhebliche LOCKErung dieser elementaren Grundsätze bis dato nur wenige Erfolge im Kampf gegen die Schwerstkriminalität gebracht hat, bleibt weiterhin fraglich, ob diese vereinzelten Erfolge es rechtfertigen ein breites Personenspektrum unter Generalverdacht zu stellen und deren Daten im Anschluss analysieren zu dürfen. Die Klage Irlands gegen die Richtlinie und das entsprechende Urteil behandeln lediglich die Frage der formellen Rechtmäßigkeit der Richtlinie und lassen die Frage der materiellen Rechtmäßigkeit offen. Die Regelungen der VDSRL, namentlich Art. 3 und 12 VDSRL, und deren Umsetzung im nationalen Recht, stellen jedoch vermutlich einen tiefen Eingriff in das Recht auf Schutz personenbezogener Daten dar, sodass die Richtlinie sich an den Regelungen des Art. 8 EMRK und der EU-Grundrechtecharta messen lassen muss. Angesichts zahlreicher Bedenken scheint die materielle Rechtmäßigkeit äußerst fraglich[292], sodass im folgenden Kapitel zu untersuchen ist, ob die VDSRL die Grundsätze des europäischen Datenschutzes nicht konterkariert.

---

292 Siehe hierzu detaillierter Kapitel III.

III. Zwischenfazit

Das Recht auf Schutz der personenbezogenen Daten ist national wie international anerkannt und leitet sich aus den Grundsätzen zum Schutz der Privatsphäre ab. Dabei ist die Grundstruktur des Datenschutzes sowohl national als auch international identisch als ein generelles Verbot mit Erlaubnisvorbehalt ausgestaltet, welches von grundlegenden Informations- und Gestaltungsrechten flankiert wird. Auf dem Gebiet des Völkerrechts sind bis heute zahlreiche Regelungen ergangen, von denen nur wenige Rechtsverbindlichkeit für sich beanspruchen können. Insbesondere die Rechtsentwicklungen auf europäischer Ebene nehmen im Bereich des internationalen innereuropäischen Raumes eine wegweisende Rolle ein. Dennoch besteht in der EU bis heute kein Datenschutz im Sinne eines einheitlichen Regelungswerkes. Vielmehr verteilen sich die elementaren Schutznormen im Bereich des Primär- als auch des Sekundärrechts, wobei im Bereich des Sekundärrechts besonders die oben genannten Richtlinien zu erwähnen sind[293], in denen zentrale Grundsätze, Begriffsbestimmungen und andere wesentliche Regelungen wie z.B. zum Drittstaatentransfer getroffen werden. Dies führt vor allem zu komplexen Verknüpfungen, die bei der Rechtsanwendung zu Abgrenzungs- und Auslegungsproblemen führen können. Angesichts der skizzierten Entwicklungsgeschichte des Datenschutzes spielen die Richtlinien zusätzlich eine wesentliche Rolle, wenn es um den Inhalt und die Reichweite des Schutzbereiches oder die Verhältnismäßigkeit von Eingriffen in die durch primärrechtliche Vorschriften gewährten Rechte geht[294]. Somit kommt es unter anderem dazu, dass die sekundärrechtlichen Normen den Schutzbereich des Primärrechts namentlich das „Grundrechts auf Datenschutz"[295] näher konkretisieren, jedoch der Umfang der primärrechtlichen Schutzgarantien wiederum bei der Auslegung eben jenes Sekundärrechts zu berücksichtigen ist.

---

293 *TINNEFELD*, DuD 2009, S. 504 (504).

294 Vgl. hierzu auch die Ausführungen bei *BRITZ*, EuGRZ 2009, S. 1 (6 ff.).

295 Wichtige vor dem EuGH verhandelte Fälle im Zusammenhang mit dem europäischen Datenschutz sind EuGH, verb. Rs. C-465/00 und C-138/01 und C-139/01 (ÖSTRERREICHISCHER Rundfunk), EuGRZ 2003, 232; EuGH Rs. C-101/01 (LINDQVIST), EuGRZ 2003, 714; EuGH Rs. C-317/04 (Fluggastdaten (PNR)), EuGRZ 2006, 406 mit den Ausführungen des GA *LÉGERE*, EuGRZ 2005, 680; EuGH Rs. C-275/06 (PROMUSICAE), EuGRZ 2008, 131. Für eine chronologische Übersicht aller Urteile im Zusammenhang mit dem Datenschutzgrundrecht vgl. *BRITZ*, EuGRZ 2009, S. 1 Fn. 2.

Dabei gilt es festzuhalten, dass der Anwendungsbereich der Rechtsvorschriften bis auf wenige Ausnahmen nur auf natürliche Personen erstreckt und sowohl auf öffentliche als auch auf private Datenverarbeiter Anwendung findet. Anwendbarkeitsdefizite bestehen jedoch in Bereichen, die nicht dem EG-Recht unterfallen. Aus diesem Grund wurden jedoch vereinzelte bereichsspezifische Regelungen getroffen, um zumindest gewisse Schutzprinzipien einzuhalten und so einen wenn auch nur sehr geringen Mindeststandard zu erreichen.

C. Ergebnisüberblick des Kapitels

- Das Datenschutzrecht ist eine Querschnittsmaterie und beruht sowohl national als auch international auf dem Schutz der Privatsphäre. Dabei wird es für den einzelnen Staat immer schwieriger das Individuum im Alltag hinreichend zu schützen, da besonders aufgrund der Globalisierung ein stetiger grenzüberschreitender Datenaustausch erfolgt, welcher sich einer effektiven Kontrolle des Staates entzieht.
- Der Staat ist im Rahmen seiner Aufgabenwahrnehmung gegenüber seinen Bürgern auf die Erhebung personenbezogener Daten angewiesen. Dies gilt gerade im Bereich der Daseinsfürsorge und der Sicherheit der Bürger. Gerade hier besteht jedoch ein erheblicher Konflikt zwischen der Freiheit des Einzelnen und der Gewährung von Sicherheit. Maßnahmen, die eine breite Datensammlung zulassen, wie z.B. die Vorratsdatenspeicherung, greifen in erheblicher Weise in die Grundrechte der Bürger ein. Eine Gewährung hundertprozentiger Sicherheit gibt es jedoch nicht, wobei das Maß an Sicherheit stets in Korrelation zu der jeweiligen Freiheitsbeeinträchtigung zu sehen ist. In diesem Zusammenhang ist daher stets für jeden Einzelfall zu ermitteln, ob die jeweilige Maßnahme wirklich notwendig ist und die Verhältnismäßigkeit im engeren Sinne zwischen Sicherheitszuwachs und Freiheitsbeeinträchtigung gegeben ist.
- Es existiert eine Vielzahl internationaler Rechtsabkommen, die jedoch zu einem Großteil keinerlei Verbindlichkeit besitzen.
- Der Datenschutz in der Europäischen Union findet sich über zahlreiche Rechtssetzungsakte verstreut. Grundlagen existieren sowohl im Primärrecht (bspw. in der EU-Charta) als auch im Sekundärrecht. Die Nor-

menvielfalt im Sekundärrecht ist jedoch so detailliert und breit gefächert, dass sie gleichzeitig auch als Auslegungshilfe für die jeweiligen Primärrechtsnormen dienen (z.B. Art. 7, 8 EU-Charta oder Art. 8 EMRK). Das Herzstück des europäischen Datenschutzes stellt dabei die Richtlinie 95/46/EG dar[296], da sie zentrale Grundsätze und Definitionen sowohl für den öffentlichen als auch den privaten Sektor normiert. Zusätzlich enthält sie Regelungen über den Datentransfer in Drittländer. Weitere elementare Rechtsakte sind in der Richtlinie 2002/58/EG und Richtlinie 2006/24/EG. Letztere stellt jedoch einen Paradigmenwechsel dar, da sie entgegen der allgemeinen Grundsätze eine Datenspeicherung auf Vorrat gestattet.

---

296 Da die Richtlinie jedoch nicht für die Organe und Einrichtungen der Union gilt, wurde die VO (EG) 45/2001, Verordnung zum Schutz natürlicher Personen bei der Verarbeitung personenbezogener Daten durch die Organe und Einrichtungen der Gemeinschaft und zum freien Datenverkehr erlassen, welche in weiten Teilen inhaltlich der Richtlinie 95/46/EG entspricht.

Kapitel III: Die Vorratsdatenspeicherung und der EU-Datenschutz

Wie aus den vorhergegangenen Ausführungen zu ersehen ist, bietet der europäische Datenschutz dem jeweiligen Betroffenen grundsätzlich einen umfangreichen Schutz vor Eingriffen in seine informationelle Selbstbestimmung. Dennoch sieht der Betroffene, so scheint es, zunehmend Maßnahmen ausgesetzt, die einen Eingriff in seine Rechte von einer Ausnahme zur Regel werden lassen.

Einen solchen Eingriff könnte die VDSRL darstellen, die aufgrund ihres bisher einzigartigen Paradigmenwechsels im System des Datenschutzes alt bewährte Grundprinzipien, wie die Datensparsamkeit und den Zweckbindungsgrundsatz, zu konterkarieren oder gar zu terminieren scheint.

Neben den zuvor nur kurz skizzierten formellen Streitigkeiten stellt sich in materieller Hinsicht die Frage, inwiefern die in der Richtlinie getroffenen Regelungen mit dem geltenden Recht vereinbar sind. Hierzu sind vor allem die Vorgaben der Art. 7 und 8 EU-Charta, des Art. 8 EMRK und die Regelungen der DSRL zu zählen, welche den von einer Verarbeitung personenbezogenen Daten Betroffenen umfassend schützen sollen.

In diesem Kapitel werden daher die Vereinbarkeit der Richtlinie zur Vorratsdatenspeicherung, unter Bezugnahme auf die in Kapitel II geführten Auseinandersetzungen, mit den zuvor genannten Normen zu untersuchen sein.

A. Die formelle Rechtmäßigkeit der VDSRL

Wie bereits aus den Ausführungen in Kapitel II ersichtlich, bestehen schon erhebliche Probleme bei der Feststellung der richtigen Rechtsgrundlage für die VDSRL. Als Rechtsgrundlage für ihren Erlass kommen sowohl die Binnenmarktkompetenz gem. Art. 114 AEUV (ex Art. 95 EGV) als auch die Kompetenzgrundlage des Art. 31 Abs. 1 Buchstabe c und Art. 34 Abs. 2 Buchstabe b EUV (a.F.) aus dem Bereich der PJZS in Frage. Für die Beantwortung der Frage, welche Rechtsgrundlage als die richtige anzusehen ist, bedarf es zuerst der Feststellung des konkreten Regelungszweckes der Richtlinie.

Für diese Feststellung ist es notwendig einen genaueren Blick auf den Regelungszweck der Richtlinie zu werfen, der sich an den objektiven Zielsetzungen eben jener orientiert.

I. Die Binnenmarktkompetenz

Gemäß den Erwägungsgründen Nr. 5 und Nr. 6 der VDSRL beabsichtigt die Richtlinie die verschiedenen Vorschriften, die innerhalb der Mitgliedstaaten in Bezug auf die Vorratsdatenspeicherung existieren, aufgrund ihrer erheblichen Abweichungen voneinander zu harmonisieren. Gleichsam sollen die jeweiligen Dienstanbieter von den divergierenden technischen und rechtlichen Anforderungen entlastet werden, mit denen sie sich bei einer dauerhaften Speicherung auf Vorrat konfrontiert sehen. Dieses Ansinnen ist gem. Art. 14 AEUV grundsätzlich ein legitimes Ziel.

Demzufolge wäre Art. 114 AEUV die richtige Kompetenzgrundlage, da das Primärziel der Richtlinie die Angleichung der verschiedenen Rechtsvorschriften ist, welche geeignet sind den Binnenmarkt nicht unerheblich zu beeinflussen. Jedoch erscheint fraglich, ob diese Zielsetzung durch die Richtlinie tatsächlich erreicht wurde, denn die Ausgestaltung der näheren Verfahrensvoraussetzungen, die Speicherungsdauer und das Bedürfnis nach einer staatlichen Entschädigungspflicht wurden nicht im Detail vorgegeben, sondern größtenteils dem jeweiligen Mitgliedstaat überlassen. Was die Zielsetzung der Harmonisierung der Rechtsvorschriften betrifft, so bleibt festzuhalten, dass bis zum Erlass der Richtlinie nur eine Minderheit der Mitgliedstaaten entsprechende Vorschriften besaß, sodass die Richtlinie mit ihrer Einführung in sämtlichen Mitgliedstaaten erstmals eine Rechtsgrundlage für die Vorratsdatenspeicherung begründet[297].

II. Die Art. 87 ff. AEUV (ex Art. 29 ff EUV (PJZS))

Der Berufung auf die Binnenmarktkompetenz ist jedoch entgegenzuhalten, dass einerseits weitere Harmonisierungszwecke nicht verfolgt werden und aus verschiedenen Erwägungsgründen hervorgeht, dass die gespeicherten Daten zur gezielten Bekämpfung von Schwerstkriminalität genutzt werden sollen[298]. So wird festgestellt, dass die Daten „ein wertvolles Mittel bei der Verhütung, Ermittlung, Feststellung und Verfolgung von Straftaten und insbesondere der organisierten Kriminalität darstellen"[299]. Es wird auch als erwiesen angese-

---

297 *KÜHLING/SEIDEL/SIVRIDIS*, Datenschutzrecht, S. 67; *GITTER/SCHNABEL*, MMR 2007, S. 411 (412).

298 Insbesondere ersichtlich aus den Erwägungsgründen Nr. 7, 9, 11, 21 und Art. 1 Abs. 1 VDSRL.

299 Vgl. Erwägungsgrund Nr. 7 VDSRL.

hen, dass die Daten insbesondere bei der Bekämpfung von Terrorismus und Schwerstkriminalität wichtige Beiträge liefern konnten und es somit einer raschen Etablierung von gemeinsamen Regelungen zur Vorratsdatenspeicherung bedarf[300]. Dann müsste sich diese Zielsetzung jedoch in den Art. 2 und Art. 3 EGV (Art. 3 EUV, Art. 3 bis 6 AEUV) wiederfinden. Dies ist aber gerade nicht der Fall, denn eben jenes Betätigungsfeld ist Bestandteil des ehemaligen Titel VI EUV (PJZS) und somit der ausschließlichen Kompetenz des Europäischen Rates zugeteilt. Lässt sich eine originäre Rechtssetzungskompetenz nicht ermitteln, so wäre es denkbar, eine Annexkompetenz der Union (ehemals Gemeinschaft) herzuleiten. Jedoch hat der EUGH schon in der Vergangenheit zu diesem Erwägen Stellung genommen und in seinem Urteil zur Übermittlung von Fluggastdaten[301] eine solche verneint.

Dem Urteil lag folgender Sachverhalt zu Grunde:

Nach den Anschlägen des 11.9.2001 erließen die USA Rechtsvorschriften, die die Fluggesellschaften verpflichteten, bei Flügen in die und aus den USA den Zollbehörden der Vereinigten Staaten (CBP, „Bureau of Customs and Border Protection") einen elektronischen Zugriff auf die Daten ihrer automatischen Reservierungs- und Abfertigungssysteme, die sogenannten „Passenger Name Records", gewähren müssen (PNR). Aufgrund der divergierenden Datenschutzvorschriften zwischen den USA und der EU wurde sodann auf Vorschlag der Kommission vom Rat ein entsprechendes Abkommen abgeschlossen, welches auf den ex Art. 95 EGV i.V.m. Art. 25 DSRL gestützt wurde.

Dieses Abkommen regelte den Austausch der PNR zwischen den USA und der EU. Wegen erheblicher Zweifel erhob das Europäische Parlament sodann Nichtigkeitsklage vor dem EuGH, da es der Ansicht war, dass das Abkommen auf der falschen Rechtsgrundlage basierte.

Das Abkommen wurde für nichtig erklärt, weil eine Begründung über Art. 95 EGV ausschied.

Hierzu führt der Generalanwalt Philippe Leger in seinen Schlussanträgen aus:

„Aus der Rechtsprechung des Gerichtshofes ergibt sich ferner, dass Maßnahmen nach Artikel 95 Absatz 1 EG die Bedingungen für die Errichtung und das Funktionieren des Binnenmarktes verbessern sollen und tatsächlich dieses Ziel verfolgen müssen, indem sie zur Beseitigung von Hemmnissen für den freien Waren- oder Dienstleistungsverkehr oder aber von Wettbewerbsverzer-

---

300 Vgl. Erwägungsgrund Nr. 9, 10 VDSRL.
301 Vgl. hierzu die verbundenen Rs. C-317/04 und 318/04 beim EuGH.

rungen beitragen. Auch kann nach dieser Rechtsprechung Artikel 95 EG zwar als Rechtsgrundlage herangezogen werden, um der Entstehung neuer Hindernisse für den Handel infolge einer heterogenen Entwicklung der nationalen Rechtsvorschriften vorzubeugen, doch muss das Entstehen solcher Hindernisse wahrscheinlich sein und die fragliche Maßnahme ihre Vermeidung bezwecken[…].

Indessen ist ein solches Ziel, Wettbewerbsverzerrungen zu verhindern, soweit es vom Rat tatsächlich verfolgt wird, nur *akzessorischer Natur* im Verhältnis zu den beiden *Hauptzielen*, dem Ziel des *Kampfes gegen den Terrorismus und andere schwere Straftaten*, sowie dem Ziel des *Schutzes der personenbezogenen Daten der Fluggäste*, die beide, wie dargelegt, in den Bestimmungen des Abkommens ausdrücklich genannt und verwirklicht werden [...][302]

Vor allem gilt nach ständiger Rechtsprechung des Gerichtshofes, dass ein Gemeinschaftsrechtsakt, dessen Prüfung zeigt, dass er eine mehrfache Zielsetzung hat oder mehrere Komponenten aufweist, von denen sich eine als wesentliche oder überwiegende ausmachen lässt, während die andere nur von untergeordneter Bedeutung ist, nur auf eine Rechtsgrundlage zu stützen ist, und zwar auf diejenige, die die wesentliche oder überwiegende Zielsetzung oder Komponente erfordert. Nur ausnahmsweise, wenn feststeht, dass gleichzeitig Ziele verfolgt werden, die untrennbar miteinander verbunden sind, ohne dass das eine im Verhältnis zum anderen zweitrangig ist und mittelbaren Charakter hat, kann ein solcher Rechtsakt auf die verschiedenen einschlägigen Rechtsgrundlagen gestützt werden [...].

Das Gericht hat schließlich festgestellt, dass „der Kampf gegen den internationalen Terrorismus ... mit keinem der Ziele in Verbindung gebracht werden [kann], die die Artikel 2 EG und 3 EG der Gemeinschaft ausdrücklich zuweisen".[303]

---

302 Die kursiven Hervorhebungen erfolgen durch den Verfasser und sind nicht Bestandteil des Originalzitats.

303 Schlussanträge des Generalanwalts Philippe Leger in der Rs. C-317/04 und 318/04, im Internet abrufbar unter http://curia.europa.eu/jurisp/cgi-bin/form.pl?lang= de&newform=newform&Submit=Suchen&alljur=alljur&jurcdj=jurcdj&jurtpi=jurtpi &jurtfp=jurtfp&alldocrec=alldocrec&docj=docj&docor=docor&docop=docop&doca v=docav&docsom=docsom&docinf=docinf&alldocnorec=alldocnorec&docnoj=docn oj=docnoj&docnoor=docnoor&radtypeord=on&typeord=ALL&docnodecision=docnodecisio n&allcommjo=allcommjo&affint=affint&affclose=affclose&numaff=C-317%2F04&

Überträgt man diese Erwägungen auf die VDRSL, so drängt sich die Vermutung auf, dass die Richtlinie ebenso wie das PNR-Abkommen auf der falschen Rechtsgrundlage beruht, da die Harmonisierungswirkung letztlich einen bloßen Rechtsreflex darstellt, wohingegen die Terrorismusbekämpfung und die Verfolgung schwerer Straftaten im Vordergrund stehen[304].

Eine breite Ansicht in der Literatur vertritt daher die Auffassung, dass Art. 95 EGV nicht die richtige Rechtsgrundlage sei und somit die Richtlinie für rechtswidrig zu erklären sei[305].

Aus diesem Grund legte Irland am 6.7.2006 eine Nichtigkeitsklage vor dem EuGH ein, um die VDSRL für nichtig erklären zu lassen. Am 10.2.2009 wurde die Klage jedoch als unbegründet abgewiesen. Der EuGH führt in seinem Urteil aus:

„Irland, unterstützt durch die Slowakische Republik, macht geltend, dass die Richtlinie 2006/24 nicht auf Art. 95 EG gestützt werden könne, da ihr „Schwerpunkt" nicht auf dem Funktionieren des Binnenmarkts liege. Einziges Ziel, oder zumindest das Hauptziel dieser Richtlinie, sei die Ermittlung, Feststellung und Verfolgung von Straftaten.

Dem kann nicht gefolgt werden. Die Wahl der Rechtsgrundlage eines gemeinschaftlichen Rechtsakts muss sich […] auf objektive, gerichtlich nachprüfbare Umstände gründen, zu denen insbesondere das Ziel und der Inhalt des Rechtsakts gehören"[306]

„[…] Angesichts dessen zeigt sich, dass die Unterschiede zwischen den verschiedenen zur Datenvorratsspeicherung erlassenen nationalen Regelungen geeignet waren, sich unmittelbar auf das Funktionieren des Binnenmarkts auszuwirken, und dass es absehbar war, dass sich diese Auswirkung noch verstärken würde.[…]

Die Bestimmungen dieser Richtlinie sind im Wesentlichen auf die Tätigkeiten der Dienstanbieter beschränkt und regeln nicht den Zugang zu den Da-

---

ddatefs=&mdatefs=&ydatefs=&ddatefe=&mdatefe=&ydatefe=&nomusuel=&domaine=&mots=&resmax=100 (zuletzt abgerufen am 5.9.2010).

304 *KÜHLING/SEIDEL/SIVRIDIS*, Datenschutzrecht, S. 67, *GITTER/SCHNABEL*, MMR 2007, S. 411 (413).

305 *GITTER/SCHNABEL*, MMR 2007, S. 411 (413); *SCHAAR*, MMR 2006, S. 425 (425, 426); *WESTPHAL*, EuZW 2006, S. 555 (555, 557); *SIMITIS*, NJW 2006, S. 2011 (2011, 2013); *BREYER*, StV 2007, S. 214 (214, 215).

306 Vgl. Urteil vom 23. Oktober 2007, Kommission/Rat, C-440/05, Slg. 2007, I-9097, Rn. 61 und die dort zitierte Rechtsprechung.

ten oder deren Nutzung durch die Polizei- und Justizbehörden der Mitgliedstaaten. [...]"

Zu der Parallele im Falle der PNR führt der EuGH sodann aus:

„Im Unterschied zu dem Beschluss 2004/496, der eine Übermittlung personenbezogener Daten innerhalb eines von staatlichen Stellen geschaffenen Rahmens zum Schutz der öffentlichen Sicherheit betraf, bezieht sich nämlich die Richtlinie 2006/24 auf die Tätigkeiten der Dienstanbieter im Binnenmarkt und enthält keine Regelung der Handlungen staatlicher Stellen zu Strafverfolgungszwecken."

Diese Entscheidung sieht sich unter anderem harscher Kritik ausgesetzt. So sieht AMBOS diese Entscheidung des EuGH als eine bewusste Übergehung des Willens des Gesetzgebers, wertet sie als eine Aushöhlung der Kernbereiche nationaler Zuständigkeiten[307] und somit als „ultra vires". Als Begründung hierfür führt er die schon zuvor aufgeführten Argumente und die Stellungnahme des Generalanwalts Bot[308] an, welcher als „eigentlichen Grund" für die Vorratsdatenspeicherung die Strafverfolgung und Ermittlung schwerer Straftaten nennt[309]. Trotzdem sieht der Generalanwalt ex Art. 95 EGV (Art. 114 AEUV) als die richtige Grundlage an, weil die durch die vereinzelten Regelungen bedingten Unterschiede zu Wettbewerbsverzerrungen führen würden, die VDSRL die frühere Datenschutzrichtlinie für elektronische Kommunikation ändere, welche ebenfalls auf ex Art. 95 EGV beruhe und die Richtlinie die Vorschriften zur Vorratsdatenspeicherung und nicht den Zugang zu den Daten durch die Behörden regele.

Dem ist jedoch entgegenzuhalten, dass sich der Schwerpunkt der Maßnahme aus den zuvor genannten Gründen und der expliziten Nennung des Zweckes der Strafverfolgung sowohl in den Erwägungsgründen als auch in der Richtlinie selbst (Art. 1 Abs. 1; Art. 4 und Art. 8 VDSRL) unzweifelhaft im Bereich der PJZS befindet und sich mit der Argumentation des Generalanwalts alle Maßnahmen, die auch nur in einer geringen Weise wirtschaftliche Auswirkungen haben, der ersten Säule zuweisen lassen, selbst wenn diese eindeutig den anderen zwei Säulen zuzuordnen sind[310].

Beiden Ansichten ist zuzugestehen, dass sie für sich sprechende Argumente anführen können. Jedoch vermag vorliegend nur die zweite Ansicht zu über-

---

307   Vgl. AMBOS, JZ 2009, S. 466 (468).
308   Schlussanträge des Generalanwalts BOT, Rs. C-301/06.
309   Schlussanträge des Generalanwalts BOT, Rs. C-301/06 Rn. 92.
310   Vgl. AMBOS, JZ 2009, S. 466 (470, 471).

zeugen. Gegen die vom Generalanwalt vorgetragenen Schlüsse aus den Erwägungsgründen ist unter anderem anzuführen, dass die Erwägungsgründe im Gegensatz zu den auszuführenden Vorschriften der Richtlinie eher nachrangig für die Bestimmung des operativen Ziels der Maßnahme sind.[311] Diese Schlussfolgerung ergibt sich ebenfalls, wenn man die Parallele zu den Resolutionen des UN-Sicherheitsrates zieht, bei denen ebenso zwischen den Erwägungsgründen einerseits und dem operativen Teil andererseits differenziert wird.

Auch muss festgestellt werden, dass die Erwägungsgründe, sofern man diese zur Bestimmung des Zwecks der Richtlinie anführen will, keinesfalls eine nur eindeutige Interpretation zulassen. Das Gegenteil ist der Fall, denn die Erwägungsgründe enthalten, wie zuvor aufgezeigt, ebenfalls Hinweise, die auf den Zweck der Strafverfolgung hinweisen. Somit liegt eine Ambivalenz vor, bei welcher nach geltenden Grundsätzen der Schwerpunkt der Maßnahme entscheidend ist. Die gleiche Ambivalenz findet sich jedoch auch in Art. 1 Abs.1 VDSRL wieder. Zwar soll die Richtlinie, wie Art. 1 Abs. 1 VDSRL belegt, die Vorschriften zur Vorratsdatenspeicherung in den Mitgliedstaaten harmonisieren, dies aber nur

„um sicherzustellen, dass die Daten zum Zwecke der Ermittlung, Feststellung und Verfolgung von schweren Straftaten, wie sie von jedem Mitgliedstaat in seinem nationalen Recht bestimmt werden, zur Verfügung stehen".

Bei globaler Betrachtung wird jedoch klar, dass die Strafverfolgung der Hauptzweck der Richtlinie ist und durch den Vorwand der Harmonisierung zum bloßen Nebenzweck kaschiert wird[312]. Soweit man sich für eine Befürwortung des Art. 95 EGV (a.F) ausspricht, weil die Harmonisierung primärer Zweck sei, so ist festzuhalten, dass eine auf Art. 95 EGV (a.F.) gestützte Handlung den Binnenmarkt fördern soll, indem sie vorhandene Belastungen aufhebt. Mit der Speicherungspflicht wird jedoch eine umgekehrte Wirkung erzeugt, denn das Vorrätighalten der Daten bedeutet einen immensen finanzi-

---

311 Vgl. *LINHART*, Internationales Einheitsrecht und einheitliche Auslegung, S. 212 ff.

312 Dies ist die logische Schlussfolgerung, sofern man bedenkt, dass die konkrete Ausgestaltung des Zugriffs auf die Daten (Behörde und Verfahren), die Speicherfrist, sowie die Ausfüllung weiter Rechtsbegriffe, wie „schwere Straftaten", in das Ermessen der jeweiligen Staaten gestellt werden, wodurch es wiederum zu einer Großzahl divergierender Standards kommt. Zu diesem Schluss kommt auch BRAUM in *BRAUM*, ZRP 2009, S. 174 (176).

ellen Aufwand für die jeweiligen Dienstanbieter[313], zumal die Länge der Speicherung im Ermessen der Mitgliedstaaten liegt, was einer effektiven Harmonisierung diametral entgegensteht. Auch vermag der Vorwand, dass die Richtlinie nur die Speicherpflicht der Anbieter selbst regelt und in Art. 4 VDSRL den Zugriff auf die Daten ausdrücklich in die Kompetenz der Mitgliedstaaten stellt, nichts an dieser Sicht zu ändern, denn bereits die Kreation der Speicherungspflicht erfolgt eben gerade für den Zweck eines späteren Zugriffs durch die zuständigen Strafverfolgungsbehörden, auch wenn die konkrete Ausgestaltung des Zugriffs von Staat zu Staat unterschiedlich ausfällt. Die Zuständigkeit in diesem Bereich ist jedoch nicht Teil des ehemaligen EGV (AEUV), weshalb eine solche Regelung nicht über die Binnenmarktkompetenz begründet werden kann.

Zusätzlich gilt es zu bedenken, dass ein solches Verständnis, wie es der EuGH und *Bot* an den Tag legen, die Gefahr birgt, dass das Prinzip der begrenzten Einzelermächtigung und dessen enge Ausnahmen (Implied-powers-Doktrin) auf simpelste Weise umgangen werden, wenn man annimmt, dass Maßnahmen, gleich welcher Natur sie auch sein mögen, über Art. 95 EGV (a.F.) gerechtfertigt sind, sobald sie eine auch nur mittelbare Auswirkung auf den Wettbewerb oder die Binnenwirtschaft haben.[314] Diese Prinzipien würden somit zur Makulatur verkommen. Die Existenz dieser Prinzipien beruht aber eben auf dem Zweck eine solche Ausuferung weitestgehend zu unterbinden, um einer Ausuferung der Gesetzgebungskompetenzen auf EU-Ebene vorzubeugen. Aus diesen Gründen ist Art. 95 EGV (a.F.) als geeignete Rechtsgrundlage abzulehnen, sodass die VDSRL schon aufgrund dieser Tatsache für rechtswidrig zu erklären ist und der Meinung des EuGH nicht zugestimmt werden kann[315]. Richtige Rechtsgrundlage wäre daher Art. 29 ff. EUV (a. F.) gewesen.

---

313 *KLESCZEWSKI*, HRRS 2009, S. 251; *KLESCZEWSKI* in: Festschrift für GERHARD FEZER zum 70. Geburtstag, S. 19.

314 So auch *GIETL*, DuD 2008, S. 318.

315 Ebenfalls für die Ablehnung *KLESCZEWSKI*, HRRS 2009, S. 250 (251); *AMBOS*, JZ 2009, S. 466 (470 ff.); *ROSSI*, ZJS 2009, S. 298 (299); *GITTER/SCHNABEL*, MMR 2007, S. 411 (412, 413); *BIZER*, DuD 2007, S. 586 (587); *SIMITIS*, NJW 2009, S. 1782 (1783, 1784); *RUSTEBERG*, VBlBW 2007, S. 171 (171, 174); *BREYER*, StV 2007, S. 214 (215 f.); *TERHECHTE*, EuZW 2009, S. 199 (200, 203); *WESTPHAL*, EuZW 2006, S. 555 (557 f.); *WÜSTENBERG*, RDV 2006, S. 102-104; *KÖCHER/KAUFMANN*, DuD 2006, S. 360 (364); *JENNY*, CR 2008, S. 282 (285); *WESTPHAL*, EuR 2006, S. 706 (716 ff.).; *GIETL*, DuD 2008, S. 317 (318).

B. Die materielle Rechtmäßigkeit der VDSRL

Ungeachtet der formellen Rechtswidrigkeit der Richtlinie, stellt sich zudem die Frage, inwieweit die Richtlinie auch materiell rechtmäßig ist. Das zuvor zitierte Urteil des EuGH sowie die zugehörige Kritik setzen sich jedoch nur mit den formellen Aspekten der Richtlinie auseinander.

Zur Beantwortung der Frage nach der materiellen Rechtmäßigkeit empfiehlt sich daher eine Überprüfung anhand des Art. 8 EMRK, sowie den Art. 7 und 8 EU-Charta.

I. Die materielle Rechtmäßigkeit gem. Art. 8 EMRK[316]

Die VDSRL könnte einen nicht gerechtfertigten Eingriff in Art. 8 Abs. 1 EMRK[317] darstellen, sofern dessen Schutzbereich betroffen ist und der Eingriff sich nicht in den gesetzlich vorgeschriebenen Grenzen hält.

1. Der Schutzbereich des Art. 8 Abs.1 EMRK

Art. 8 Abs. 1 EMRK erstreckt seinen Schutzbereich auf das Privat- und Familienleben, die Wohnung und die Korrespondenz und umfasst somit vier spezielle Garantien des allgemeinen Schutzes der Privatsphäre[318], die sich teilweise überschneiden[319]. Für die Beurteilung der Rechtmäßigkeit der Richtlinie sind vorliegend jedoch nur der Aspekt des Privatlebens und der der Korrespondenz von Bedeutung.

---

316 Konvention zum Schutze der Menschenrechte und Grundfreiheiten vom 4.11.1950, abgedruckt in Sartorius II Nr. 130.

317 Art. 8 EMRK - Recht auf Achtung des Privat- und Familienlebens
(1) Jede Person hat das Recht auf Achtung ihres Privat- und Familienlebens, ihrer Wohnung und ihrer Korrespondenz.
(2) Eine Behörde darf in die Ausübung dieses Rechts nur eingreifen, soweit der Eingriff gesetzlich vorgesehen und in einer demokratischen Gesellschaft notwendig ist für nationale oder öffentliche Sicherheit, für das wirtschaftliche Wohl des Landes, zur Aufrechterhaltung der Ordnung, zur Verhütung von Straftaten, zum Schutz der Gesundheit oder der Moral oder zum Schutz der Rechte und Freiheiten anderer.

318 *GRABENWARTER*, Europäische Menschenrechtskonvention, § 22 Rn. 1.

319 *FROWEIN* in: FROWEIN/PEUKERT, EMRK[1], Art. 8 Rn. 1; *MARAUHN/MELJNIK* in: GROTE/MARAUHN, EMRK/GG, Kap. 16 Rn. 15; *SCHWEIZER*, DuD 2009, S. 462 (464).

a) Das Privatleben

Das in Art. 8 Abs. 1 EMRK gewährte „Recht auf Achtung" des Privatlebens soll jedem Einzelnen den Freiraum gewährleisten, in welchem er seine Persönlichkeit frei entwickeln und erfüllen kann[320]. Dies umfasst sowohl die Entfaltung der inneren Persönlichkeit als auch die Beziehung des jeweiligen Individuums zu anderen Menschen. Der Begriff des Privatlebens ist in der Rechtsprechung durchaus weit interpretiert worden, sodass die einzelnen Gewährleistungsgehalte des Privatlebens durch zahlreiche Entscheidungen konkretisiert und ausgestaltet wurden[321]. Demnach umfasst der Schutzbereich des Privatlebens das Selbstbestimmungsrecht über den eigenen Körper, den Schutz der Privatsphäre und die freie Gestaltung der persönlichen Lebensführung. Für die vorliegende Untersuchung ist jedoch nur der Aspekt des Schutzes der Privatsphäre von größerer Bedeutung.

Dieser gesteht dem Einzelnen ein Abwehrrecht gegen alle staatlichen Maßnahmen zu, die auf die Erforschung der Privatsphäre abzielen. Der Schutz besteht darüber hinaus auch nicht nur im engeren Privatsphärenkreis wie bspw. der Wohnung, sondern auch wenn der Einzelne sich in der Öffentlichkeit bewegt[322], damit er dies ohne die Besorgnis vor staatlicher Beobachtung tun kann.

Basierend auf der rasanten Entwicklung von Möglichkeiten Informationen zu sammeln und zu verwerten, erfasst der Schutz der Privatsphäre als eine spezielle Ausprägung auch den Datenschutz[323]. Dieser Schutzbereich ist er-

---

320 Vgl. *GRABENWARTER*, Europäische Menschenrechtskonvention, § 22 Rn. 6; *FROWEIN* in: FROWEIN/PEUKERT, EMRK[1], Art. 8 Rn. 3; *MEYER-LADEWIG*, EMRK, Art. 8 Rn. 3; *MARAUHN/MELJNIK* in: GROTE/MARAUHN, EMRK/GG, Kap. 16 Rn. 26.

321 *SCHORKOPF* in: EHLERS, EU-Grundrechte, § 16.1 II Rn.17; *UERPMANN-WITTZACK* in: EHLERS, EU-Grundrechte, § 3 I 1 Rn. 3 ff.; *Tettinger* in: TETTINGER/STERN, EU-Grundrechte, Art. 7 Rn. 10 ff.; *Knecht* in: Schwarze, EU-Kommentar, Art. 7 Rn. 7.

322 *GRABENWARTER*, Europäische Menschenrechtskonvention, § 22 Rn. 9; EGMR, Urteil vom 28.1.2003 Peck/GBR, Nr. 44647/98, Z. 59 ff.; *BREITENMOSER*, Der Schutz der Privatsphäre gemäß Artikel 8 EMRK, S. 38 ff.; *FROWEIN* in: FROWEIN/PEUKERT, EMRK[1], Art. 8 Rn. 6; ders., EMRK3, Art. 8 Rn. 3; *MARAUHN/MELJNIK* in: GROTE/MARAUHN, EMRK/GG, Kap. 16 Rn. 27.

323 Vgl. *BREITENMOSER*, Der Schutz der Privatsphäre gemäß Artikel 8 EMRK, S. 245 ff.; *UERPMANN-WITTZACK* in: EHLERS, EU-Grundrechte, § 3 I 1 Rn. 3; *ESSER* in: RUTHIG/SCHENKE/HILGER/WOLTER/ZÖLLER, Alternativentwurf, S. 281 (282 f.); FROWEIN/PEUKERT, EMRK[3], Art. 8 Rn. 5; *MARAUHN* in: HESELHAUS/NOWAK, Hand-

öffnet, wenn die Daten eines Grundrechtsträgers (personenbezogene Daten) erhoben, gespeichert oder verarbeitet werden und dieser dadurch in seinem Privatleben beeinträchtigt ist[324].

Ebenfalls vom Privatsphärenschutz erfasst ist die individuelle Kommunikation des Einzelnen, sei es im privaten oder beruflichen Bereich[325], auch wenn diese grundsätzlich gleichsam unter den Schutz der in Art. 8 Abs. 1 EMRK ausdrücklich genannten Korrespondenz fällt.

Die VDSRL schreibt in ihrem Art. 3 Abs. 1 vor, dass die Verkehrsdaten und Standortdaten der Benutzer öffentlicher Kommunikationsnetze (Festnetz, Mobilfunk und Internet) erfasst und über die Aufrechterhaltung des individuellen Kommunikationsvorganges hinaus vorrätig gehalten werden. Damit der Schutzbereich jedoch einschlägig ist, müsste es sich bei den Verkehrs- und Standortdaten jedoch um „personenbezogene Daten" handeln.

Da die VDSRL eine Ergänzung zu der EDSRL (Richtlinie 2002/58/EG) ist und diese sich wiederum bzgl. ihrer Begriffsbestimmungen auf die DSRL beruft, kann die Definition des Art. 2 lit. a) DSRL für personenbezogene Daten herangezogen werden. Die Richtlinie definiert „personenbezogene Daten" als „alle Informationen über eine bestimmte oder bestimmbare natürliche Person", wobei eine Person dann als bestimmbar angesehen wird, wenn sie direkt oder indirekt durch die Information identifiziert werden kann. Dabei wird der Begriff durchaus weit verstanden[326].

Art. 5 VDSRL gibt an, welche Daten zu den Verkehrs- und Standortdaten zu zählen sind. Hierunter fallen unter anderem die Rufnummer, Teilnehmername, Benutzerkennungen etc.

Die Verkehrsdaten stellen daher personenbezogene Daten dar, weil diese Informationen zumindest mittelbar dazu geeignet sind eine Identifizierung des Betroffenen durch den jeweiligen Dateninhaber direkt oder indirekt zuzulassen.

---

buch der EU-Grundrechte, § 19 Rn. 18; GUSY in: RUTHIG/SCHENKE/HILGER/WOLTER/ZÖLLER, Alternativentwurf, S. 265 (265).

324 GRABENWARTER, Europäische Menschenrechtskonvention, § 22 Rn. 10; EGMR, Urteil vom 26.3.1987, Leander ./. SWE, Nr. 9248/81, Z. 48.

325 MEYER-LADEWIG, EMRK, Art. 8 Rn. 3, 10, 11; MARAUHN/MELJNIK in: GROTE/MARAUHN, EMRK/GG, Kap. 16 Rn. 29; UERPMANN-WITTZACK in: EHLERS, EU-Grundrechte, § 3 I 1 Rn. 6.

326 EHMANN/HELFRICH, EG-Datenschutzrichtlinie, Art. 2 Rn. 17; siehe hierzu auch die Erwägungsgründe 14 bis 17; BRÜHANN in: ROßNAGEL, Handbuch Datenschutzrecht, S. 137 Rn. 17.

Die Erhebung und Speicherung dieser Informationen befähigen den jeweiligen Datenbesitzer dazu, ein Bewegungsprofil oder gar ein Persönlichkeitsprofil des jeweiligen Nutzers zu erzeugen. Zusätzlich wird der Datenbesitzer in die Lage versetzt das jeweilige Kommunikationsverhalten zu dokumentieren. Dies stellt eine Gefahr für die Privatsphäre des jeweilig von der Datenspeicherung Betroffenen dar. Der Schutzbereich des Art. 8 Abs.1 EMRK ist somit in Hinsicht auf den Schutz der Privatsphäre eröffnet[327].

b) Die Korrespondenz

Art. 8 Abs. 1 EMRK schützt darüber hinaus auch expressis verbis die Korrespondenz.

Hierunter versteht man alle privaten sowie nicht-privaten, nicht notwendigerweise verschlossenen Mitteilungen. Der Begriff ist weit zu verstehen und umfasst sowohl den Kommunikationsweg, als auch den Kommunikationsvorgang selbst[328]. Auch Telefongespräche[329] fallen in den Schutzbereich der Korrespondenz.

Allerdings ist es auf den ersten Blick nicht eindeutig, ob auch SMS, E-Mail und die Kommunikation über das Internet dazu zählen. Bei der Kommunikation per SMS und E-Mail lässt sich anführen, dass sich die jeweiligen Kommunikationsteilnehmer in einer gleich gelagerten Gefährdungslage befinden, sodass ein Schutz hier logisch und sinnvoll erscheint[330]. Bei der Kommunikation über das Internet müsste man jedoch zwischen Kommunikationsformen ähnlich der Telefonie (bspw. VoIP) und dem einfachen „Surfen" oder „Chatten" in öffentlichen Räumen differenzieren. Während die erste Alternative eine gleichartige Gefährdungslage wie die des Briefverkehrs bietet, so besteht eine solche bei der zweiten Variante teilweise nicht, denn die Teilnehmer agieren oft öffentlich und greifen auf allgemein zugängliche Informationen zu. Zusätzlich gilt es zu berücksichtigen, dass der ursprüngliche Schutzbe-

---

327 *GRABENWARTER*, Europäische Menschenrechtskonvention, § 22 Rn. 26; siehe hierzu auch EGMR, Urteil vom 4.12.2008, S. u. Marper ./. GBR, Nr.30562/04 u.a., Z.67; EGMR, Urteil vom 26.3.1987, Leander ./. SWE, Nr. 9248/81, Z. 48.

328 *GRABENWARTER*, Europäische Menschenrechtskonvention, § 22 Rn. 23.

329 EGMR, Urteil vom 6.9.1978, Klass u.a. ./. GER, Nr. 5029/71, Z. 41; EGMR, Urteil vom 2.8.1994, Malone ./. GBR, Nr. 8691/79, Z. 64; EGMR, Urteil vom 25.9.2001, P. G. u. J. H. ./. GBR, Nr. 44787/98, Z. 42.

330 *KLUG/REIF*, RDV 2008, S. 89 (92).

reich lediglich schriftlich fixierte Kommunikation beinhaltete und eine Erweiterung auf nicht-schriftliche Kommunikationsvorgänge durchaus problematisch ist, ohne die Grenzen zu anderen Schutzbereichen zu verwischen. Dennoch ist eine Einbeziehung nicht-schriftlicher Kommunikationsvorgänge unter Beachtung der Fortschritte der Kommunikationstechnologie möglich und
auch sinnvoll, sofern man nicht auf den „Verkehr" an sich, sondern auf den
Schutzzweck des Rechts auf Achtung der Korrespondenz abstellt[331], denn dieses soll vor der staatlichen Kenntnisnahme der nicht-öffentlichen Mitteilung
einer Person an eine andere schützen. Eine Erweiterung des Schutzbereiches
auf eben solche Kommunikationsformen wäre somit die logische Schlussfolgerung aus dieser Entwicklung[332].

Auch wenn eine eindeutige Zuordnung zu dem Schutzbereich nicht ohne
weiteres vorgenommen werden kann, so können diese Problematiken für die
vorliegende Untersuchung jedoch dahinstehen, da diese Kommunikationsformen zumindest unter den Schutzbereich des Privatlebens fallen, soweit der
Begriff der Korrespondenz diese nicht abdeckt[333]. Auch der EGMR hat bis
heute eine eindeutige Zuordnung nicht vorgenommen. Jedoch hat er und den
Schutzbereich des Art. 8 Abs. 1 EMRK mittlerweile auf jede andere vergleichbare, gegebenenfalls nicht-schriftliche, nicht öffentliche Mitteilung einer Person an eine andere, wie beispielsweise E-Mail, Pagernachrichten oder
die Internettelefonie (VoIP = Voice over IP), ausgeweitet[334].

Dies ist insoweit auch unschädlich, da die beiden Rechte Elemente des Art.
8 Abs. 1 EMRK sind und somit der gemeinsamen Schranke des Art. 8 Abs. 2
EMRK unterliegen.

Der Schutzbereich der Korrespondenz ist somit ebenfalls betroffen.

---

331 *MARAUHN* in: HESELHAUS/NOWAK, Handbuch der EU-Grundrechte, § 19 Rn. 27.

332 *MARAUHN/MELJNIK* in: GROTE/MARAUHN, EMRK/GG, Kap. 16 Rn. 60.

333 *KLUG/REIF*, RDV 2008, S. 89 (92); *FROWEIN* in: FROWEIN/PEUKERT, EMRK[2], Art. 8
     Rn. 5 (m.w.N.); *UERPMANN-WITTZACK* in: EHLERS, EU-Grundrechte, § 3 I 1 Rn. 6;
     MARAUHN/MELJNIK in: GROTE/MARAUHN, EMRK/GG, Kap. 16 Rn. 60 (m.w.N.).

334 EGMR, Urteil vom 22.10.2002, Taylor-Sabori ./. GBR, Nr. 47114/99, Z.18, EGMR,
     Urteil vom 3.4.2007, Copland ./. GBR, Nr. 62617/00, Z. 41; *MARAUHN/MELJNIK* in:
     GROTE/MARAUHN, EMRK/GG, Kap. 16 Rn. 60; *KLESCZEWSKI*, Festschrift für
     GERHARD FEZER 2008, S. 24 ff.; *UERPMANN-WITTZACK* in: EHLERS, EU-Grundrechte,
     § 3 I 1 Rn. 6; *Tettinger* in: TETTINGER/STERN, EU-Charta, Art. 7 Rn. 42 (m.w.N.);
     SCHWEIZER, DuD 2009, S. 462 (465).

2. Eingriff

Die VDSRL müsste jedoch auch einen Eingriff in die beiden Schutzbereiche darstellen.

Als Eingriff ist jede staatliche Maßnahme zu qualifizieren, die zu einer rechtfertigungsbedürftigen Beschränkung grundrechtlich gewährleisteter Positionen führt[335]. Dies bedeutet im Rahmen von Datenerhebungen, dass jede Erhebung, Speicherung, Verarbeitung und Weitergabe personenbezogener Daten unabhängig davon, ob sie offen oder verdeckt erfolgt, einen Eingriff darstellt[336].

Die Richtlinie konstatiert die einheitliche und verdachtsunabhängige Speicherung von Bestands- und Verkehrsdaten, sowie eine Übermittlungspflicht über die jeweiligen Kommunikationsumstände und Bestandsdaten für die Anbieter öffentlicher Kommunikationsnetze. Dies erfolgt für den Betroffenen unmerklich.

Dabei besteht die nicht unerhebliche Gefahr, dass der Staat inhaltliche Kenntnis von diesen Datenbeständen erlangt und diese zu weiteren Maßnahmen in Kombination mit anderen Datensätzen verwendet, sobald er dieser einmal habhaft ist.

Fraglich ist indes, ob es, für die Qualifikation der Richtlinie als Eingriff relevant ist, dass der Staat die Daten nicht unmittelbar selbst speichert, sondern die privaten Dienstanbieter diese Aufgabe wahrnehmen.

Es läge somit ein Handeln von Privatpersonen vor, aufgrund dessen ein Eingriff ausscheiden würde. Die jeweiligen Betroffenen könnten kein subjektives Abwehrrecht geltend machen, denn die EMRK ähnelt in ihrer inhaltli-

---

335 Auf der Ebene der EMRK existiert keine einheitliche Formel, nach welcher ein Eingriff eindeutig als ein solcher zu qualifizieren ist oder nicht. Wie im Bereich des Grundgesetzes gibt es neben dem „klassischen Eingriff", welcher als rechtsförmiger, imperativer Vorgang, unmittelbar und final in eine geschützte Rechtsposition eingreift, weitere Ansätze, nach denen auch mittelbare und faktische Beeinträchtigungen als Eingriff qualifiziert werden können. Letztlich ist ein Eingriff stets vom Gesichtspunkt des Schutzbereiches und dessen Umfang aus zu bestimmen. Da die Darstellung dieser Grundsätze sowohl den Umfang dieser Arbeit sprengen als auch vom eigentlichen Thema ablenken würde, wird auf die genaue Darstellung vorliegend verzichtet. Für eine genaue Auseinandersetzung mit dieser Problematik vgl. GRABEN-WARTER/MARAUHN in: GROTE/MARAUHN, EMRK/GG, Kap. 7 Rn. 8-15.

336 EGMR, Urteil vom 26.3.1987, Leander ./. Schweden, Nr. 9248/81, Z. 48; ESSER in: RUTHIG/SCHENKE/HILGER/WOLTER/ZÖLLER, Alternativentwurf, S. 281 (284).

chen Beschaffenheit der des Grundgesetzes, weshalb sich die vorhandenen Abwehransprüche gegen den jeweiligen Staat richten.

Eine solche Betrachtung lässt jedoch außer Betracht, dass die Dienstanbieter sich nicht freiwillig zu der Speicherung der Verkehrsdaten entschlossen haben, sondern diese durch die Richtlinie hoheitlich angeordnet wurde. Dabei ist es als irrelevant zu beurteilen, dass die Erhebung und Speicherung der Daten durch die Dienstanbieter grundsätzlich nicht nur zu hoheitlichen Zwecken, sondern auch zu eigenen Zwecken bspw. im Rahmen der eigentlichen Vertragsabwicklung zwecks Rechnungslegung etc. erfolgt. Die Gemeinschaft bedient sich aus organisatorischen Gründen der Dienstanbieter, damit der Zweck der Richtlinie mit angemessenem Aufwand erreicht werden kann. Aufgrund der hoheitlich veranlassten Speicherungspflicht sind diese somit lediglich als ein Mittel zum Zweck oder als verlängerter Arm der Gemeinschaft bzw. des jeweiligen Mitgliedstaates zu verstehen, sodass es sich bei der Speicherung bzgl. der praktischen Ausführung zwar um ein Handeln Privater handelt, dieses jedoch aufgrund hoheitlicher Veranlassung erfolgte und somit als hoheitlich einzustufen ist. Wäre man gegenteiliger Auffassung, so wäre es einem Hoheitsträger möglich durch gezielte Einschaltung von Privatpersonen und das damit einhergehende „Outsourcing" den zugesicherten Rechtsschutz zu unterlaufen.

Die Speicherung, Vorratshaltung und spätere Verwendung der Datenbestände stellt eine verdeckte Überwachungsmaßnahme und somit einen schweren Eingriff sowohl in die Vertraulichkeit der Kommunikation als auch den Schutz personenbezogener Daten dar[337].

3. Rechtfertigung des Eingriffs gem. Art. 8 Abs. 2 EMRK

Die Rechtfertigungsanforderungen, die an den Eingriff zu stellen sind, ergeben sich unmittelbar aus Art. 8 Abs. 2 EMRK. Demnach ist es unter anderem erforderlich, dass der Eingriff gesetzlich normiert und in einer demokratischen Gesellschaft für die nationale oder öffentliche Sicherheit notwendig ist,

---

337 Vgl. bzgl. der Verletzung des Privatlebens MARAUHN/MELJNIK in: GROTE/MARAUHN, EMRK/GG, Kap. 16 Rn. 71; EGMR, Urteil vom 26.3.1987, Leander ./. SWE, Nr. 9248/81, Z. 48; bzgl. der Verletzung der Korrespondenz EGMR, Urteil vom 2.8.1984, Malone ./. UK, Nr. 8691/79, Z. 83 ff.; MARAUHN/MELJNIK in: GROTE/MARAUHN, EMRK/GG, Kap. 16 Rn. 76; ESSER in: RUTHIG/SCHENKE/HILGER/WOLTER/ZÖLLER, Alternativentwurf, S. 281 (285).

oder dass er die Aufrechterhaltung der Ordnung, die Verhütung von Straftaten, oder den Schutz der Rechte und Freiheiten anderer bezweckt. Erforderlich ist demnach die Notwendigkeit der Beschränkung und ein Gesetz, welches mit einem legitimen Beschränkungsziel verknüpft ist[338].

Systematisch betrachtet handelt es sich hierbei um einen echten Gesetzesvorbehalt[339]. Demzufolge muss die gesetzliche Regelung ein Mindestmaß an inhaltlichen Anforderungen erfüllen und die Konditionen, unter denen ein Eingriff erfolgt, derart regeln, dass dieser für den Betroffenen vorhersehbar ist[340].

Im Laufe der Zeit hat der EGMR daher für einige Eingriffsgruppen spezifische Anforderungen an die gesetzliche Grundlage formuliert, welche insbesondere die Regelungsdichte und den Regelungsinhalt betreffen[341].

So bedarf es gerade im Bereich des Eingriffs in die Korrespondenz der hinreichenden Ersichtlichkeit der Umstände, unter denen sie erfolgt. Dies bedeutet, dass es sich zwar nicht zwingend um ein parlamentarisches Gesetz[342] handeln muss, aber dennoch ersichtlich sein muss, welche Stelle über den Eingriff entscheidet, wie intensiv und wie lang dieser sein darf, aus welchen Gründen er erfolgt, die Art und Weise des Eingriffs ersichtlich sein muss und wessen Kommunikation betroffen ist[343].

Gleiches gilt für den Bereich der Datensammlung und –verarbeitung, wo die Voraussetzungen der Datensammlung, die Begrenzung der Sammlung, die Datenart und das Verfahren der Sammlung und Aufbewahrung, sowie die zeitliche Beschränkung der Verarbeitung und Aufbewahrung hinreichend ausgestaltet sein müssen[344].

---

338 Vgl. SCHWEIZER, DuD 2009, S. 462 (467); ESSER in: RUTHIG/SCHENKE/HILGER/WOLTER/ZÖLLER, Alternativentwurf, S. 281 (286 ff.).

339 Vgl. MARAUHN/MELJNIK in: GROTE/MARAUHN, EMRK/GG, Kap. 16 Rn. 79.

340 Dies entspricht auf verfassungsrechtlicher Ebene dem Rechtsstaatprinzip und dem aus ihm entspringenden Bestimmtheitsgebot; vgl. MARAUHN/MELJNIK in: GROTE/MARAUHN, EMRK/GG, Kap. 16 Rn. 79; GRABENWARTER, Europäische Menschenrechtskonvention, § 22 Rn. 33.

341 MARAUHN/MELJNIK in: GROTE/MARAUHN, EMRK/GG, Kap. 16 Rn. 80.

342 Es reicht auch ungeschriebenes Recht in Form von Gewohnheitsrecht aus.

343 Vgl. MARAUHN/MELJNIK in: GROTE/MARAUHN, EMRK/GG, Kap. 16 Rn. 81 (m.w.N.).

344 Vgl. EGMR, Urteil vom 4.5.2000, Rotaru ./. Romania, Nr. 28341/95, Z. 57 ff.; GRABENWARTER, Europäische Menschenrechtskonvention, § 22 Rn. 33; KLESCZEWSKI in, Festschrift für GERHARD FEZER 2008, S. 19 (25).

Fraglich ist somit, ob die VDSRL diesen Anforderungen zu Genüge gereicht.

Die VDSRL führt in ihrem Art. 5 sämtliche zu speichernden Datenkategorien ausführlich aufgegliedert auf, wobei Daten über den Inhalt der Kommunikation gänzlich ausgenommen sind. Die Vorratshaltung der Daten ist gem. Art. 6 auf mindestens sechs Monate bis hin zu maximal 2 Jahren beschränkt. Die Richtlinie regelt jedoch nicht unmittelbar unter welchen Bedingungen die staatlichen Stellen Zugriff auf die Daten erhalten, sondern überlässt die konkrete Verfahrensausgestaltung und die Zugriffsbedingungen auf die Daten, gem. Art. 4 VDSRL, dem Ermessen der jeweiligen Mitgliedstaaten, welches diese nach den in ihrem jeweiligen nationalen Recht geltenden Grundsätzen auszuüben haben. Dies ist unter dem Gesichtspunkt, dass es sich hier um eine „harmonisierende" Richtlinie handelt, auch ausreichend.

Problematisch erscheint jedoch, ob der Begriff der „schweren Straftaten" in Art. 1 Abs. 1 VDSRL hinreichend konkret ausgestaltet ist, denn eine Definition des selbigen innerhalb der Richtlinie ist nicht vorhanden und es finden sich auch keine exemplarischen Aufzählungen in der Richtlinie oder eine präzisierende Klausel. Zusätzlich gilt es hierbei zu berücksichtigen, dass der Begriff der „schweren Straftat" die Schlüsselfunktion für den Zugriff auf die Daten darstellt.

Mangels einer eigenen Definition oder einer präzisierenden Klausel[345] könnte man daher anführen, dass der Begriff zu unbestimmt ist, um den Erfordernissen einer „hinreichenden gesetzlichen Grundlage" zu genügen, denn die Ausfüllung des Begriffs wird dem jeweiligen Mitgliedstaat überlassen, sodass dieser selbst bestimmen kann, welche Straftaten „schwer" sind. Dabei besteht aber die nicht unberechtigte Besorgnis der Betroffenen, dass auch kleinere Delikte durch eine Transformation in nationales Recht erfasst werden[346], sodass dieser Überwachungsmechanismus generell zur Strafverfolgung genutzt werden könnte[347].

---

345   Eine solche könnte zum Beispiel sein „schwere Straftaten wie Terrorismus, organisierte Kriminalität oder die Verübung von Sprengstoffanschlägen gegen staatliche Einrichtungen".

346   Vgl. WESTPHAL, EuZW 2006, S. 555 (558).

347   Dass dieser Gedankengang durchaus keine Utopie ist, zeigt die Tatsache, dass der deutsche Gesetzgeber mit der Regelung des 100 g StPO erheblich über den Wortlaut der Richtlinie hinausgegangen ist, vgl. WESTPHAL, EuZW 2006, S. 555 (558).

Diese Sichtweise würde jedoch vorliegend verkennen, dass es sich um eine harmonisierende Richtlinie handelt, die den Mitgliedstaaten innerhalb des von ihr gesetzten Harmonisierungsrahmens einen gewissen Spielraum ermöglichen möchte. Um diesen Spielraum zu ermöglichen, ist es notwendig, dass der europäische Gesetzgeber sich Generalklauseln und auslegungsbedürftiger Rechtsbegriffe bedient, wodurch die konkrete Ausgestaltung den Mitgliedstaaten überlassen wird. Dass der nationale Gesetzgeber unter Umständen dazu verleitet wird den Rahmen vollends auszuschöpfen, kann nicht vermieden werden, jedoch kann sodann auf nationalem Wege oder durch die Kommission im Wege eines Vertragsverletzungsverfahrens eine Überprüfung erfolgen. Im konkreten Fall wäre daher eine Konkretisierung oder Definition des Begriffes, ähnlich wie bei dem Katalog des europäischen Haftbefehls, mehr als nur wünschenswert gewesen. Allerdings vermag die Gewährung eines weiten Gestaltungsspielraums, zumindest im Zusammenhang mit dem Schutz der öffentlichen Sicherheit, hier keinen Verstoß gegen das Prinzip der Normenklarheit zu begründen[348].

Demnach ist es für das Kriterium der „hinreichenden gesetzlichen Grundlage" ausreichend, sofern sich der Gehalt der „schweren Straftat" unmittelbar aus dem nationalen Recht feststellen lässt[349].

Die VDSRL genügt daher den geforderten Bestimmtheitsanforderungen[350].

Der Eingriff muss jedoch auch ein legitimes Ziel verfolgen und in einer demokratischen Gesellschaft erforderlich sein.

Zweck der VDSRL ist es, wie bereits dargelegt, die gemeinschaftliche und öffentliche Sicherheit zu fördern und Straftaten zu verhüten. Zusätzlich soll sie die divergierenden Rechtsvorschriften über die Vorratsdatenspeicherung im Binnenmarkt harmonisieren, um Beeinträchtigungen des Binnenmarktes im Bereich der elektronischen Kommunikation vorzubeugen. Diese Zielsetzungen sind legitim und lassen sich ohne Probleme unter die in Art. 8 Abs. 2

---

348 Jedoch kann nicht bestritten werden, dass gerade hierdurch das angestrebte Harmonisierungsziel eindeutig konterkariert wird.

349 In Deutschland findet sich eine abschließende Auflistung schwerer Straftaten in § 100 g Abs. 1 Nr. 1, 100 a Abs. 2 StPO.

350 Unabhängig hiervon ist die Ausgestaltung der Norm jedoch ebenfalls in der Angemessenheit im engeren Sinne zu berücksichtigen.

EMRK genannten Zwecke der „nationalen oder öffentlichen Sicherheit" und der „Verhütung von Straftaten" subsumieren[351].

Wesentlich problematischer erscheint jedoch die Frage, ob der Eingriff „in einer demokratischen Gesellschaft notwendig ist". Bei diesem Kriterium handelt es sich um eine Verhältnismäßigkeitsprüfung zwischen dem verfolgten Zweck und dem jeweils betroffenen Rechtsgut[352], also namentlich dem öffentlichen Interesse an der Datenerhebung und dem Schutz des Privatlebens bzw. der Korrespondenz[353]. Dabei ist sowohl die Intensität des Eingriffs als auch der verfolgte Zweck zu berücksichtigen, da sich der Prüfungsmaßstab der Verhältnismäßigkeit in Abhängigkeit dieser beiden Komponenten gestaltet[354].

Eine Maßnahme wird in einer demokratischen Gesellschaft dann als notwendig angesehen, wenn unter Berücksichtigung des jeweiligen Freiheitsrechts ein hinreichendes dringendes Bedürfnis nach ihr besteht, die von ihr erzeugten Belastungen für das garantierte Recht nicht im Missverhältnis zu dem angestrebten Zweck stehen und der verfolgte Zweck als legitim anzusehen ist[355].

Die Vorratsdatenspeicherungsrichtlinie verfolgt den Zweck Verbindungs- und Verkehrsdaten zur Verbesserung der Strafverfolgung bereit zu halten und schwere Straftaten zu verhüten. Das hierzu eingesetzte Mittel ist die kontinuierliche, anlass- und verdachtslose Speicherung der Telekommunikationsverkehrsdaten durch den jeweiligen Dienstanbieter.

---

351 Ersterer Zweck wäre insbesondere im Fall der Terrorismusbekämpfung einschlägig. Eine Verknüpfung mehrerer Zwecke untereinander ist unschädlich, sodass zumeist eine Kumulation mehrerer Zwecke und nicht nur ein einzelner vorliegt. Zur Abgrenzung der einzelnen Zweckbestimmungen vgl. *MARAUHN/MELJNIK* in: GROTE/MARAUHN, EMRK/GG, Kap. 16 Rn. 85 ff.; *GRABENWARTER*, Europäische Menschenrechtskonvention, § 22 Rn. 36; bzgl. der Legitimität vgl. *ZÖLLER*, GA 2007, S. 393 (411).

352 Vgl. *FROWEIN* in: FROWEIN/PEUKERT, EMRK[3], Vor Art. 8 Rn. 13 ff., 16.

353 *SCHWEIZER*, DuD 2009, S. 462 (468).

354 *MARAUHN/MELJNIK* in: GROTE/MARAUHN, EMRK/GG, Kap. 16 Rn. 91ff; *Tettinger* in: TETTINGER/STERN, EU-Charta, Art. 7 Rn. 51.

355 EGMR, Sunday Times ./. GB, EuGRZ 1979, 386 (389), Abs. 62; Silver u.a. ./. GB, EuGRZ 1984, 147 (152), Abs. 97; *KLUG/REIF*, RDV 2008, S. 89 (92).

a) Die Geeignetheit der Richtlinie

Die Vorratsdatenspeicherungsrichtlinie muss jedoch zur Erreichung des genannten Zwecks geeignet sein. Dies ist dann der Fall, wenn die Maßnahme nicht schlechthin untauglich ist, also die abstrakte Möglichkeit der Zweckerreichung besteht, und damit der Herbeiführung des gewünschten Erfolges förderlich ist.

Um die Geeignetheit der Richtlinie bewerten zu können, bedarf es daher einer intensiven Betrachtung ihrer Effektivität in Bezug auf die Zweckerreichung bzw. der Möglichkeiten ihrer Umgehung.

Es stellt sich somit die Frage, inwieweit es potenziellen Straftätern möglich ist, der Erfassung von Verkehrs- und Standortdaten entgehen zu können.

Denkbar wäre zum Beispiel die Umgehung durch die Nutzung anonymer Kommunikationsmittel wie Telefonzellen oder das Verwischen von Datenspuren mittels sog. Anonymisierungsdienste[356]. Ebenfalls ist es Tätern durch die wechselnde Verwendung verschiedener Mobiltelefone, den Erwerb von Mobilfunkkarten durch Strohmänner, sowie die Fälschung der elektronischen Adresse möglich, einer Erfassung zu entgehen[357].

Würden derlei Maßnahmen für die Täter nicht in Frage kommen, so wäre es für sie denkbar eine Flucht in Staaten anzutreten, die eine Vorratsdatenspeicherung nicht betreiben. Eine weitere Möglichkeit besteht beispielsweise darin, ein Benutzerkonto bei einem Emailprovider einzurichten, dort Nachrichten zu schreiben und diese sodann in einem internen Ordner abzuspeichern. Im Anschluss hieran werden die Zugangsdaten an den gewünschten Adressaten weitergeleitet, der sodann ohne den Anfall von Verbindungsdaten den Inhalt der Nachricht erlangen kann. Aber auch sog. „Bot-Netze"[358] sind gerade für die organisierte Kriminalität eine überaus lukrative Möglichkeit[359].

---

356   Dabei werden mehrere Proxyserver zwischen den jeweiligen Nutzer und den Provider geschaltet, welche die Kommunikation zum einen verschlüsseln und den User nach außen nicht unter seiner wirklichen IP-Adresse sondern unter der des Proxyservers auftreten lassen. Der User kommuniziert nur mit dem ersten Server, wobei die darauf folgende Kommunikation automatisch durch die Serverkette erfolgt. Eine Verfolgung des Datenstroms und dessen Ursprung werden somit nahezu unmöglich. Eine genaue Erklärung dieses Prinzips findet sich unter http://www.datenspeicherung.de/index.php/test-internet-anonymisierungsdienste/ (zuletzt abgerufen am 3.7.2010).

357   Vgl. auch BREYER, Aufzeichnung und Vorhaltung, S. 188 ff.

358   Von einem sog. „Bot-Netz" spricht man, wenn mehrere Rechner per Fernsteuerung zusammengeschlossen werden und für fremde Zwecke unbemerkt missbraucht wer-

Diese Aspekte gelten vor allem in Hinsicht auf die organisierte Kriminalität und den Terrorismus, die immer wieder neue Möglichkeiten finden, um bestehende Kontrollen zu umgehen. Da die VDSRL die Aufklärung eben jener Straftaten fördern will, ist die Gefahr der Umgehung in diesem Bereich besonders hoch[360], sodass es als sehr naheliegend erscheint, dass eher diejenigen in den Fokus geraten, die sich nicht hinreichend durch entsprechende Vorkehrungen zu schützen vermögen[361].

Ein weiterer fragwürdiger Aspekt ist das anfallende Datenvolumen. Sowohl im Internet als auch im Mobilfunkbereich nimmt die Anzahl sog. „Flatrates" drastisch zu. Die nahezu ununterbrochene Anbindung an das jeweilige Kommunikationsnetz führt so zu einem exponentiell rasant ansteigenden Datenvolumen. Dieses Volumen muss sodann mit gängigen Mechanismen auf relevante Daten abgesucht werden, wobei fraglich erscheint, ob eine zielführende Auswertung unter diesen Umständen überhaupt noch möglich ist[362], denn das förmliche Suchen der „Nadel im Heuhaufen" ist zeitaufwendig, weshalb eine

---

den. Hierzu werden die entsprechenden PCs mit einem Schädlingsprogramm, sog. „Bot", unbemerkt infiziert. Befindet sich ein solch infizierter PC online, lässt sich der Bot per Kommandozeile aktivieren und erlaubt den ferngesteuerten Zugriff auf den jeweiligen PC. Durch die Vernetzung mehrerer fremder Computer und die Umleitung der Datenpakete über diese Datenknoten wird der gleiche Effekt wie bei der Benutzung eines Proxyservers erzielt und der eigentliche Urheber kann nicht ermittelt werden. Genauere Hinweise über die Arbeitsweise eines Botnetzes sind auf der Seite des Bundesamtes für Sicherheit in der Informationstechnik abrufbar unter https://www.bsi-fuer-buerger.de/BSIFB/DE/ITSicherheit/AbzockerUndSpione/ Bot-Netze/botnetze_node.html (zuletzt abgerufen am 5.9.2010).

359 Vgl. *PFITZMANN/KÖPSELL*, DuD 2009, S. 542 (545).

360 Vgl. zu dieser Problematik auch *WESTPHAL*, EuR 2006, S. 706 (714 ff.); *GOLA/KLUG/REIF*, NJW 2007, S. 2599 (2599); *ULMER/SCHRIEF*, DuD 2004, S. 591 (595).

361 Beispielsweise ist es denkbar, dass unerfahrene User ihre WLAN –Router nicht hinreichend schützen und Täter mit entsprechender krimineller Energie dies ausnutzen. Diese können sich dann bei den Usern einloggen und über eine fremde Nutzerkennung entsprechende Nachrichten verschicken. Nach außen ersichtlich ist dabei jedoch nur der regulär angemeldete User des Anschlusses, weshalb auch nur dieser in den Ermittlungsfokus geraten würde.

362 Vgl. hierzu den Bericht des Ausschusses für bürgerliche Freiheiten, Justiz und Inneres des Europäischen Parlaments (A6-0174/2005) S. 8; der Bericht des Ausschusses ist im Internet abrufbar unter http://www.europarl.europa.eu/sides/getDoc.do?type =REPORT&reference=A6-2005-0174&language =DE (zuletzt abgerufen am 6.9.2010).

schnelle Intervention aufgrund der gewonnen Daten wohl eher nicht naheliegend erscheint.

Trotz dieser Bedenken können die Regelungen der VDSRL nicht als schlechthin ungeeignet angesehen werden, da die Richtlinie zur Aufklärung einiger Delikte beigetragen hat und sicherlich auch weiterhin beitragen wird.

Die Geeignetheit der VDSRL ist somit nicht von vornherein zu beanstanden, da der der VDSRL innewohnende Mechanismus durchaus geeignet ist die Strafverfolgung zu effektivieren[363].

b) Die Erforderlichkeit

Die Richtlinie müsste des Weiteren auch erforderlich sein. Dies ist dann der Fall, wenn keine anderen milderen Mittel zur Verfügung stehen, die die gleiche Effektivität besitzen und somit mit gleichem Maß und Sicherheit zum Erfolg führen.

Eine mögliche Alternative könnte in dem sog. „Quick-Freeze" Verfahren liegen, welches in den USA bereits gängige Praxis ist und auch bereits in Art. 16 Cybercrimeconvention[364] geregelt ist. Bei diesem Verfahren werden Telekommunikationsverkehrsdaten gespeichert, wie es auch bei der VDSRL geschieht. Der erhebliche Unterschied besteht jedoch darin, dass die von den Providern gespeicherten Daten, welche regelmäßig zu Abrechnungszwecken genutzt und sodann gelöscht werden, nur auf konkretes Verlangen einer Ermittlungsbehörde gespeichert bleiben. Erhärtet sich der Verdacht einer Straftat gegen einen User, so kann die Ermittlungsbehörde den Provider mittels Speicheranordnung dazu veranlassen, die Daten für eine längere Zeit zu konservieren. Möchte die Behörde die gespeicherten Daten sodann nutzen, so bedarf sie eines richterlichen Beschlusses. Bei diesem Verfahren handelt es sich folglich um eine Maßnahme, die im Einzelfall und erst zu einem Zeitpunkt angeordnet wird, zu dem bereits ein konkreter Tatverdacht besteht[365].

---

363   Zu diesem Schluss kommen auch SIERCK/SCHÖNING/PÖHL, Zulässigkeit der Vorratsdatenspeicherung, S. 12.

364   Convention on Cybercrime des Europarates vom 23. November 2001, SEV Nr. 185; im Internet abrufbar unter http://conventions.coe.int/Treaty/EN/Treaties/html/185.htm (zuletzt abgerufen am 8.9.2010).

365   Für genauere Details des Verfahrens vgl. Unabhängiges Landeszentrum für Datenschutz Schleswig-Holstein, 27. Tätigkeitsbericht (2005), Kap. 4.2.3 S. 29 ff., im Internet abrufbar unter https://www.datenschutzzentrum.de/material/tb/tb27/kap04_2.htm#423 (zuletzt abgerufen am 8.9.2010).

Die Problematik dieses Verfahrens offenbart sich jedoch unmittelbar, denn während die VDSRL die Daten für einen rückläufigen Zeitraum von 6 Monaten umfassend bereitstellen kann, so kann dieses Verfahren aus eben diesem Zeitraum nur Daten bereitstellen, sofern diese zum Zeitpunkt der Speicheranordnung noch bei dem jeweiligen Provider vorhanden sind.

Bei der Vorratsdatenspeicherung handelt es sich um eine Methode, die ohne konkreten Tatverdacht eine undefinierte Anzahl von Personen über einen Zeitraum von 6 Monaten überwacht, wohingegen „Quick-Freeze" aufgrund eines konkreten Tatverdachts gegen einen bestimmten Personenkreis und nur für eine kurze Zeit erfolgt.

Sofern man auf das auswertbare Datenvolumen bzw. den Zeitraum der Beobachtung und die damit einhergehenden Einblicke im speziellen abstellt, so stellt sich „Quick-Freeze" nicht als milderes Mittel dar, da das Datenvolumen erheblich geringer ist und das Verfahren eine Auswertung mit gleicher Reichweite wohl nur eher selten zulassen wird.

Das „Quick-Freeze"-Verfahren wäre daher nicht in der Lage einen zur VDSRL gleichwertigen Datenbestand sicherzustellen[366]. Aufgrund dessen wäre die Erforderlichkeit der durch die VDSRL getroffenen Maßnahmen gegeben.

Stellt man jedoch konkret auf den genannten Zweck der Richtlinie ab, die „Effektivierung der Strafverfolgung durch die Bereithaltung von Verkehrs- und Verbindungsdaten", so existieren keine empirischen Feststellungen darüber, über welchen Zeitraum diese Daten vorliegen müssen, um eine Effektivierung der Strafverfolgung zu erzielen. Geht man von den in der Vergangenheit gemachten Erfahrungen aus, so zeigt sich, dass der abgefragte Datenzeitraum in etwa bei drei Monaten liegt[367].

---

366 Vgl. hierzu auch die Ansicht des BVerfG im Urteil zur Vorratsdatenspeicherung, welches sich dieser Sichtweise anschließt: BVerfG, Urteil vom 2.3.2010, verb. Rs. - 1 BvR 256/08, 263/08, 586/08, Rn. 208.

367 Einige Autoren sehen daher das „Quick-Freeze"-Verfahren als milderes Mittel an, das den bisherigen Erfahrungen nach die gleichen Daten liefern könne, welche auch mit der Vorratsdatenspeicherung bis heute bereitgestellt wurden. Dabei berufen sie sich auf tatsächlich gewonnene Erkenntnisse, nach welchen Behörden in der Regel Daten abfragen, die maximal eine rückläufige Zeit von drei Monaten betreffen. Vgl. GOLA/KLUG/REIF, NJW 2007, S. 2599 (2600); KLUG/REIF, RDV 2008, S. 89 (92). Hierfür spricht im Übrigen auch die Übersicht der Verkehrsdatenerhebung des Bundesamtes für Justiz aus dem Jahre 2008, welche auch in der Verfassungsbeschwerde zur Vorratsdatenspeicherung Beachtung fand. Dieser zufolge wurden insgesamt

Stellt man im Rahmen der Erforderlichkeit daher konkret auf den verfolgten Zweck ab, nämlich die Effektivierung der Strafverfolgung, so ist festzustellen, dass beide Verfahren den genannten Zweck erreichen, „Quick-Freeze"
jedoch eine gravierend geringere Eingriffsintensität aufweist, weil zum einen
ein konkreter Tatverdacht bestehen muss und zum anderen die Nutzung der
Daten unter Richtervorbehalt steht. Demzufolge wäre „Quick-Freeze" als
gleich geeignetes aber milderes Mittel vorzugswürdig.

Nach Ansicht des Verfassers ist der zweiten Ansicht zu folgen, da die Ermittlung der Erforderlichkeit nach den allgemeinen Grundsätzen aufgrund der
Analyse empirischer Feststellungen erfolgt. Demnach ist es lediglich notwendig, dass sich aufgrund empirischer Nachweise konstatieren lässt, dass der
angestrebte Zweck ebenso erreicht wird. Da in diesem Zusammenhang jedoch
keine verbindlichen Richtwerte existieren, muss auf allgemeine Erfahrungen
zurückgegriffen werden, die bereits in der Praxis durch die Anwendung der
Verfahren gemacht wurden. In den USA wird „Quick-Freeze" bereits seit
mehreren Jahren erfolgreich praktiziert, wohingegen ein empirischer Nachweis, dass die Vorratsdatenspeicherung in der konkreten Form bis dato zu einer merklichen Verbesserung der Strafverfolgung beigetragen hat, noch aus-
steht[368].

Daher ist in dubio zu unterstellen, dass dieses Verfahren gleich geeignet ist
und zugleich auch das mildere Mittel darstellt.

Dem wird jedoch entgegengehalten, dass es sich bei „Quick-Freeze" letztlich um nichts anderes als die nachträgliche Abfrage von vorhandenen Verkehrsdaten handelt. Diese entsprächen jedoch nicht der Quantität des durch
die Vorratsdatenspeicherung generierten Datenpools. Mit „Quick-Freeze"

13426 Anfragen gestartet. Dabei waren die Daten in 4598 Fällen bis zu einem Mo-
nat, in 1624 Fällen bis zu zwei Monaten und in 3141 Fällen bis zu drei Monaten alt.
Die restlichen Abfragen verteilen sich auf ein Alter zwischen drei und sieben Monaten, bzw. mehr als sieben Monaten, wobei die Anzahl der Anfragen in den jeweiligen
Alterskategorien die Zahl von 400 selten übersteigt.

368 Die vom BKA jüngst vorgestellte Polizeiliche Kriminalstatistik belegt zudem, dass
es in dem Zeitraum, indem die Vorratsdatenspeicherung praktiziert wurde, zu keiner
gesteigerten Aufklärung von Internetstraftaten gekommen ist. Vgl. hierzu auch die
Berichterstattung des Virtuellen Datenschutzbüros unter http://www.datenschutz.de
/news/detail/?nid=4468 (zuletzt abgerufen am 8.9.2010).

können eben nicht die Daten erfasst und erhoben werden, die vor dem Zeitraum der Anordnung liegen[369].
Dies ist jedoch nicht ganz richtig.

Bei der gerade genannten Argumentationsstruktur werden beide Ansatzpunkte miteinander vermischt, denn Ziel der Vorratsdatenspeicherung ist es nicht einen möglichst großen Datenpool anzulegen, aus dem die Behörden nach Belieben zur Strafverfolgung schöpfen können, sondern neue Kommunikationswege einer rechtlichen Regelung derart zu unterwerfen, die es staatlichen Stellen ermöglicht die Strafverfolgung zu effektivieren und den neuen tatsächlichen Gegebenheiten anzupassen. Letzteres ist, wie bereits festgestellt wurde, der Hauptzweck der Richtlinie.

Zwar stimmt es, dass regelmäßig nur Daten abgerufen werden können, die ab dem Zeitpunkt der Anordnung aufgezeichnet wurden, sodass Daten aus einem vorhergehenden Zeitraum zumeist nur noch vorhanden sind, sofern die Provider diese nicht bereits gelöscht haben. Jedoch ist das Ziel die Effektivierung der Strafverfolgung, also die Schaffung der Zugriffsmöglichkeit selbst, damit die Verkehrsdaten gezielt aufgezeichnet und vor einer späteren Löschung geschützt werden können. Diesen Zweck erfüllt „Quick-Freeze" jedoch gezielter und grundrechtsschonender als die aktuelle Vorratsdatenspeicherung.

Nach der hiesigen Ansicht ist somit ein gleich geeignetes Mittel gegeben, sodass bereits die Erforderlichkeit vorliegend zu verneinen ist. Trotzdem ist des Weiteren die Verhältnismäßigkeit im engeren Sinne zu beurteilen.

c) Die Verhältnismäßigkeit im engeren Sinn

Die Maßnahmen der VDSRL müssen jedoch auch verhältnismäßig im engeren Sinne sein.

Zur Beurteilung der Angemessenheit im engeren Sinn ist es notwendig, eine Abwägung zwischen dem öffentlichen Interesse an der Erhebung der Daten zur Organisation gesellschaftlicher Abläufe und dem staatlichen Interesse

---

369 Zu diesem Ergebnis kommt auch der Forschungsbericht des Max Planck Instituts, vgl. *ALBRECHT/GRAFE/KILCHLING*, Auskunfterteilung über Telekommunikationsverbindungsdaten, S. 63. Anderer Ansicht ist Peter SCHAAR, vgl. hierzu den Bericht des virtuellen Datenschutzbüros unter http://www.datenschutz.de/news/alle/detail/?nid =4347 (zuletzt abgerufen am 8.9.2010). Vgl. auch *SIERCK/SCHÖNING/PÖHL*, Zulässigkeit der Vorratsdatenspeicherung, S. 12.

an der Erlangung und Verwertung solcher Daten einerseits, und dem Schutz des Privatlebens bzw. Eingriff in das Persönlichkeitsrecht des Individuums andererseits, zu treffen.

Die neuen Kommunikationsmedien bieten dem Bürger und somit auch Straftätern eine überaus effektive Plattform zur Kommunikation. Vor allem im Internet ist es Straftätern möglich sich anonym auszutauschen, bevor staatliche Ermittlungsstellen Kenntnis von der Straftat erlangen können. Um dieser zunehmenden Gefahr vorzubeugen, muss sich der Staat bemühen alle relevanten Informationen zusammen zu tragen, um Straftaten oder Terroranschläge zu verhindern. Da die Kommunikation zumeist ad hoc erfolgt und eine nachträgliche Sicherung der Daten nach Löschung bzw. Verarbeitung durch die jeweiligen Dienstanbieter nahezu unmöglich ist, muss der Zugriffszeitpunkt des Staates vorverlagert werden. Dies geschieht vorliegend durch die verdachtsunabhängige Speicherung der Verkehrsdaten der jeweiligen Kommunikationsteilnehmer.

Auf der anderen Seite ist das Interesse des jeweiligen Bürgers zu berücksichtigen, dass er sich unbeobachtet im Alltag bewegen kann, um seine Persönlichkeit frei zu entfalten. Es gilt somit abzuwägen, inwieweit die Speicherung der Verkehrsdaten als Eingriff in das Privatleben und die Korrespondenz erträglich ist. Bei der Abwägung und der Gewichtung der Interessen, kommt es entscheidend darauf an, unter welchen Voraussetzungen der Eingriff zulässig ist, welche und wie viele Grundrechtsträger betroffen sind und wie intensiv die Beeinträchtigung auf die Rechtsposition einwirkt. Ebenfalls ist zu berücksichtigen, wie viele Personen mitbetroffen sind, die keinen Anlass für den Eingriff geliefert haben. Da es sich vorliegend um einen Informationseingriff handelt, gilt es zusätzlich abzuwägen, welche Art von Daten betroffen ist, welchen Umfang diese besitzen, und für welche Zwecke sie verwendet werden. Dabei sind insbesondere die Missbrauchsrisiken zu berücksichtigen.

Nach den Regelungen der Richtlinie werden die Verkehrsdaten sechs Monate lang, ohne Verknüpfung mit einem vorwerfbaren Verhalten oder einer spezifischen Gefahr gespeichert. Dabei sind fast alle Kommunikationsformen betroffen, sodass das Individuum keine reguläre Ausweichmöglichkeit hat, um eine unbeobachtete Kommunikation zu führen.

Die Verkehrsdaten sind überaus umfassend.

Zwar mag es auf den ersten Anschein so aussehen, als ob die Aussagekraft der Daten gering ist. Dies ist aber gerade nicht der Fall[370]. Dies möge folgendes Beispiel veranschaulichen:

Kommuniziert eine Person über ein Mobiltelefon, so werden die Verkehrsdaten gespeichert. Diese Informationen lassen sich sodann graphisch auf einer Karte darstellen, wodurch es zu der Kreierung eines Bildes kommt. An diesem ist ersichtlich, wann sich der Nutzer wo aufgehalten hat. Verknüpft man diese Informationen nun mit einfachen Geodaten, beispielsweise mit Daten von „Google-Earth", so lässt sich ermitteln, wer oder was sich in dieser Umgebung befindet, wodurch sich Rückschlüsse auf bestimmte Aktivitäten oder Kommunikationsteilnehmer schließen lassen. Das gleiche gilt bei dem Besuch von Internetseiten. Zwar werden auch hier nur Verkehrsdaten gespeichert, jedoch lässt sich hieraus auch destillieren, welchen Inhalt die besuchten Seiten haben[371].

Schon aus der Analyse der Daten selbst, und erstrecht durch die Verknüpfung mit weiteren Daten, lassen sich daher tiefe Einblicke in die Privatsphäre des jeweiligen Individuums, wie beispielsweise das soziale Umfeld, Kommunikationsmuster und -partner oder individuelle Aktivitäten gewinnen[372]. Dies gilt vor allem, wenn diese Daten als Grundlage für weitere Ermittlungen dienen und somit mit weiteren Datensätzen zusammengeführt werden. Zwar geben die Daten an und für sich keinen Aufschluss über den Inhalt der Kommunikation, jedoch lassen sich aus den Verkehrsdaten[373] unter Umständen Rückschlüsse bis in die Intimsphäre schließen.[374] Somit ist festzustellen, dass es sich um durchaus sensible Daten handelt, deren Aussagegehalt sehr hoch ist.

Auch gilt es zu berücksichtigen, dass ein Bürger ohne Anlass in den Fokus weiterer Ermittlungsschritte gerät[375], denn unabhängig von der Ausgestaltung der Speicherung oder des Zugriffs durch Behörden, reicht es aus, wenn er sich

---

370   *MANTZ*, Rechtsfragen offener Netze, S. 70 ff.

371   *MANTZ*, Rechtsfragen offener Netze, S. 71 ff.

372   Bspw. Bewegungs- und Umgangsprofile; vgl. *PFITZMANN/KÖPSELL*, DuD 2009, S. 542 (543); *HENSEL*, DuD 2009, S. 527 (528); *SCHAAR* in: HUSTER/RUDOLPH, Vom Rechtsstaat zum Präventionsstaat, S. 45 (54); DSB FÜR BERLIN, Datenschutz und Informationsfreiheit 2008, S. 28; *FRENZ*, Handbuch Europarecht, S. 448 Rn. 1464.

373   Standort, beteiligte Rufnummern, Dauer, Zeitpunkt etc.

374   So z.B. auf angebotene Leistungen, persönliche Vorlieben, Schwächen etc.

375   Peter SCHAAR bezeichnet die Tatsache, dass immer mehr Personen anlasslos in den Ermittlungsfokus geraten treffend als „informationellen Kollateralschaden", vgl. *SCHAAR* in: HUSTER/RUDOLPH, Vom Rechtsstaat zum Präventionsstaat, S. 45 (46).

zur falschen Zeit am falschen Ort befindet[376]. Befindet sich ein Mobilfunk-
teilnehmer zufällig in derselben Funkzelle aus welcher die gesammelten Daten analysiert werden, so befindet er sich automatisch mit im Fadenkreuz[377],
ohne dass er hierzu einen weiteren Anlass gegeben hätte[378].

Ebenfalls müssen die strukturellen Anforderungen berücksichtigt werden,
denn die Verwaltung solch aufschlussreicher Daten erfordert ein hohes Maß
an Sicherheitsmaßnahmen, sowie Software- und Technikbeherrschung. So
erscheint es aufgrund der Datenqualität geboten, die Daten von den übrigen
Datenbeständen physisch zu trennen. Ebenfalls sind Zugangskontrollen von
Nöten, damit ein unbefugter Zugriff verhindert wird. Zusätzliche Maßnahmen, wie eine kryptographische Verschlüsselung, erscheinen ebenfalls ratsam. Diesbezüglich trifft die VDSRL jedoch keine konkreten Regelungen
sondern verweist allgemein auf „geeignete technische und organisatorische
Maßnahmen", die sich jedoch nicht einmal zwingend am Stand der aktuellen
Technik ausrichten müssen[379].

Gerade bei mittleren und kleinen Anbietern führt dies jedoch unter Umständen zu Problemen, da sicherheitsstrukturelle Lücken eine hohe Miss-
brauchsgefahr begründen[380], denn technische Schutzvorkehrungen sind auch
stets mit Kosten verbunden, welche unter Umständen einen beträchtlichen
Betrag erreichen können. Zusätzlich gilt es zu bedenken, dass die Daten bei
privaten Dienstanbietern gespeichert werden und nicht nur der Gebrauch
durch hoheitliche Stellen eine Gefahr birgt, sondern auch der der Privaten.
Denn die gesammelten Daten sind für diese gleichfalls von hohem Interesse,

---

376 Für die Erfassung reicht es aus, wenn sich die Person in der selben Funkzelle befindet wie die Person gegen die ermittelt wird, oder wenn eine Person zufällig von einem potentiell Verdächtigen angerufen wird.

377 Frau LEUTHEUSSER-SCHNARRENBERGER stellt in diesem Zusammenhang fest, dass
diese Tatsache auch die generell geltende rechtsstaatliche Unschuldsvermutung konterkariert, LEUTHEUSSER-SCHNARRENBERGER, Blätter für die deutsche und internationale Politik 1/2008, S. 61 (68).

378 Gerade dieses Problem sieht auch GA Kokott in ihrem Schlussantrag in der Rs. Promusicae, wenn sie die Speicherung von Verkehrsdaten aller Nutzer auf Vorrat ohne
konkreten Verdacht anzweifelt, vgl. Schlussantrag der GA *Kokott*, Rs. C-275/06, Rn.
82.

379 Vgl. den Wortlaut von Art. 7 VDSRL.

380 Durch die Datensätze dürfte es keine großen Umstände bereiten, ein umfassendes
Profil des jeweiligen Nutzers zu erstellen, vgl. auch *WESTPHAL*, EuR 2006, S. 706
(716 ff.); *LEUTHEUSSER-SCHNARRENBERGER*, ZRP 2007, S. 9 (11).

sodass nicht auszuschließen ist, dass die Dienstanbieter sich entgegen einer Einwilligung oder gesetzlichen Erlaubnis dieser Daten bedienen[381]. Somit ist insgesamt ein hoher und vor allem konkret ausgestalteter Schutzstandard zu fordern, der sich nicht mit Verweisen auf allgemeine Sicherheitsanforderungen begnügen kann[382]. Dem genügt die momentane Ausgestaltung jedoch nicht.

Zusätzlich gilt es zu bedenken, dass kaum jemand bei der Benutzung von Kommunikationsmedien darüber nachdenkt, ob Daten gespeichert werden und für welchen Zweck die Speicherung erfolgt. Vielmehr fühlt sich der Kommunikationsteilnehmer regelmäßig unbeobachtet, was gerade in der modernen demokratischen Informationsgesellschaft ein zwingendes Kriterium für die Nutzung der garantierten Grundrechte darstellt. Die generell anlasslose Speicherung ist hingegen geeignet ein Gefühl der ständigen Beobachtung hervorzurufen, sodass eine unbefangene Benutzung in fast jeder Hinsicht beeinträchtigt wird[383]. Ein Mindestmaß an unbeobachteter Kommunikation ist jedoch nicht nur aus grundrechtlicher Perspektive von immenser Bedeutung, sondern sie spielt auch für die Funktionsfähigkeit eines demokratischen Staatsystems und die moderne Kommunikationsgesellschaft eine wichtige Rolle. Denn nur dort, wo Kommunikation unbefangen und ohne Angst vor Repressalien erfolgt, kann ein freier Meinungsbildungsprozess vollzogen worden. Es ist daher anzunehmen, dass ein Individuum sich selbst bei der Informationsbeschaffung bzw. generell bei der Ausübung seiner grundrechtlich gewährleisteten Rechtspositionen einschränkt, weil es in begründeter Weise zu befürchten hat, dass diese Informationen staatliches Interesse wecken könnten[384].

---

381 Insofern ist es notwendig hinreichende technische Maßnahmen zur Sicherung zu treffen, sowie die Daten physisch zu trennen, vgl. WESTPHAL, EuZW 2006, S. 555 (559); FRENZ, EuZW 2009, S. 6 (8).

382 Das BVerfG hat in seinem Urteil zur Vorratsdatenspeicherung hohe Schutzanforderungen festgelegt, damit die Vorratsdatenspeicherung verfassungsgemäß ist. Im Rahmen der Überprüfung der Richtlinie und ihrem Harmonisierungszweck muss daher dieser Schutzstandard als Minimum berücksichtigt werden, da deutschen Anbietern ansonsten Nachteile drohen, ROßNAGEL, DuD 2010, S. 544 (548).

383 Vgl. hierzu sinngemäß KLUG/REIF, RDV 2008, S. 89 (93); HENSEL, DuD 2009, S. 527 (527); SCHAAR in: HUSTER/RUDOLPH, Vom Rechtsstaat zum Präventionsstaat, S. 45 (56).

384 Dies wäre zum Beispiel der Fall, sofern sich ein Nutzer über den Eigenbau von Bomben oder Waffen informiert. Der Einschüchterungseffekt spielte auch eine ge-

Ein ebenfalls zu berücksichtigender Faktor ist die Dauer der Speicherung. Grundsätzlich besteht ein Interesse daran, die Daten gerade bei langwierigen Ermittlungsverfahren über einen möglichst großen Zeitraum zu konservieren, was gerade für terroristische Straftaten gilt. Jedoch muss auch hier berücksichtigt werden, dass sich auch hier unbeteiligte Personen im Fadenkreuz befinden, sodass auch deren Daten über einen langen Zeitraum verfügbar sind und somit zu weiteren Verknüpfungen zur Verfügung stehen. In Kumulation mit der Gefahr der Profilbildung ergibt sich hieraus die Chance für den Besitzer der Daten Kommunikations- und Bewegungsprofile über mehrere Jahre hinweg zu erstellen[385]. Zwar mag eine generelle Grenze von maximal 2 Jahren unter dem Gesichtspunkt der Terrorabwehr noch vertretbar sein, jedoch ist dies nicht mehr der Fall, sofern es ebenfalls dem Willen der Mitgliedstaaten gem. Art. 6 VDSRL überlassen ist, die Speicherdauer in bestimmten Fällen weiter zu verlängern[386]. Auch hier liegt somit eine unangemessene Beeinträchtigung vor.

Die VDSRL besitzt aufgrund der anlasslosen und flächendeckenden Überwachung eine Streubreite, wie kein Eingriff vor ihr. Dem gegenüber steht jedoch eine nur sehr geringe Anzahl von potenziellen Straftätern bzw. Straftaten.

Auch existieren bis zum heutigen Tag weder auf nationaler noch auf internationaler Ebene empirische Nachweise, dass die Regelungen der VDSRL zu einer merklichen Verbesserung der Kriminalitätsaufklärung geführt haben[387].

Zusammenfassend muss daher festgehalten werden, dass die momentane Ausgestaltung der VDSRL einer Rechtmäßigkeitsprüfung nicht standhält. Aufgrund ihrer Streubreite, dem tiefgreifenden Eingriff in die Privatsphäre und die Korrespondenz, der mangelnden Normenklarheit, der bis dato noch nicht empirisch belegten Effektivität der Maßnahme in der Praxis und der geringen Anzahl von Straftätern im Verhältnis zu der Zahl der Personen in deren

---

wichtige Rolle bei EGMR, Urt. v. 4.12.2008, Nr. 30562/04 u.a., S. and Michael Marper ./. UK.

385 *FRENZ*, EuZW 2009, S. 6 (8).

386 *FRENZ*, EuZW 2009, S. 6 (8).

387 Teilweise wird das Bedürfnis der Durchführung von Verträglichkeitsstudien von der Kommission verneint. Vgl. *WESTPHAL*, EuR 2006, S. 706 (714 ff. (m.w.N.)).

Garantien eingegriffen wird[388], ist die Angemessenheit im engeren Sinne zu verneinen.

Die von der VDSRL bewirkte Erhöhung der Sicherheit steht somit in keinem Verhältnis zu der hierdurch erfolgenden Freiheitsbeschränkung.

Jedoch muss an dieser Stelle festgehalten werden, dass diese Beurteilung nur auf die momentan vorherrschende Form der VDSRL zutrifft. Es ist durchaus denkbar, dass die VDSRL nach Modifikation der kritisierten Punkte, der Angemessenheit im engeren Sinne entspricht. Hierzu bedürfte es einer hinreichend adäquaten gesetzlichen Ausgestaltung. Diese müsste unter anderem sicherstellen, dass die technischen Schutzmaßnahmen dem Stand der Technik entsprechen[389], Daten nicht unmittelbar verfügbar sind, die Voraussetzungen für eine Kenntnisnahme und Verwertung in klarer Form begrenzt werden, welche dem gravierenden Eingriff hinreichend Rechnung trägt, sowie die effektive und transparente Kontroll- und Protokollierungspflichten vorhanden sind.

In der gegenwärtigen Form ist eine Verhältnismäßigkeit im engeren Sinn und eine aus ihr folgende Rechtfertigung des Eingriffs gem. Art. 8 Abs. 2 EMRK nicht gegeben.

Die VDSRL verletzt somit Art. 8 Abs. 1 EMRK in ungerechtfertigter Art und Weise.

II. Die materielle Rechtmäßigkeit gem. Art. 7 EU-Charta

Neben dem zuvor festgestellten Eingriff in Art. 8 Abs. 1 EMRK könnten die Regelungen der VDSRL auch gegen Art. 7 EU-Charta verstoßen.

---

388 Man muss sich letztlich im klaren sein, dass die Vorratsdatenspeicherung ein Paradoxon darstellt, denn durch sie werden nicht Straftäter aufgrund eines konkreten Fehlverhaltens „observiert", sondern im Gegenteil Personen, die kein Fehlverhalten, und somit keinen Grund für den Eingriff in ihre grundrechtlichen Garantien gegeben haben, vgl. LEUTHEUSSER-SCHNARRENBERGER, ZRP 2007, S. 9 (11).

389 Bspw. physische Trennung der Rechner, Kryptographie oder ein Vier-Augen-Prinzip.

1. Der Schutzbereich des Art.7 EU-Charta[390]

Ebenfalls wie Art. 8 Abs. 1 EMRK umfasst Art. 7 EU-Charta den Schutz des Privatlebens und seine verschiedenen spezifischen Ausprägungen. Er ist Art. 8 EMRK nachgebildet, weshalb sein Schutzbereich mit dem des Art. 8 EMRK identisch ist[391]. Im Normgefüge der EU-Charta stellt er eine Besonderheit dar, da er im Gegensatz zu den anderen Rechten der Charta lediglich ein „Recht auf Achtung" gewährt, weshalb die Organe und Einrichtungen der Union und die Mitgliedstaaten zumindest daran gehalten sind, Eingriffe zu unterlassen und dort positiven Schutz durch Rechtsprechung und Gesetz sicherzustellen, wo der Einzelne sich nicht selbst effektiv schützen kann[392]. Eine weitere Besonderheit besteht in Bezug auf Art. 8 EU-Charta, welcher zu Art. 7 EU-Charta als lex specialis anzusehen ist. Des Weiteren wurde der in Art. 8 Abs. 1 EMRK benutzte Begriff der „Korrespondenz" durch die modernere Form der „Kommunikation" ersetzt, um den technologischen Entwicklungen auf dem Gebiet der Kommunikationsmedien Rechnung zu tragen[393].

Demnach soll mit dem Recht auf ein Privatleben jedem Einzelnen die Möglichkeit gewährleistet werden, seine Persönlichkeit frei zu entwickeln und zu erfüllen, was sowohl die Entfaltung der inneren Persönlichkeit, als auch die Beziehung des jeweiligen Individuums zur Außenwelt umfasst. Der Aspekt der Privatsphäre gesteht dem Einzelnen ein Abwehrrecht gegen alle staatlichen Maßnahmen zu, die auf eine Erforschung der Privatsphäre abzielen.

Unter der Kommunikation versteht man jeden privaten sowie nichtprivaten Kontakt zwischen Abwesenden. Der Begriff ist weit zu verstehen und umfasst sowohl den Kommunikationsweg, als auch den Kommunikationsvorgang selbst. Erfasst ist jedwede Kommunikation zwischen Abwesenden, gleich in welcher Form sie erfolgt.[394]

Aufgrund der Identität der Schutzbereiche von Art. 7 EU-Charta und Art. 8 Abs. 1 EMRK und den soeben getätigten Ausführungen zur Eröffnung der

---

390   Artikel 7 EU-Grundrechtecharta
       Jede Person hat das Recht auf Achtung ihres Privat- und Familienlebens, ihrer Wohnung sowie ihrer Kommunikation.
391   Vgl. die Konkordanztabelle bei BOROWSKY in: MEYER, Charta der EU-Grundrechte, Art. 52 Rn. 32; BERNSDORFF in: MEYER, Charte der EU-Grundrechte, Art. 7 Rn. 1; SCHOLZ in: MERTEN/PAPIER, Handbuch der Grundrechte, § 170 Rn. 75.
392   BERNSDORFF in: MEYER, Charta der EU-Grundrechte, Art. 7 Rn. 16.
393   SCHORKOPF in: EHLERS, EU-Grundrechte, § 16.1 II Rn. 25 ff.
394   Tettinger in: TETTINGER/STERN, EU-Charta, Art. 7 Rn. 41 ff.

Schutzbereiche des Privatlebens und der Korrespondenz[395], in Bezug auf die VDSRL, kann somit auf die vorherigen Ausführungen verwiesen werden[396].

Demnach ist der Schutzbereich des Art. 7 EU-Charta in Bezug auf das Privatleben und die Kommunikation vorliegend eröffnet.

2. Eingriff in Art. 7 EU-Charta

Ein Eingriff in Art. 7 EU-Charta liegt bei jeder Maßnahme der Mitgliedstaaten oder der Unionsorganen vor, die als Akte der „Nicht-Achtung" gewertet werden können, und somit als Fehlverhalten des Grundrechtsverpflichteten im Rahmen einer Unterlassungs- oder Schutzpflicht zu werten ist[397].

Wie die vorherigen Ausführungen bereits gezeigt haben, ist ein Staat bzw. die Union verpflichtet, Eingriffe in die Privatsphäre zu unterlassen.

Durch die staatlich veranlasste, generalisierte und andauernde Aufzeichnung und Vorratshaltung der Verkehrsdaten, sowie deren spätere Weitergabe an die zuständige Behörde, greift die VDSRL in den Schutzbereich des Art. 7 EU-Charta ein[398], wodurch die Vertraulichkeit und Integrität der Kommunikation erheblich gestört wird.

3. Die Rechtfertigung des Eingriffs in Art. 7 EU-Charta

Die Rechtfertigung des Eingriffs in Art.7 EU-Charta beurteilt sich, mangels einer unmittelbaren Regelung in Art. 7 EU-Charta selbst, nach Art. 52 EU-Charta. Aufgrund der engen Verknüpfung mit Art. 8 EMRK unterliegt Art. 7 EU-Charta jedoch nicht nur der allgemeinen Schranke des Art. 52 Abs. 1 EU-Charta, sondern auch den qualifizierten Beschränkungen des Art. 52 Abs. 3 EU-Charta, da dieser vorschreibt, dass die Rechte der EU-Charta, soweit sie denen der EMRK entsprechen, die gleiche Bedeutung und Tragweite wie die-

---

395 Der Begriff der Korrespondenz wird bei Art. 7 EU-Charta jedoch durch den neutraleren Begriff der Kommunikation ersetzt. Inhaltliche Änderungen am Schutzbereich selbst ergeben sich jedoch nicht.

396 Vgl. für genaue Ausführungen zum Schutzbereich Kap. III B. I. 1.

397 Vgl. *BERNSDORFF* in: MEYER, Charta der EU-Grundrechte, Art. 7 Rn. 17; *SCHORKOPF* in: EHLERS, EU-Grundrechte, § 16.1 II Rn. 28, 29.

398 Vgl. auch die Ausführungen in Kap. III B. I. 2.

se besitzen. Folglich muss sich ein Eingriff an der Schranke des Art. 52 Abs. 1 und Abs. 3 EU-Charta i.V.m. Art. 8 Abs. 2 EMRK messen lassen[399].

Demnach muss der Eingriff gesetzlich vorgesehen sein, einem der in Art. 8 Abs. 2 EMRK enumerativ aufgelisteten Ziele dienen und in einer demokratischen Gesellschaft notwendig sein[400].

Die Regelungen zur Vorratsdatenspeicherung sind in der Form einer Richtlinie ergangen, welche nicht nur den Binnenmarkt harmonisieren, sondern auch die Strafverfolgung im Zusammenhang mit schweren Straftaten und die Terrorismusbekämpfung effektiver gestalten soll. Aufgrund der Ausführungen zu der Rechtfertigung der VDSRL nach Art. 8 EMRK erfüllt die Richtlinie somit die ersten zwei Anforderungen. Fraglich ist indes wiederum die Verhältnismäßigkeit im engeren Sinne.

Neben den schon bereits im Rahmen von Art. 8 Abs. 2 EMRK getätigten Ausführungen[401], nach welchen die Verhältnismäßigkeit aufgrund der immensen Streubreite des Eingriffs, der besonderen Eingriffstiefe der Maßnahme, der mangelnden Normenklarheit, der bis dato noch nicht geführten empirischen Nachweise über die Effektivität der Maßnahme in der Praxis und der geringen Anzahl von Straftätern, im Verhältnis zu der Zahl der Personen, in deren Garantien eingegriffen wird, gibt es einen weiteren Aspekt zu berücksichtigen; den Rechtschutz.

Aufgrund der Tatsache, dass die von der VDSRL angeordnete Datenerhebung und -speicherung in einem untrennbaren Zusammenhang mit dem Zweck der Strafverfolgung steht, finden die Rechtsschutzmechanismen der DSRL (RL 95/46/EG) gem. deren Art. 3 Abs. 2 erster Spiegelstrich keine Anwendung, da dieser Bereich ausdrücklich ausgeschlossen ist.[402]

---

399 Vgl. *BERNSDORFF* in: MEYER, Charta der EU-Grundrechte, Art. 7 Rn. 18; *SCHORKOPF* in: EHLERS, EU-Grundrechte, § 16.1 II 3 Rn. 30; *Tettinger* in: TETTINGER/STERN, EU-Charta, Art. 7 Rn. 44; hier besteht jedoch eine Besonderheit im Rahmen der Rechtsprechung durch den EuGH. Dieser bezieht sich nicht direkt auf die Schranke des Art. 8 Abs. 2 EMRK, sondern wendet seine eigenen Prüfungsmaßstäbe für die Rechtfertigung an, wobei er die spezifischen Ausformungen in Art. 8 Abs. 2 EMRK berücksichtigt. Er rekurierte jedoch ausdrücklich auf Art. 8 Abs. 2 EMRK in der Rs. Carpenter, EuGH, Urteil vom 11.7.2002, Rs. C-60/00.

400 Vgl. hierzu die näheren Ausführungen in Kap. III. B. I. 3.

401 Vgl. Kap. III. B. I. 3. c).

402 Vgl. Art. 3 Abs. 2 1. Spiegelstrich der RL 95/46/EG.

Es erfolgt somit eine überaus problematische Zersplitterung des geltenden Datenschutzstandards und des damit einhergehenden Rechtsschutzes[403]. Damit hat es folgende Bewandtnis:

Wenn die Verkehrsdaten von den jeweiligen Dienstanbietern erhoben und auf Vorrat gespeichert werden, unterliegen diese Daten den Regelungen der DSRL, da es hier um die Datenerhebung durch Private zu unternehmerischen Zwecken handelt. Es gelten somit die durch die Richtlinie definierten Standards und Schutzmechanismen. Erfolgt nun der Zugriff durch die staatliche Stelle, so gilt das jeweilige nationale Recht, dessen Schutzstandards, wie bereits dargestellt, eher heterogen als homogen zu qualifizieren sind. Während also im ersteren Fall die justizielle Zuständigkeit des EuGH begründet ist, erfolgt die gerichtliche Überprüfung im zweiten Fall durch die jeweilige nationale Gerichtsbarkeit. Daraus ergibt sich schlussfolglich eine für den jeweils von der Speicherung betroffenen Unionsbürger unerträgliche Konfusionslage, da es für diesen, unter Umständen auch mit kundiger Hilfe, nicht möglich ist, ohne weiteres die zuständige Institution und die Bedingungen für ein erfolgreiches Rechtsschutzbegehren zu ersehen.

Vor dem Gesichtspunkt des überaus intensiven Grundrechtseingriffs, wie er durch die Vorratsdatenspeicherung erfolgt, ist eine derartige Ausgestaltung der Rechtsschutzmöglichkeiten als schlichtweg unangemessen anzusehen, sofern man diese im direkten Verhältnis zu den Gefahren der Vorratsdatenspeicherung und deren Eingriffsintensität sieht.

Berücksichtigt man nun alle Erwägungen im Kontext, so ist festzustellen, dass eine Verhältnismäßigkeit der VDSRL auch hier zu verneinen ist.

Die Richtlinie greift somit schwerwiegend und in ungerechtfertigter Weise in Art. 7 EU-Charta ein.

---

403 *BRAUM*, ZRP 2009, S. 174 (176).

III. Die materielle Rechtmäßigkeit gem. Art. 8 EU-Charta[404]

Zusätzlich zu dem bisher festgestellten, ungerechtfertigten Eingriff in das Recht auf Privatleben gem. Art. 8 EMRK und Art. 7 EU-Charta könnte eine Verletzung des Art. 8 EU-Charta vorliegen. Art. 8 EU-Charta stellt den bisherigen Schlusspunkt einer langen datenschutzrechtlichen Entwicklung im europäischen Sekundärrecht dar[405] und steht in einem lex specialis-Verhältnis zu Art. 7 EU-Charta[406].

1. Schutzbereich des Art. 8 Abs. 1 EU-Charta

Der Schutzbereich des Art. 8 Abs. 1 EU-Charta ist eröffnet, sofern es sich bei den vorliegenden Daten um personenbezogene Daten handelt. Gemäß Art. 2 a) DSRL liegen solche vor, wenn es sich um Informationen über eine bestimmte oder bestimmbare Person handelt. Eine Person ist bestimmbar, wenn sie direkt oder indirekt identifiziert werden kann[407].

Die VDSRL erhebt Verkehrsdaten.

Solche Daten sind z.B. die Rufnummer der Kommunikationsteilnehmer, deren IP-Adresse oder der IMSEI-Code bei Mobilfunktelefonen. Diese Kommunikations- und Bestandsdaten ermöglichen es dem Datenbesitzer den

---

404   Artikel 8 EU-Charta - Schutz personenbezogener Daten
        (1) Jede Person hat das Recht auf Schutz der sie betreffenden personenbezogenen Daten.
        (2) Diese Daten dürfen nur nach Treu und Glauben für festgelegte Zwecke und mit Einwilligung der betroffenen Person oder auf einer sonstigen gesetzlich geregelten legitimen Grundlage verarbeitet werden. Jede Person hat das Recht, Auskunft über die sie betreffenden erhobenen Daten zu erhalten und die Berichtigung der Daten zu erwirken.
        (3) Die Einhaltung dieser Vorschriften wird von einer unabhängigen Stelle überwacht.
405   Art. 8 EU-Charta ist aus den zahlreichen Sekundärrechtsakten zum Datenschutz auf europäischer Ebene hervorgegangen. Diese spielen eine große Rolle für die Konkretisierung seines Schutzbereiches, vgl. hierzu die ausführliche Auseinandersetzung in Kap. II. B. I. 2. a) bb).
406   Vgl. MEHDE in: HESELHAUS/NOWAK, Handbuch der EU-Grundrechte, § 21 Rn. 13.
407   Bspw. durch eine Kennnummer oder andere spezifische Elemente, die Ausdruck ihrer physischen, physiologischen, psychischen, wirtschaftlichen, kulturellen oder sozialen Identität sind.

jeweiligen Teilnehmer eindeutig zu identifizieren und lassen Rückschlüsse auf deren Kommunikationsverhalten zu.

Bei den von der VDSRL erhobenen Verkehrs- und Bestandsdaten handelt es sich somit um personenbezogene Daten, sodass der Schutzbereich des Art. 8 EU-Charta eröffnet ist.

2. Eingriff

Ein Eingriff in das Recht auf Schutz der personenbezogenen Daten liegt bei jeder „Verarbeitung"[408] von Daten vor[409], sofern der Betroffene nicht eingewilligt hat. Die durch die VDSRL erhobenen Datenbestände werden zwar nicht unmittelbar von dem jeweiligen Staat selbst erhoben, sondern durch die jeweiligen Dienstanbieter, aber die Erhebung und Vorratshaltung der Daten erfolgt aufgrund eines hoheitlichen Befehls, und somit aufgrund staatlicher Veranlassung. Wegen einer mangelnden Einwilligung des Betroffenen stellt dies einen Eingriff in den Schutzbereich des Art.8 EU-Charta dar.

3. Rechtfertigung des Eingriffs

Die Rechtfertigung eines Eingriffs in Art. 8 EU-Charta richtet sich nach Art. 8 Abs. 2 S. 1 und Art. 51 Abs. 1 EU-Charta[410].

Gemessen an den Anforderungen des Art. 8 Abs. 2 S. 1 EU-Charta i.V.m. Art. 52 Abs. 1 S. 1 EU-Charta dürfen die Daten nur nach Treu und Glauben, zu festgelegten Zwecken und mit Einwilligung des Betroffenen, oder aufgrund einer sonstigen gesetzlichen legitimen Grundlage verarbeitet werden[411]. Diesen Anforderungen genügt die VDSRL, denn die Speicherungsanordnung der Verkehrsdaten erfolgt in Form einer EG-Richtlinie, welche die zu speichernden Daten dediziert auflistet und auch die Zwecke der Datenerhebung, die Optimierung der Strafverfolgung und die Binnenmarktharmonisierung hinreichend konkret nach außen treten lassen.

---

408   Der Begriff der Verarbeitung wird in Art. 2 b) DSRL definiert und reicht von der Erhebung, über die Speicherung und Verwertung, bis hin zur Löschung der Daten. Für genauere Ausführungen vgl. Kap. II. B. II. 1.

409   *SCHORKOPF* in: EHLERS, EU-Grundrechte, Kap. 16.1 III 3 Rn. 44.

410   *Johlen* in: TETTINGER/STERN, EU-Charta, Art. 8 Rn. 39 ff.

411   Dies entspricht den Erfordernissen der Zweckbindung, des Bestimmtheitsgebots und des Gesetzesvorbehalts.

Auch das Erfordernis der Verfolgung eines legitimen Ziels gem. Art. 8 Abs. 2 S. 1 EU-Charta i.V.m. Art. 52 Abs. 1 S. 2 EU-Charta wird, wie die vorherigen Ausführungen bereits gezeigt haben, eingehalten, da gerade die Optimierung der Strafverfolgung und die damit einhergehende Steigerung der Sicherheit der Bürger, sowie die Binnenmarktharmonisierung, als legitimes Ziel anerkannt sind.

Erhebliche Zweifel ergeben sich jedoch wiederum bei einer Überprüfung im Rahmen der Verhältnismäßigkeit im engeren Sinne[412]. Zwar lässt sich berechtigterweise anführen, dass die modernen Kommunikationsmittel zu einer gravierenden Anonymisierung geführt haben und es potenziellen Straftätern somit ermöglichen ihre Vorhaben erfolgreich vor einer staatlichen Vereitelung zu bewahren, allerdings kann und darf ein moderner demokratischer Rechtsstaat diesen Vorwand nicht derart ausufernd gebrauchen, dass die Grenzen zu einem präventiven Überwachungsstaat überschritten werden und elementare Grundrechte gravierende Einschränkungen für den Preis einer nur geringen, ja beinahe kaum merkbaren Verbesserung der Sicherheitslage erleiden. Wie viel Sicherheit, und damit immer mehr einhergehende Präventivbefugnisse, verträgt der moderne demokratische Rechtsstaat, ohne sich selbst zu konterkarieren?

Zusätzlich muss überlegt werden, wie mit der Tatsache umzugehen ist, dass der Staat die Daten nicht direkt speichert, sondern die Speicherung durch die jeweiligen Dienstanbieter erfolgt, und ob dies zu einer Bejahung der Verhältnismäßigkeit führen kann[413]. Dass die Staaten nicht selbst unmittelbaren Zugriff auf die Daten erhalten bzw. diese direkt selbst speichern, wird häufig als Argument für die VDSRL verwendet.

Dies erscheint dem Verfasser jedoch überaus fraglich. Denn würde es für die Rechtmäßigkeit einer Datenerhebung bzw. –verarbeitung lediglich darauf ankommen, ob der Staat selbst handelt, oder ob er sich eines Dritten bedient, so würde letztere Variante nach dem Dafürhalten der Befürworter der VDSRL dazu führen, dass die an und für sich rechtswidrige staatliche Datenerhebung durch Einschaltung eines Werkzeuges regelmäßig zu einer rechtmäßigen ge-

---

412 Vgl. hierzu die Erwägungen zu der Rechtmäßigkeit der Maßnahme im Rahmen einer Überprüfung anhand des Art. 8 EMRK und Art. 7 EU-Charta, Kap. III. B. I. und II.

413 Vgl. hierzu auch *HEUN*, CR 2010, S. 232 (247), der ausführt, dass dieser Umstand im Urteil des BVerfG zur Vorratsdatenspeicherung als Signal an den Gesetzgeber gewertet werden kann, dass allein aus diesem Umstand eine Vorratsdatenspeicherung nicht per se verfassungswidrig sei.

wandelt werden würde, da die Zwischenschaltung einen entscheidenden Einfluss auf die Bewertung Angemessenheit ausübt. Dies kann jedoch nicht sein, denn die Speicherung erfolgt grundsätzlich durch die Dienstanbieter zu Zwecken der Vertragserfüllung im Rahmen der jeweiligen Vertragsbeziehung zum Endbenutzer. Die Daten müssen, sofern sie nicht mehr gebraucht werden, sofort gelöscht werden. Die VDSRL bestimmt nun, dass diese Daten 6 Monate auf Vorrat gehalten werden sollen, damit diese Daten für eine effektivere Strafverfolgung fruchtbar gemacht werden können. Die über die vertraglichen Zwecke hinausgehende Speicherung erfolgt demnach auf Veranlassung und im Auftrag des Staates. Derlei Eingriffe müssen jedoch in ihrer Intensität denkbar gering gehalten werden. Ansonsten ist zu befürchten, dass über eine solche Umgehungsmöglichkeit künftig immer mehr Datenpools einem staatlichen Zugriff eröffnet werden. Es besteht damit die nicht unbegründete Gefahr, dass das Maß der Überwachung bereits in naher Zukunft die Grenze des rechtsstaatlich erträglichen überschreitet. Daher verfängt das Argument, dass nicht der Staat, sondern die Dienstanbieter die Daten erheben, nicht, weshalb die Tatsache einer nur mittelbaren Speicherung der Daten keine große Rolle für die Gewichtung der Angemessenheit zu Gunsten einer Vorratsdatenspeicherung spielt.

Bei einer Gesamtwürdigung der Vor- und Nachteile, wozu vor allem die immense Streubreite des Eingriffs, dessen Intensität, die mangelnde Normenklarheit, eine extrem kleine Zahl von Straftätern im Verhältnis zu der Zahl der verdachtslos observierten Personen in deren Garantien eingegriffen wird, der konfusen und überaus undurchsichtigen Rechtschutzregelungen und der bis dato noch nicht geführten empirischen Nachweise über die Effektivität der Maßnahme in der Praxis, kann die Angemessenheit der VDSRL in der vorliegenden Form nur verneint werden.

Letztlich ist damit auch der in Art. 8 Abs. 1 EU-Charta erfolgende Eingriff als nicht gerechtfertigt anzusehen.

IV. Zwischenfazit

Wie die ausführlichen vorhergehenden Auseinandersetzungen gezeigt haben, ist eine Rechtmäßigkeit der VDSRL sowohl aus formellen als auch aus materiellen gesetzlichen Gesichtspunkten unter kumulativer Betrachtung aller Argumente ausgeschlossen. Die aktuell geltende Fassung der VDSRL ist zudem auch nicht hinreichend genug ausgestaltet, sofern man den Hauptzweck der Richtlinie tatsächlich in der Binnenmarktharmonisierung erblicken möchte. So fehlen bspw. Angaben über die einheitliche Art und Weise der Speicherung der Daten, sowie die notwendigen Sicherungsmechanismen, um gleiche Wettbewerbskonditionen für die jeweiligen Dienstanbieter zu schaffen. Denn ein hohes technisches Schutzniveau birgt einen hohen Kostenfaktor. Stattdessen wird die Ausgestaltung dieser wesentlichen Aspekte den Mitgliedstaaten überlassen, was wiederum zu heterogenen Bedingungen am Markt führt, sodass die Harmonisierung eher erschwert als erleichtert wird und Dienstanbieter in Staaten, in denen ein hoher technischer Standard vorgeschrieben wird, erheblicher Benachteiligt werden als Anbieter in einem anderen Mitgliedstaat[414].

Ebenfalls wird eine hinreichende Ausgestaltung der Rechtsschutzmechanismen vermisst, die es dem Betroffenen ermöglicht, sich vor ungerechtfertigten Eingriffen zu schützen.

Sollten die in der vorhergehenden Untersuchung angesprochenen Aspekte hinreichende Berücksichtigung bei einer Überarbeitung der Richtlinie finden, so könnte der durch sie erfolgende Eingriff als gerechtfertigt qualifiziert werden. Jedoch sollte bei einer Überarbeitung erneut überlegt werden, ob es eines solch weitreichenden präventiven Überwachungsinstrumentariums zur Verbesserung der Strafverfolgung wirklich bedarf[415].

C. Ergebnisüberblick

- Die Richtlinie 2006/24/EG stellt einen Paradigmenwechsel im europäischen Datenschutzrecht dar. Gegenüber der Rechtmäßigkeit der Richtlinie bestehen sowohl in formeller als auch materieller Hinsicht Zweifel.

- In formeller Hinsicht erscheint bereits die Ermächtigungsgrundlage fraglich, da sowohl die Binnenmarktkompetenz gem. Art. 114 AEUV als auch Art. 87 ff. AEUV in Frage kommen. Obwohl der EuGH zwischenzeitig entschieden hat, dass Art. 114 AEUV die richtige Rechtsgrundlage für die Richtlinie sei, ist dieser Entscheidung mit einer Viel-

---

414 Zur besonderen Rolle der Sicherheitsaspekte für die Verhältnismäßigkeit der Richtlinie vgl. auch ROßNAGEL, DuD 2010, S. 544 (548).

415 Unter den aktuell gegebenen Umständen ist diese Frage meiner Ansicht nach zu verneinen.

zahl von Stimmen der Literatur entgegenzuhalten, dass die Argumentation des EuGH nicht zu überzeugen vermag. Dies folgt zum einen aus dem Umstand, dass der EuGH im Rahmen der PNR-Entscheidung zu einem anderen Ergebnis gelangt ist und vorliegend eine gleich gelagerte Konstellation vorhanden ist, und zum anderen sprechen sowohl die Erwägungen als auch die Zielsetzung der Richtlinie selbst für eine Einordnung in den Bereich der PJZS.

- In materieller Hinsicht sprechen gleich mehrere Punkte gegen die Rechtmäßigkeit der VDSRL. Zum einen ist sie nicht erforderlich, denn es existieren keine empirischen Nachweise darüber, dass die VDSRL wirklich die zugesprochene Effektivität und Relevanz besitzt. Zum anderen ist daher in dubio auf ein milderes Mittel, hier das „Quick-Freeze-Verfahren", zurückzugreifen, da dieses bereits effektiv praktiziert wird, und im Gegensatz zur Vorratsdatenspeicherung ein konkreter Verdacht notwendig ist.

- Aber auch die Verhältnismäßigkeit im engeren Sinn ist zu verneinen, weil unter anderem die Anzahl der ermittelbaren Straftäter in keinem Verhältnis zu den Personen steht, in deren Grundrechte verdachtslos eingegriffen wird. Diese Disproportionalität setzt sich in der Eingriffsintensität und der immensen Streubreite fort, sodass festzustellen ist, dass eine negative Beeinflussung des allgemeinen Kommunikationsverhaltens, sowie die Bildung von feingranularen Persönlichkeitsprofilen möglich ist, was eine Gefahr für den modernen demokratischen Informationsstaat darstellt. Ebenfalls besteht der nicht unbegründete Verdacht, dass mit einer dauerhaften Etablierung einer Vorratsdatenspeicherung ein Dammbruch stattfindet, der künftig auch in anderen Bereichen zu einer generell verdachtslosen Überwachung führt[416]. Insgesamt ist die Richtlinie daher nicht verhältnismäßig und somit rechtswidrig[417].

---

416 Vgl. hierzu den Wunsch des Europäischen Parlaments die Vorratsdatenspeicherung bereits jetzt auf Suchanfragen bei Suchmaschinen auszuweiten, http://www.datenschutz.de/news/alle/detail/?nid=4334 (zuletzt abgerufen am 8.9.2010).

417 Inzwischen wurde eine entsprechende Vorlagefrage von dem irischen High-Court dem EuGH vorgelegt, der nun über die Vereinbarkeit der Richtlinie mit den europäischen Grundrechten zu entscheiden hat, vgl. http://www.heise.de/

- Letztlich ist der mit der Richtlinie 2006/24/EG verfolgte Zweck der Harmonisierung des Binnenmarktes anzuzweifeln, da sich keine hinreichend substantiierten Ausführungen über die Art und Weise der Speicherung sowie über Sicherungsmechanismen finden, sodass es zwangsläufig eher zu einer Belastung anstatt zu einer Entlastung kommt.

---

newsticker/meldung/Vorratsdatenspeicherung-erneut-Fall-fuer-den-Europaeischen-Gerichtshof-994399.html (zuletzt abgerufen am 8.9.2010).

Kapitel IV: Die Rechtsdurchsetzung der Betroffenenrechte

Basierend auf den bisherigen Ausführungen lässt sich dem europäischen Datenschutzsystem durch die Vielzahl seiner Normen und vor allem durch die Tiefe der jeweiligen Rechtsvorschriften ein gutes Schutzniveau im Bereich des materiellen Rechts attestieren, das durch teilweise weiterreichende nationale Ausprägungen zusätzlich erhöht wird. Den von der Verarbeitung betroffenen Personen stehen eine Vielzahl von Rechten zu, die von Auskunftsrechten über die Abänderung und Löschung, bis hin zum Schadensersatz reichen. Auch wenn der Betroffene mit diesen Rechten theoretisch gut geschützt ist, so stellt sich jedoch in der Praxis immer wieder die Frage, wie effektiv der Betroffene diese Rechte wahrnehmen kann. Dabei ist unter anderem fraglich, welche Organe ihm bei der Rechtsdurchsetzung zur Seite stehen, wie weit deren Kompetenzen reichen und welche praktischen Hindernisse sich bei der Verfolgung einer illegitimen Verarbeitung personenbezogener Daten auf europäischer Ebene ergeben.

Diese Fragen sollen im Folgenden näher beleuchtet werden. Hierzu werden sowohl die jeweils wichtigen Kontrollorgane und deren Kompetenzen auf EU-Ebene als auch die Betroffenenrechte dargestellt, um im Anschluss daran die Schwierigkeiten in der Rechtspraxis aufzuzeigen. Sodann soll versucht werden, anhand der aufgezeigten Probleme mögliche Verbesserungen zu diskutieren.

Hierzu ist es zu allererst notwendig zu eruieren, was genau Rechtsdurchsetzung eigentlich ist. Hierbei kann man auf europäischer Ebene zwischen der Rechtsdurchsetzung im engeren und weiteren Sinne differenzieren[418]. Unter der Rechtsdurchsetzung im weiteren Sinn sind alle Maßnahmen zu verstehen, die zu einer besseren Rechtsbefolgung führen, während unter der Rechtsdurchsetzung im engeren Sinn die Durchführung von Untersuchungen und Ermittlungen, sowie die Verhängung von Sanktionen verstanden wird[419].

---

418 Vgl. Entschließung der Artikel 29-Datenschutzgruppe zum Thema Rechtsdurchsetzung, Dokument 12067/04/DE (Workingpaper 101); http://ec.europa.eu/justice/policies/privacy/docs/wpdocs/2004/ wp101_de.pdf (zuletzt abgerufen am 8.9.2010).

419 Bspw. die Ermittlung aufgrund konkreter Informationen in einem Zeitungsartikel oder die Eingabe eines von einer illegitimen Datenverarbeitung Betroffenen, welcher im Anschluss an die Untersuchungen Schadensersatz begehrt.

Grundlage der nachfolgenden Ausführungen wird der enge Begriff der Rechtsdurchsetzung sein.

A. Die Kontrollorgane im europäischen Datenschutzrecht

Auf der europäischen Ebene besteht eine Vielzahl von Kontrolleinrichtungen, die die Einhaltung der Grundsätze zum Schutz der Betroffenen bei der Verarbeitung personenbezogener Daten sicherstellen sollen.

I. Die Art. 29 Gruppe

1. Rechtsgrundlage und Kompetenzen

Wie bereits in Kapitel II erwähnt, spielt die DSRL nicht nur bzgl. der in ihr definierten Grundbegriffe und Prinzipien eine elementare Rolle, sondern auch hinsichtlich der Kreation von Kontrollorganismen. In Art. 29 Abs. 1 DSRL wird eine eigenständige Datenschutzgruppe eingerichtet. Diese Datenschutzgruppe, auch „Art. 29-Gruppe" genannt, setzt sich aus je einem Vertreter der nationalen Kontrollstellen[420] und einem Vertreter der Stelle bzw. Stellen der Institutionen und Organen der Gemeinschaft, sowie einem Vertreter der Kommission zusammen[421]. Die Vertreter agieren völlig unabhängig und behalten ihre Unabhängigkeit auch während ihrer Tätigkeit in der Gruppe. Der Gruppe selbst kommt diese Unabhängigkeit gem. Art. 29 Abs. 1 S. 2 DSRL zu.

Die Aufgaben der Art. 29-Gruppe sind umfangreich und werden in Art. 30 DSRL näher konkretisiert und aufgelistet. Gem. Art. 30 DSRL kommt ihr unter anderem eine Harmonisierungsfunktion zu, nach welcher die Art. 29-Gruppe sich mit allen Fragen im Zusammenhang mit den zur Umsetzung der Richtlinie erlassenen Vorschriften, sowie der richtlinienkonformen Anwendung dieser Vorschriften auseinandersetzt (Art. 30 Abs. 1 lit. a)). Zusätzlich gibt sie Stellungnahmen in Bezug auf den Drittstaatentransfer im Rahmen des Art. 25, 26 DSRL ab und legt somit die Grundlage für eine spätere Entscheidung der Kommission über die „Angemessenheit" des Schutzniveaus in dem betroffenen Staat (Art. 30 Abs. 1 lit. b)).

---

420   Diese sind gem. Art. 28 DSRL von dem jeweiligen Mitgliedstaat einzurichten.
421   Vgl. Art. 29 Abs. 2 DSRL; *DAMMANN/SIMITIS*, EG-Datenschutzrichtlinie, Art. 29 Rn. 4.

Gemäß Art. 30 Abs. 1 lit. c) und d) DSRL berät sie die Kommission in sämtlichen datenschutzrelevanten Gemeinschaftsvorhaben[422] und bezieht Stellung zu den gem. Art. 27 DSRL ausgearbeiteten Verhaltensregeln.

Neben diesen allgemeinen Aufgaben obliegen der Art. 29-Gruppe weitere spezifische Aufgaben, die für den europäischen Datenschutz von großer Bedeutung sind. Hierzu zählten die Überwachung der Rechtsvorschriften oder der Praxis in den Mitgliedstaaten auf Unterschiede, die geeignet sind die Gleichwertigkeit des Gemeinschaftsschutzes zu beeinträchtigen[423], die eigenständige Abgabe von Empfehlungen bzgl. aller Fragen, die mit dem Schutz personenbezogener Daten zusammenhängen[424], sowie das Verfassen von Tätigkeitsberichten, welche über den Stand des Datenschutzes in Europa und Drittstaaten informieren, und der Beurteilung von Stellungnahmen und Empfehlungen der Kommission dienen.

All diese Maßnahmen dienen jedoch ersichtlich lediglich einer beratenden Funktion, weshalb es der Art. 29-Gruppe verwehrt ist, rechtsverbindliche Entscheidungen treffen zu können.

Dies bedeutet jedoch keineswegs, dass eine Berücksichtigung der von der Art. 29-Gruppe durchgeführten Maßnahmen ausschließlich auf den „bene volens" der Kommission angewiesen ist. Das Gegenteil ist der Fall, denn die Kommission ist verpflichtet der Art. 29-Gruppe einen Bericht zukommen zu lassen, aus dem ersichtlich ist, welche Konsequenzen sie aus deren Vorschlag gezogen hat. Zusätzlich wird dieser Bericht an das europäische Parlament und den Rat weitergeleitet.

---

422 Bspw. bei der Änderung der DSRL selbst oder Förderung von Datenschutztechnologie durch die Gemeinschaft.

423 Dies ist dann der Fall, wenn Unterschiede bestehen, die entweder aus Sicht des Betroffenen nicht hinnehmbar sind oder derartige Auswirkungen auf den Verantwortlichen haben, sodass hiervon Störungen des Binnenmarktes zu befürchten sind. Vgl. *DAMMANN/SIMITIS*, EG-Datenschutzrichtlinie, Art. 30 Rn. 6; Art. 30 Abs. 2 DSRL.

424 Als Beispiel hierfür sind die Stellungnahmen zur Nutzung sozialer Online-Netzwerke, Dokument 01189/09/DE, (Workingpaper 163; http://ec.europa.eu/ justice/policies/privacy/docs/wpdocs/2009 /wp163_de.pdf (zuletzt abgerufen am 8.9.2010)) oder die Gemeinsame Stellungnahme zu dem von der Kommission am 6. November 2007 vorgelegten Vorschlag für einen Rahmenbeschluss des Rates über die Verwendung von Fluggastdatensätzen (PNR-Daten) zu Strafverfolgungszwecken, Dokument 02422/07/DE, (Workingpaper 145; http://ec.europa.eu/justice /policies/privacy/docs/wpdocs/2007 /wp145_de.pdf (zuletzt abgerufen am 8.9.2010)) zu nennen.

2. Handlungsbefugnisse und deren Tragweite für den von einer Verarbeitung Betroffenen

Wie soeben aufgezeigt besitzt die Art. 29-Gruppe zwar zahlreiche Handlungsinstrumentarien, ist jedoch nicht unmittelbar an den Rechtssetzungs- bzw. Rechtsdurchsetzungsmechanismen beteiligt, sondern sie nimmt mittelbar eine tragende Rolle für deren Fortentwicklung ein.

Durch ihre beratende Funktion gegenüber der Kommission und die Möglichkeit, sich jederzeit mit gängigen Datenschutzrelevanten Thematiken ohne äußere Initiative zu befassen, kann sie als „Motor" für die Fortentwicklung datenschutzrechtlich relevanter Thematiken gesehen werden. Es besteht für den einzelnen Unionsbürger zwar keine Möglichkeit die Art. 29-Gruppe zur Behandlung eines bestimmten Themas zu bewegen, jedoch zeigen die Erfahrungen der letzten Jahre, dass die Art. 29-Gruppe ihre Aufgabe sehr ernst nimmt und sich ausführlich mit den relevanten Themenbereichen auseinandersetzt[425]. Durch die Veröffentlichung der jeweiligen Workingpapers und der Weiterleitung der Stellungnahmen an das EU-Parlament und den Rat sorgt sie für ein hinreichend großes Diskussionspodium und kann trotz ihrer beratenden Funktion einen gewissen „Druck" ausüben. Sie stellt somit ein sehr wichtiges und nützliches Instrument für die Fortentwicklung des Datenschutzes auf der EU-Ebene dar und versetzt den Einzelnen somit in die Lage, Rechtsverletzungen oder –gefährdungen zu erkennen[426].

II. Datenschutzbeauftragte

Ein wesentliches Element der Datenschutzkontrolle auf dem Gebiet der Europäischen Union stellen die Datenschutzbeauftragten dar. Dieses Kontrollorgan, welches bereits mit der DSRL für die Mitgliedstaaten eingeführt wurde,

---

425 Dies zeigen beispielsweise die zahlreichen Stellungnahmen im Zusammenhang mit der Übermittlung der PNR-Daten, SWIFT, als auch der Stellungnahmen im Zusammenhang mit der Vorratsdatenspeicherung oder der jüngst zur Diskussion stehenden Einführung von Nacktscannern an Flughäfen. (vgl. hierzu bspw. die Workingpapers 119, 122, 124, 127, 128, 138, 151).

426 Dies stellt die Grundlage für eine effektive Rechtsdurchsetzung dar, denn um seine Rechte wahrzunehmen, bedarf es zuerst der Registrierung einer Rechtsverletzung/-gefährdung.

existiert auf der Ebene der EU in zwei Varianten[427]. Zum einen in der Form der diversen behördlichen Datenschutzbeauftragten, und zum anderen in Form des Europäischen Datenschutzbeauftragten[428].

1. Der Europäische Datenschutzbeauftragte

a) Aufgaben des Europäischen Datenschutzbeauftragten

Die Befugnisse des Europäischen Datenschutzbeauftragten finden sich in den Art. 41 ff. der VO (EG) 45/2001.

Der Europäische Datenschutzbeauftragte ist für die Überwachung und Durchsetzung der Vorschriften der genannten Verordnung, sowie aller anderen Rechtsakte der Gemeinschaft zum Schutz der Grundrechte und Grundfreiheiten natürlicher Personen bei der Verarbeitung personenbezogener Daten durch Organe und Einrichtungen der EU[429] zuständig[430]. Er hat sein Amt in völliger Unabhängigkeit wahrzunehmen und ist daher weder befugt andere um Weisungen zu ersuchen, noch ist er an an ihn gerichtete Weisungen gebunden. Ein wesentlicher Aspekt dieser Unabhängigkeit ist auch, dass er gem.

---

427 Die DSRL ist unmittelbar nur an die Mitgliedstaaten organisiert und entfaltet daher keine Wirkung gegenüber den Organen der EU (vgl. Art. 34 DSRL). Damit dieser Standard auch für die Organe und Einrichtungen der EU erweitert werden konnte, wurde Art. 16 AEUV (ex Art. 286 EGV) eingefügt, der als „geltungserweiternde Verweisung" fungierte und somit die in der DSRL normierten Standards für die Organe und Institutionen der EU verpflichtend werden ließ.

428 Grundlage hierfür ist die VO (EG) 45/2001, Verordnung zum Schutz natürlicher Personen bei der Verarbeitung personenbezogener Daten durch die Organe und Einrichtungen der Gemeinschaft und zum freien Datenverkehr; diese ist als Onlinedokument im Internet abrufbar unter http://eur-lex.europa.eu/LexUriServ/LexUriServ.do?uri =CELEX:32001R0045:DE:HTML (zuletzt abgerufen am 8.9.2010).
Die Verordnung dient ausweislich deren Erwägungsgrund Nr.12 der verbindlichen Umsetzung der in der DSRL normierten Grundsätze, damit eine „kohärente und homogene Anwendung der Bestimmungen für den Schutz der Grundrechte und Grundfreiheiten von Personen bei der Verarbeitung personenbezogener Daten" in der gesamten Gemeinschaft gewährleistet ist (vgl. Erwägungsgrund 12 VO (EG) 45/2001). In dieser Verordnung werden die genannten Organe kreiert und mit Befugnissen ausgestattet.

429 Nach dem Inkrafttreten des Lissabonvertrages sind es nunmehr die Organe und Einrichtungen der Union und nicht mehr die der Gemeinschaft.

430 Vgl. Art. 41 Abs. 2 VO (EG) 45/2001.

Art. 43 VO (EG) 45/2001 von der Haushaltsbehörde mit den nötigen finanzi-ellen Mitteln zur Erfüllung seiner ihm vom Europäischen Parlament, Rat und Kommission im Einvernehmen auferlegten Aufgaben, ausgestattet wird[431].

In seinen Aufgabenbereich fallen unter anderem die Überprüfung und Be-scheidung von Beschwerden betroffener Personen, Vorabkontrollen von ihm gemeldeten Verarbeitungsprozessen, die Überwachung der relevanten Ent-wicklungen auf dem Sektor der Kommunikations- und Informationstechnolo-gie, die Zusammenarbeit mit den nationalen Kontrollstellen und die Festle-gung der Ausnahmen und Voraussetzungen für eine Datenübermittlung in be-sonderen Fällen.[432]

Die ihm hierzu zur Verfügung gestellten Befugnisse reichen von der Bera-tung des von einer Verarbeitung Betroffenen bei der Ausübung seiner Rechte, über die Anordnung der Bewilligung von Anträgen bzgl. der Ausübung be-stimmter Rechte in Bezug auf Daten, sofern die Verweigerung rechtswidrig gewesen ist, die Mahnung und Verwarnung von Verantwortlichen, bishin zur Anordnung der Löschung, Korrektur von Daten, oder dem Verbot einer Da-tenverarbeitung. Zusätzlich ist er befugt den EuGH anzurufen und bereits an-hängigen Verfahren beizutreten[433].

b) Handlungsbefugnisse und deren Tragweite für den von einer Verarbeitung Betroffenen

Daraus lässt sich schließen, dass das Organ EDSB weitreichende und wich-tige Befugnisse besitzt. Viel wichtiger ist jedoch, dass es sich hierbei um ein

---

431   Vgl. Art. 43, 46 VO (EG) 45/2001. In seinen Aufgabenbereich fallen unter anderem die Überprüfung und Bescheidung von Beschwerden betroffener Personen, Vorab-kontrollen von ihm gemeldeten Verarbeitungsprozessen, die Überwachung relevanter Entwicklungen der Kommunikations- und Informationstechnologie, die Zusammen-arbeit mit den nationalen Kontrollstellen und die Festlegung der Ausnahmen und Vorraussetzungen für eine Datenübermittlung in besonderen Fällen.

432   Vgl. Art. 46 VO (EG) 45/2001. Im Rahmen der Vorabkontrollen und der sonstigen Genehmigungen im Rahmen der Datenverarbeitungen führt der Europäische Daten-schutzbeauftragte ein öffentlich zugängliches Verzeichnis, in welchem die jeweiligen Verarbeitungsprozesse aufgeführt werden.

433   Damit einhergehend ist er zugleich auch befugt jederzeit Auskünfte zu verlangen und jederzeit Zutritt zu allen Räumlichkeiten zu erhalten, bei denen die Annahme besteht, dass dort relevante Tätigkeiten im Sinne der VO (EG) 45/2001 ausgeübt werden, vgl. Art. 47 Abs. 2 VO (EG) 45/2001.

Organ handelt, welches der einzelne Unionsbürger selbst mittels einer Beschwerde einzuschalten vermag.

aa) Die Individualbeschwerde

Drängt sich einem Unionsbürger der Verdacht auf, dass er in rechtswidriger Weise in seinem Grundrecht auf Schutz personenbezogener Daten durch die Organe und Einrichtungen der Union verletzt wurde, so kann er eine Beschwerde bei dem Europäischen Datenschutzbeauftragten einreichen, welcher ihn sodann bei der Überprüfung und Wahrnehmung seiner Rechte aktiv unterstützen kann.

Der Befugnisbereich ist jedoch eng begrenzt, da der Europäische Datenschutzbeauftragte nur für Verarbeitungen zuständig ist, die durch die Organe und Einrichtungen der Union erfolgen. Somit sind Verarbeitungen durch Private oder auch anderer öffentlicher Stellen generell ausgenommen. Seine Befugnisse beschränken sich auch lediglich auf die Feststellung einer Rechtsverletzung, wodurch das direkte Begehren von Schadensersatzansprüchen oder die Korrektur einer auf der Verarbeitung erfolgten Einzelentscheidung, nicht zu dessen Angelegenheiten gehören. Hierzu muss sich der Betroffene an andere Stellen wenden, um dort seine Rechte weiter zu verfolgen.

Ist eine Beschwerde bei dem Europäischen Datenschutzbeauftragten eingegangen, und erachtet er diese nach einer Vorabprüfung als zulässig[434], oder findet er selbst genügend Anlass von Amtswegen eine Untersuchung einzuleiten, so ergreift er die notwendigen Maßnahmen um den Vorfall zu untersuchen[435]. Die zu treffende Maßnahme[436] ist insbesondere von der Frage abhängig, ob und wenn ja gegen welche Datenschutzbestimmungen verstoßen wur-

---

434 Bei der Vorabprüfung analysiert der Europäische Datenschutzbeauftragte, ob hinreichende Gründe für eine Untersuchung bestehen und die Beschwerde die notwendigen Voraussetzungen erfüllt (also eine betroffene Person, eine Verletzung bei der Verarbeitung der sie betreffenden personenbezogenen Daten durch ein Unionsorgan geltend macht).

435 Ihm stehen hierbei neben einem Auskunfts- und Betretungsrecht auch Zwangsmaßnahmen, wie die Untersagung der Verarbeitung oder Löschung der Daten zur Verfügung.

436 Vgl. hierzu die in Art. 47 VO (EG) 45/2001 genannten Befugnisse des Europäischen Datenschutzbeauftragten.

de, ob eine oder mehrere Personen einen Schaden durch diesen Verstoß erlitten haben, und wie hoch dieser ist, wie groß die potenzielle/ gesamte Tragweite des Vorfalls auch in Bezug auf sonstige beteiligte öffentliche und/oder private Interessen ist, mit welcher Wahrscheinlichkeit eine Zuwiderhandlung erfolgte, zu welchem Zeitpunkt dies geschah und welche Maßnahmen zur Beendigung der negativen Auswirkungen führen, bzw. welche eine geeignete Garantie dafür darstellen.

Das Ergebnis der Untersuchung wird sodann sowohl dem Beschwerdeführer als auch dem für die Verarbeitung Verantwortlichen zugestellt.

Die besondere Problematik hierbei ist jedoch unmittelbar ersichtlich, denn der von der Verarbeitung Betroffene muss, sofern er seine Rechte selbst verfolgen will, zuerst einmal Kenntnis von der unrechtmäßigen Verarbeitung erlangen.

In der alltäglichen Praxis ist es dem Unionsbürger jedoch nicht zumutbar und größtenteils auch unmöglich zu kontrollieren, ob eine Verarbeitung von ihn betreffenden Daten erfolgte, oder nicht. Die praktische Effizienz der Möglichkeit einer Beschwerde wird somit erheblich geschmälert, sodass der Betroffene entweder auf den Zufall oder beispielsweise die Diskussion von Vorfällen in der Presse angewiesen ist, damit er von solchen Vorgängen Kenntnis erlangt[437]. Es stellt sich somit die Frage, ob es eine probate und effektive Möglichkeit gibt, eine Information des Betroffenen in einem adäquaten Zeitrahmen zu gewährleisten und die bestehenden Diskrepanzen auszuräumen[438].

bb) Der Streitbeitritt

Neben der Hilfestellung und Verfolgung von Individualbeschwerden spielen vor allem das Klagerecht und das Recht des Beitritts zu einem anhängigen Verfahren vor dem EuGH eine wichtige Rolle, denn hierdurch werden die Interessen der (potenziell) Betroffenen indirekt gewahrt und unterstützt. Das Recht auf Beitritt zu einem vor dem EuGH anhängigen Verfahren ist in Art. 47 VO (EG) 45/2001 geregelt und ist gleichwertig zu der in Art. 40 Abs. 1

---

437   Überaus hilfreich für die Verfolgung aktueller Vorfälle und Diskussionen zum Datenschutz auf nationaler und internationaler Ebene ist die Seite des virtuellen Datenschutzbüros, http://www.datenschutz.de/ (zuletzt abgerufen am 8.9.2010).

438   Vgl. hierzu später die Ausführungen in Kapitel V B.

EuGH-Satzung[439] geregelten Beitrittsberechtigung der Mitgliedstaaten und Unionsorgane. Der Streitbeitritt des EDSB dient der Verdeutlichung des Datenschutzes in dem konkreten Rechtsstreit. Anders als man jedoch vermuten könnte, erstreckt sich das Beitrittsrecht jedoch nicht nur auf Verfahren, in denen es um die Verarbeitung personenbezogener Daten durch die Organe und Einrichtungen der Union geht, sondern auch auf sämtliche Angelegenheiten der Gemeinschaft, die einen Bezug zu einer Verarbeitung personenbezogener Daten aufweisen[440].

Durch das umfassende Beitrittsrecht wird gewährleistet, dass der EDSB aus Eigeninitiative heraus Stellung zu datenschutzspezifischen Problematiken nimmt, und somit die Interessen und Rechte der (potentiell) durch die Verarbeitung Betroffenen hinreichend gewahrt werden[441].

---

439 Protokoll über die Satzung des Gerichtshofes vom 26.2.2001; abgedruckt in Sartorius II Nr. 245.

440 Eine andere Interpretation des Art. 47 VO (EG) 45/2001 würde auch keinen Sinn ergeben, denn die in der Verordnung enthaltene Kompetenz erging im Rahmen des ex Art. 286 Abs. 2 EGV, zwecks Schaffung einer unabhängigen Kontrollinstanz, welche die Überwachung der Anwendung der Rechtsakte der Gemeinschaft über den Schutz natürlicher Personen bei der Verarbeitung personenbezogener Daten und dem freien Verkehr solcher Daten auf die Organe und Einrichtungen der Gemeinschaft sicherstellen sollte.
Vgl. die Beschlüsse des Gerichtshofes vom 17.3.2005 in der Rechtssache C-317/04, im Internet abrufbar unter http://curia.europa.eu/jurisp/cgi-bin/form.pl?lang=de &newform=newform&alljur=alljur&jurcdj=jurcdj&jurtpi=jurtpi&jurtfp=jurtfp&alld ocrec=alldocrec&docj=docj&docor=docor&docop=docop&docav=docav&docsom= docsom&docinf=docinf&alldocnorec=alldocnorec&docnoj=docnoj&docnoor=docno or&typeord=ALLTYP&allcommjo=allcommjo&affint=affint&affclose=affclose&nu maff=C-317%2F04&ddatefs=&mdatefs=&ydatefs=&ddatefe=&mdatefe=&ydatefe= &nomusuel= &domaine=&mots=&resmax=100&Submit=Submit (zuletzt abgerufen am 8.9.2010).

441 Da es sich um eine verhältnismäßig junge Institution handelt, sind die Fälle, denen der EDSB einem Verfahren beigetreten ist, überschaubar. So trat der EDSB unter anderem den verbundenen Verfahren in der Rechtssache C-317/04 und C-318/04 (PNR-Verfahren), dem Verfahren zur Vorratsdatenspeicherung C-301/06, und den Verfahren T 170/03, T-161/04, T-194/04, T-3/08, T-82/09 (betreffend das Verhältnis zwischen öffentlichem Zugang zu Dokumenten und Datenschutz) sowie C-518/07 (bzgl. der Unabhängigkeit nationaler Datenschutzkontrollbehörden) bei.

Voraussetzung hierfür ist jedoch, dass der EDSB sowohl in materieller als auch personeller Hinsicht[442] mit hinreichenden Mitteln ausgestattet ist.

cc) Die Beratungsaufgaben des EDSB

Neben dem Beitritt zu einem anhängigen Verfahren gibt es eine weitere Möglichkeit für den Datenschutzbeauftragten die Interessen (potentiell) Betroffener wahrzunehmen bzw. zu berücksichtigen. Diese Möglichkeit besteht im Rahmen seiner Beratungstätigkeit, denn mit dieser ist es ihm möglich, indirekt Einfluss auf die Rechtssetzung auszuüben und von ihm beobachtete technische Entwicklungen und damit verbundene Gefahren hinreichend zu berücksichtigen. Hierzu erstellt der EDSB eine Tätigkeitsvorschau über die Vorschläge der Kommission, die voraussichtlich Auswirkungen auf den Datenschutz haben werden.

Die Kommission muss den jeweiligen Rechtssetzungsvorschlag sodann an den EDSB weiterleiten, welcher sodann eine offizielle Stellungnahme abgibt. Diese Stellungnahme stellt eines der wichtigsten Instrumente dar, weil sie für eine Kohärenz im Datenschutz auf EU-Ebene sorgt[443] und Teil des jeweiligen Rechtsetzungsverfahrens wird. Die bisherige Analyse der Bezugspunkte der Stellungnahmen des EDSB zeigt, dass sich diese verhältnismäßig oft auf den Bereich der PJZS beziehen. Dort spielte vor allem die Terrorismusbekämpfung bzw. Effektivierung der Strafverfolgung unter zu Hilfenahme von umfangreichen Datenbeständen häufig eine Rolle[444].

Unter anderem hat der EDSB die Möglichkeit sog. „Positionspapiere"[445] zu veröffentlichen, um die Aufmerksamkeit der Öffentlichkeit bzgl. eines be-

---

442 Besonders in personeller Hinsicht wird der EDSB von den jeweiligen behördlichen Datenschutzbeauftragten unterstützt, welche ihn über Verarbeitungsvorgänge in den jeweiligen Organen informieren oder aus eigener Initiative Anfragen stellen.

443 Bei der Stellungnahme berücksichtigt der EDSB die wichtigsten Datenschutzaspekte, wie bspw. Umfang und Zweck der Daten, Zugangsbefugnisse, Art der Daten etc. und unterbreitet darauf basierend Verbesserungsvorschläge, um eventuelle Auswirkungen zu minimieren oder zu beheben.

444 Vgl. hierzu bspw. die diversen Stellungnahmen im Jahre 2009 und 2007.

445 In Positionspapieren setzt sich der EDSB mit spezifischen Punkten auseinander und äußert seine Auslegung im Zusammenhang mit der VO (EG) 45/2001. Hierdurch zieht er die öffentliche Aufmerksamkeit auf ein bestimmtes Thema und gibt zugleich eine Hilfestellung zur Lösung des Problems in Bezug auf den diskutierten Punkt. Sofern das Positionspapier im Rahmen einer „Mitteilung der Kommission" – diese

stimmten Themas zu steigern. Dies ist unter anderem für die Wahrnehmung einer eventuellen Rechtsverletzung und einer damit verbundenen Rechtsverfolgung förderlich.

dd) Die Vorabkontrolle

Gem. Art. 27 VO (EG) 45/2001 ist der EDSB verpflichtet eine Vorabkontrolle bei Verarbeitungsvorgängen vorzunehmen, die ein besonderes Risiko für den Betroffenen darstellen. Art. 27 Abs. 2 lit. a) bis d) VO (EG) 45/2001 zählt enumerativ auf, wann solche Risiken bestehen können[446]. Erlangt ein behördlicher Datenschutzbeauftragter Kenntnis von einem solchen Vorgang, so meldet er diesen dem EDSB. Dieser kann sodann eine Prüfung vornehmen und diesen im Anschluss daran genehmigen oder verweigern. Verweigert er die Zustimmung, so hat er dies zu begründen und dem Verantwortlichen Vorschläge zur Behebung des Problems zu unterbreiten. Erfolgt daraufhin keine Änderung der Verarbeitungsprozesse, so kann der EDSB weitergehende Maßnahmen nach Art. 47 VO (EG) 45/2001 ergreifen.

Der EDSB führt ein Register über sämtliche Vorgänge, die ihm in diesem Zusammenhang bekannt werden[447].

2. Der behördliche Datenschutzbeauftragte (behördliche DSB)

Da der EDSB nicht alle Verarbeitungsvorgänge selbst überwachen kann und ein auf reiner Selbstregulierung basierendes System mit der ständigen Verdeckungsgefahr durch den für die Verarbeitung Verantwortlichen behaftet ist, existieren die behördlichen Datenschutzbeauftragten.

Die Regelungen für den behördlichen Datenschutzbeauftragten finden sich in den Art. 24 ff. VO (EG) 45/2001.

Demnach ist jedes Organ und jede Einrichtung der Union verpflichtet, einen behördlichen Datenschutzbeauftragten zu ernennen[448]. Seine Aufgaben

---

dient der Bilanzierung der Aktivitäten bzgl. eines bestimmten Programms, oder der Auslotung neuer politischer Optionen – ergeht, wird dieses als „Kommentar" bezeichnet.

446   Bspw. bei Verarbeitungen, die darauf abzielen eine Person von einer Leistung oder einem Recht auszuschließen oder Gesundheitsdaten.

447   Dieses Register ähnelt dem Register des behördlichen Datenschutzbeauftragten und erfüllt ebenfalls eine Kontroll- und Beweisfunktion. Es kann von jedermann eingesehen werden.

sind unter anderem die Gewährleistung der Unterrichtung des für die Verarbeitung Verantwortlichen und der von der Verarbeitung Betroffenen über ihre Rechte und Pflichten, die Führung des Verarbeitungsregisters[449], die Zusammenarbeit mit dem EDSB[450] und die Meldung von Verarbeitungen gem. Art. 27 VO (EG) 45/2001. Zu diesem Zweck kann er den für die Verarbeitung Verantwortlichen beraten und Empfehlungen an diesen richten, oder aufgrund von Fremd- oder Eigeninitiative Überprüfungen durchführen. Er nimmt seine Aufgaben in völliger Unabhängigkeit wahr und ist mit den notwendigen Mitteln auszustatten.

Die wohl wesentlichsten Aufgaben des behördlichen Datenschutzbeauftragten sind die Registerführung und die damit verbundenen Kontroll- und Beratungsfunktionen.

Der behördliche DSB führt gem. den Art. 25, 26 VO (EG) 45/2001 ein Register in welchem jede Verarbeitung seiner Institution vorab zu verzeichnen ist. Dieses enthält die nach Art. 26 S. 2 VO (EG) 45/2001 geforderten Mindestinformationen und kann über den EDSB von jedermann direkt oder indirekt eingesehen werden.

Die Bedeutung dieses Registers ist für die Aufdeckung und Verfolgung von eventuellen Verstößen von großer Bedeutung, da es eine lückenlose Rekonstruktion der Verarbeitungsvorgänge zulässt.

Zum einen findet die Meldung des jeweiligen Verarbeitungsvorganges vor dessen Durchführung statt, sodass der behördliche Datenschutzbeauftragte bei eventuellen Bedenken eine Prüfung von Amtswegen durchführen kann, um eventuelle Beeinträchtigungen oder irreversible Schäden zu vermeiden, oder den EDSB bei einem unter Art. 27 VO (EG) 45/2001 fallenden Vorgang einzuschalten[451].

Zum anderen spielt dieses Register eine große Rolle für die Wahrnehmung der Interessen der jeweils von einer Verarbeitung Betroffenen, denn nur über

---

448 Eine Liste der aktuell bestellten behördlichen Datenschutzbeauftragten ist einsehbar unter http://www.edps.europa.eu/EDPSWEB/edps/site/mySite/DPOnetwork (zuletzt abgerufen am 8.9.2010).

449 In dem gem. Art. 24 Abs. 1 lit. d) zu führenden Register werden sämtliche Datenverarbeitungen des für die Verarbeitung Verantwortlichen protokolliert.

450 Diese kann auf ein Ersuchen des EDSB oder auf Eigeninitiative zurückgehen.

451 Gem. Art. 27 VO (EG) 45/2001 ist der EDSB verpflichtet eine Vorabkontrolle durchzuführen, wenn sich besondere Risiken bei den zu verarbeitenden Datensätzen aufdrängen. Solche Risiken bestehen bei Datensätzen die bspw. Daten über die Gesundheit oder Straftaten enthalten oder die einer Bewertung der Person dienen.

dieses Register ist es möglich, eine Verarbeitung der personenbezogenen Daten und deren Umfang verlässlich nachzuprüfen. Gerade für die Frage nach dem Ausmaß des angerichteten Schadens bzw. die Beurteilung des Umfangs von Schadensersatzansprüchen kann das Register überaus aufschlussreich sein.

Es lässt sich somit festhalten, dass die behördlichen Datenschutzbeauftragten ein „Netzwerk" bilden, welches den effizienten Informationsaustausch untereinander und eine flächendeckende Kontrolle ermöglichen soll. Zwar besitzen die behördlichen Datenschutzbeauftragten erheblich weniger Eingriffsbefugnisse als der EDSB, jedoch ist dies nicht weiter schädlich, weil aufgrund der gut ausgeprägten Netzwerkstruktur gewährleistet ist, dass der europäische Datenschutzbeauftragte Kenntnis von den Vorgängen erhält und daraufhin die notwendigen Maßnahmen ergreifen kann. Durch die Registerführung über sämtliche Verarbeitungsprozesse wird zudem ein verlässliches Beweismittel bereitgehalten, welches jedermann zugänglich ist und für die Ahndung rechtswidriger Verarbeitungen eine wesentliche Grundlage ist. Durch die stetige Zusammenarbeit der behördlichen mit dem Europäischen Datenschutzbeauftragten wird zusätzlich eine gleichbleibende und kontinuierliche Datenschutzpolitik innerhalb der EU sichergestellt.

III. Der EuGH und der EGMR

Neben den „neuen" Kontrollinstanzen, wie dem EDSB, spielen vor allem der EuGH und der EGMR eine wichtige Rolle im Rahmen der Verarbeitung personenbezogener Daten, denn sie sind letztlich für die endgültige Beurteilung der Sachverhalte und der damit einhergehenden Gewährung von Ansprüchen zuständig.

Es stellt sich jedoch die Frage, auf welche Weise dies geschieht, und ob der Betroffene selbst die Möglichkeit hat seine Rechte geltend zu machen, oder ob es hierzu ebenfalls der Hilfe der zuvor genannten Instanzen bedarf. Ebenso ist fraglich, wie der EuGH und der EGMR im Verhältnis zueinander stehen.

1. Der EuGH

a) Die Zuständigkeit im Zusammenhang mit der Verarbeitung personenbezogener Daten und damit verbundene Problemkonstellationen

Auf der Ebene der EU gibt es eine Vielzahl von Maßnahmen, die im Zusammenhang mit der Verarbeitung von personenbezogenen Daten stehen. Diese reichen von der einfachen Datenverarbeitung in den einzelnen Organen bis hin zu der legislativen Kreation neuer Eingriffsbefugnisse, beispielsweise durch Verordnungen oder Richtlinien.

Es ist somit fraglich, unter welchen Umständen der EuGH zuständig ist und inwieweit Klagemöglichkeiten vorhanden sind. Aufgrund der Tatsache, dass es bis dato keine einheitliche Kodifikation eines Datenschutzrechts auf EU-Ebene und ein damit einheitlich ausgestaltetes Rechtsschutzsystem gibt, sind die Regelungen über die Möglichkeit der Einlegung von Rechtsbehelfen über die Verträge sowie die zahlreichen Richtlinien und Verordnungen verteilt. Dies stellt unter anderem eines der Probleme der Rechtsdurchsetzung auf europäischer Ebene dar. Dem Rechtsanwender sowie dem Begünstigten ist es nicht ohne weiteres möglich, die Zuständigkeit des EuGH festzustellen. Dieses Problem beruht weniger auf einem Mangel expliziter Zuweisungsnormen, sondern vielmehr auf der Problematik, in welchen Bereich des EU-Rechts der streitige Lebenssachverhalt fällt.

Hinzuweisen ist in diesem Zusammenhang vor allem auf Art. 3 Abs. 1 VO (EG) 45/2001[452], der die Anwendbarkeit der Verordnung ebenfalls, wie zuvor die DSRL, lediglich auf den Bereich des Gemeinschaftsrechts beschränkt. Maßnahmen im Bereich der PJZS und der GASP sind somit wiederum vom Anwendungsbereich ausgeschlossen. In diesem Bereich existieren jedoch zahlreiche Einzelabkommen[453], in denen eigenständige Regelungen getroffen werden. Dies hat nicht nur eine inkohärente Ausdifferenzierung des Datenschutzes auf europäischer Ebene zur Folge, sondern erschwert den Betroffe-

---

452 „Diese Verordnung findet auf die Verarbeitung personenbezogener Daten durch alle Organe und Einrichtungen der Gemeinschaft Anwendung, soweit die Verarbeitung im Rahmen von Tätigkeiten erfolgt, die ganz oder teilweise in den Anwendungsbereich des Gemeinschaftsrechts fallen."

453 Vgl. hierzu exemplarisch die Art. 17 – 21 des Ratsbeschlusses vom 6.4.2009 zur Errichtung des Europäischen Polizeiamtes (Europol), ABl. EU 2009, L 121, S. 37 ff, sowie die Art. 102 – 118 des Schengener Durchführungsübereinkommens (SDÜ) vom , ABl. EU 2000, L 239, S. 1 ff.

nen bereits die Anrufung der richtigen Stelle, um ihre Rechte wahrzunehmen. Ebenfalls zu erwähnen ist Art. 275 AEUV, welcher die Überwachungskompetenz des EuGH lediglich auf eine Art „ultra vires" Überprüfung bzgl. der GASP Organe und die Überprüfung im Bereich der GASP gefasster restriktiver Maßnahmen gegen Einzelpersonen beschränkt[454].

Die Rechtsbehelfe selbst können in zwei Kategorien untergliedert werden:

Zum einen diejenigen, die von dem Betroffenen selbst unmittelbar eingelegt werden können, und solchen, die er kaum bis gar nicht zu beeinflussen vermag.

So umfangreich die Ausgestaltung der einzelnen Aspekte des Schutzes der Privatsphäre und damit einhergehend des Datenschutzes auf Ebene der EU sind, umso kärglicher sind jedoch die Möglichkeiten, sich unmittelbar gegen Eingriffe in diese geschützten Positionen zu wehren.

Eine dieser Möglichkeiten ist in der VO (EG) 45/2001 geregelt.

Sofern es sich bei dem streitigen Sachverhalt um eine Verarbeitung innerhalb eines Organs oder einer Einrichtung der EU handelt, so ist für die Frage nach einem eventuellen Rechtsbehelf wiederum die VO (EG) 45/2001 ausschlaggebend.

Art. 32 und 33 VO (EG) 45/2001 treffen hierzu nähere Regelungen.

Gem. Art. 32 Abs. 1 VO (EG) 45/2001 ist der EuGH für alle Streitfälle, die die Bestimmungen der Verordnung betreffen, einschließlich Schadensersatzklagen, zuständig. Die Möglichkeit der Klageerhebung ist hierbei unabhängig von einer etwaigen Beschwerde beim europäischen Datenschutzbeauftragten ausgestaltet, sodass eine solche weder Voraussetzung noch Hindernis für ein Gerichtsverfahren ist[455]. Sollte eine Beschwerde beim EDSB erhoben werden, und wird diese negativ beschieden[456], so ist es dem Betroffenen möglich, gegen die Negativbescheidung Klage zu erheben.

Grundlage für eine Klage aufgrund Negativbescheidung ist demnach Art. 32 Abs. 3 VO (EG) 45/2001 i.V.m. Art. 263 Abs. 5 AEUV, während in den anderen Fällen Art. 32 Abs. 1, 4 VO (EG) 45/2001 i.V.m. Artt. 268, 340 Abs. 2 AEUV Anwendung findet. Hierin ist bereits eine Besonderheit zu sehen,

---

454   Vgl. hierzu den Fall Kadi und Yusuf ./. Rat der Europäischen Union, verbundene Rechtssachen C-402/05 P und C-415/05 P.

455   Vgl. Art. 32 Abs. 2 VO (EG) 45/2001.

456   Dies kann entweder durch eindeutige Bescheidung oder durch Zeitablauf geschehen, da nach sechs Monaten eine Ablehnung fingiert wird.

denn normalerweise ist es einer Individualperson nicht ohne weiteres möglich, ein Verfahren direkt vor dem EuGH anhängig zu machen.

Sofern eine Zuständigkeit nicht durch weitere Verordnungen gegeben ist, bleiben nur die Verfahren nach dem AEUV, um zu einem Rechtsschutz durch den EuGH zu gelangen.

Demnach verbleibt nur die Möglichkeit einer unter extrem engen Bedingungen zulässigen Nichtigkeitsklage gem. Art. 263 Abs. 4 AEUV, sowie einer Schadensersatzklage gem. Art. 268, 340 Abs. 2, 3 AEUV. Weitere Möglichkeiten eine Rechtsstreitigkeit direkt vor den EuGH zu bringen, bestehen für eine Individualperson nicht.

Letztlich besteht für den Einzelnen noch die Chance Rechtsschutz durch den EuGH über eine Vorlage durch nationale Gerichte im Rahmen eines Vorabentscheidungsverfahrens zu erlangen.

Betrachtet man die Rechtsschutzmöglichkeiten vor dem EuGH summarisch, so verwundert es, dass diese im Vergleich zu der materiellrechtlichen Schutzgewährleistung eher schmal ausgestaltet sind und zum Teil sehr hohe Anforderungen an eine rechtliche Überprüfung gestellt werden, zumal sich gerade auf dem Gebiet des Datenschutzes vereinfacht sagen lässt, „Datenschutz ist Grundrechtsschutz"[457].

Sofern es sich also um eine Verletzung handelt, die der Einzelne im Zusammenhang mit einer Handlung eines Organs oder Einrichtung der Union bei der Durchführung von Maßnahmen im Rahmen des AEUV erleidet, besteht für den Betroffenen durchaus die Möglichkeit seine Rechte auch wirksam vor dem EuGH zu verteidigen.

Anders sieht dies jedoch aus, sofern sich die Verletzung außerhalb dieses Rahmens, also im Bereich der GASP oder der PJZS[458] abspielt, oder die Verletzungshandlung durch einen Mitgliedstaat im Rahmen einer Tätigkeit bei der Durchführung von Unionsrecht erfolgt.

---

457   Vgl. auch die graphische Darstellung des europäischen Rechtsschutzes für Individuen bei PACHE in: HESELHAUS/NOWAK, Handbuch der EU-Grundrechte, § 8 Rn. 30, 37.

458   Seit dem 1.1.2010 ist das Europol-Abkommen außer Kraft getreten und wird nunmehr durch den Europol-Beschluss, ABl. EU 2009, L 121/37, S.37 ff. ersetzt. Eine Überprüfung der Datenverarbeitung im Rahmen von Europol ist dem EuGH nicht zugängig. Die Kontrolle beschränkt sich lediglich auf die Anrufung einer Kontrollinstanz, die ihrerseits die Verarbeitung überprüft und sodann Maßnahmen trifft, um dem Verstoß abzuhelfen. Vgl. Art. 32 Europol-Beschluss.

Es stellt sich somit die Frage, ob und gegebenenfalls wie dieser Zustand beseitigt werden kann. Dabei stellt vor allem die Struktur des europäischen Datenschutzes ein Problem dar, denn aufgrund der überaus splitterigen Verteilung der Regelungen und der immer wieder erfolgenden Ausklammerung bestimmter Bereiche aus den jeweiligen Anwendungsbereichen der zahlreichen Richtlinien und Verordnungen, ist die Rechtslage überaus undurchsichtig.

b) Denkbare Lösungsmöglichkeiten

Da die zur Zeit im AEUV vorhandenen Klageverfahren nach dem Dafürhalten des Verfassers nicht für eine hinreichend aktive Rechtsschutzdichte sorgen[459], könnte es sich anbieten, entweder ein der Verfassungsbeschwerde gem. Art. 93 Abs. 1 Nr. 4 GG entsprechendes Verfahren (Grundrechtsbeschwerde/Unionsbeschwerde) im AEUV oder der EU-Charta aufzunehmen, oder die Kriterien des Art. 263 Abs. 4 AEUV zu modifizieren.

Die Etablierung eines solchen Verfahrens wurde bereits im Zusammenhang mit der Entwicklung der EU-Charta diskutiert[460], da Art. 47 Abs. 1 EU-Charta sowie Art. 6 und 13 EMRK eine Rechtsschutzgarantie vorsehen, und Grundrechte nur wirksam und effektiv geschützt werden können, wenn zu deren Durchsetzung auch hinreichende Mechanismen bestehen. Ein solcher Rechtsschutz war in den Verträgen selbst jedoch nicht vorgesehen. Eine wirksame Möglichkeit des Individuums selbst aktiv zu werden, sollte durch die Einfügung eines neuen Absatzes in Art. 263 AEUV (ex Art. 230 EGV)[461] im Rechtsschutzsystem der EG erreicht werden. Eine solche Änderung erfolgte jedoch nicht und fand auch im Rahmen der Neuerung durch den Vertrag von Lissabon keine Berücksichtigung[462].

---

459   Dies betrifft meiner Ansicht nach besonders den effektiven Grundrechtsschutz auf Ebene der EU.

460   *Schwarze*, DVBl. 2002, 1297 (1313 ff.); REICH, ZRP 2000, S. 375 (375 ff.); RENGE-LING in: DUE/LUTTER/SCHWARZE, Festschrift für ULRICH EVERLING 1995, S. 1187 (1190 ff.).

461   In diesen sollte ein neuer Absatz 6 eingefügt werden. Eine exemplarische Ausführung eines solchen Absatzes findet sich bei REICH, ZRP 2000, S. 375 (378).

462   Vgl. auch *Pache* in: Heslehaus/Nowak, Handbuch der EU-Grundrechte, § 8 Rn. 21 ff.

Aufgrund dessen wurde diskutiert, ob man einen solchen Schutz nicht durch eine Erweiterung auf andere normative Rechtsakte[463], sowie die Erweiterung des Tatbestandsmerkmals der individuellen und unmittelbaren Betroffenheit in Art. 263 Abs. 4 AEUV erreichen könne, da eine solche doch immer dann gegeben sei, wenn die beanstandete Handlung eine grundrechtlich garantierte Rechtsposition des Klägers betrifft.

Das Tatbestandsmerkmal der individuellen Betroffenheit wird grundsätzlich nach der sog. „Plaumann-Formel"[464] restriktiv ausgelegt[465].

Dieser zufolge ist eine individuelle Betroffenheit dann gegeben, wenn die angegriffene Maßnahme den Kläger wegen bestimmter persönlicher Eigenschaften oder besonderer, ihn aus dem Kreis aller übrigen Personen heraushebender Umstände berührt, und ihn daher in ähnlicher Weise individualisiert wie den Adressaten einer Entscheidung[466].

Eine extensive Interpretation des Art. 263 Abs. 4 AEUV wird jedoch als überaus kritisch betrachtet.

Für eine erweiterte Auslegung des Merkmals würde die in gem. Art. 47 Abs. 1 EU-Charta und Art. 6, 13 EMRK genannte Gewährleistung eines wirksamen Rechtsbehelfs sprechen, da auf diese Weise auch ein ansonsten entstehender Widerspruch vermieden werden würde. Entgegen dieser Überlegung ist eine erweiterte Auslegung jedoch aus mehreren Gründen zu verneinen.

---

463 Diese Problematik hat sich durch die im Rahmen des Lissabonvertrages erfolgten Änderungen nunmehr erledigt. Durch die aktuelle Abstellung des Art. 263 Abs. 1 AEUV auf „Handlungen" erstreckt sich die Klagemöglichkeit faktisch auf alle in Art. 288 AEUV genannten Rechtsakte, mit Ausnahme von Stellungnahmen und Empfehlungen, vgl. hierzu auch *THIELE*, EuR 2010, S. 30 (39). Dies hat jedoch nicht zu einer Besserstellung des Klägers geführt, da dieser immer noch individuell und unmittelbar Betroffen sein muss.

464 EuGH Urteil vom 15.7.1963, Plaumann ./. Kommission, Rs. 25/62; NJW 1963, S. 2246, Slg 1963, 211, 238; *THIELE*, EuR 2010, S. 30 (41, (m.w.N.)).

465 Für eine detaillierte Ausführung hierzu vgl. *BURGI* in: RENGELING/MIDDEKE/GELLERMANN, EU-Rechtsschutz, § 7 Rn. 60-64; *Schwarze* in: Schwarze, EU-Kommentar, Art. 230 EGV Rn. 36 ff.; *Schwarze*, DVBl. 2002, S. 1297 (1301 ff.).

466 Vgl. *PACHE* in: HESELHAUS/NOWAK, Handbuch der EU-Grundrechte, § 8 Rn. 47; *Schwarze* in: Schwarze, EU-Kommentar, Art. 230 EGV Rn. 36 ff.; im Laufe der Rechtsprechung wurden hierzu drei verschiedene Fallgruppen herausgebildet.

Zum einen sprechen die ausdrücklichen Erläuterungen des Präsidiums gegen eine solche Auffassung[467] und zum anderen gilt zu bedenken, dass das Rechtsschutzsystem der EU nicht nur auf den Klageverfahren vor dem EuGH beruht, sondern zum Großteil auch auf Entscheidungen nationaler Gerichte, sodass der nach Art. 47 Abs. 1 EU-Charta geforderte Schutz gegeben ist, wenn die Mitgliedstaaten wirksame Rechtsbehelfe vor den nationalen Gerichten vorsehen[468]. Zusätzlich hat der EuGH mehrfach betont, dass es Sache der Mitgliedstaaten sei, entweder vor nationalen Gerichten oder im Zuge des Vertragsänderungsverfahrens als „Herren der Verträge" ein neues Verfahren einzuführen, um einen entsprechenden Rechtsschutz auf EU Ebene zu gewährleisten[469]. Zusätzlich würde eine erhebliche Einbuße der Filterfunktion des Art. 263 Abs. 4 AEUV die Folge einer erweiterten Auslegung sein[470].

---

467 Erklärung betreffend die Erläuterungen zur Charta der Grundrechte vom 16.12.2004, ABl. EU 2004, C 310, S. 424, 450 ff.; die Erläuterungen zur Eu-Charta sind im Internet einsehbar unter http://eur-lex.europa.eu/LexUriServ/LexUriServ.do?uri= OJ:C:2004:310:0420:0464:DE:PDF (zuletzt abgerufen am 8.9.2010).
Dieser lautet Auszugsweise: „Im Unionsrecht wird jedoch ein umfassenderer Schutz gewährt, da ein Recht auf einen wirksamen Rechtsbehelf bei einem Gericht garantiert wird. Der Gerichtshof hat dieses Recht in seinem Urteil vom 15. Mai 1986 als allgemeinen Grundsatz des Unionsrechts festgeschrieben (Rechtssache 222/84, Johnston, Slg. 1986, S. 1651); siehe auch die Urteile vom 15. Oktober 1987 (Rechtssache 222/86, Heylens, Slg. 1987, S. 4097) und vom 3. Dezember 1992 (Rechtssache C-97/91, Borelli, Slg. 1992, S. I-6313). Nach Auffassung des Gerichtshofs gilt dieser allgemeine Grundsatz des Unionsrechts auch für die Mitgliedstaaten, wenn sie das Unionsrecht anwenden. Die Übernahme dieser Rechtsprechung des Gerichtshofs in die Charta zielte nicht darauf ab, dass in den Verträgen vorgesehene Rechtsschutzsystem und insbesondere nicht die Bestimmungen über die Zulässigkeit direkter Klagen beim Gerichtshof der Europäischen Union zu ändern."
468 Dieser Grundsatz wurde auch vom EGMR in seinem Urteil vom 30.6.2005 (Rs. 45036/98, Bosphorus Hava Yollari Turizm Ve Ticaret AS ./. Irland), herangezogen, um die Gleichwertigkeit des Grundrechtsschutzes in der Gemeinschaft zu begründen; EuGRZ 2007, S. 662 ff.; vgl. zu diesem Thema auch die Ausführungen von *BAU-MEISTER*, EuR 2005, S. 1 (13 ff.), der den Rechtsschutz über die nationalen Gerichte für ausreichend hält.
469 Statt vieler vgl. *BURGI* in: RENGELING/MIDDEKE/GELLERMANN, EU-Rechtsschutz, § 7 Rn. 64 (m.W.N.); KOKOTT/DERVISOPOULOS/HENZE, EuGRZ 2008, S. 10 (14); Urteil vom 25.7.2002, Rs. C-50/00 P, Union de Pequenos Agricultores/ Rat, Rn. 45.
470 *Schwarze*, DVBl. 2002, S. 1297 (1313).

Nach Dafürhalten des Verfassers kann dem jedoch nicht ganz zugestimmt werden. Zwar entspricht es den Tatsachen, dass das bestehende Kooperationsverhältnis zwischen den nationalen Gerichten und dem EuGH einen wesentlichen Teil des europäischen Rechtsschutzsystems ausmacht[471] und dieses durchaus auch in der Lage ist, einen relativ umfassenden Rechtsschutz zu gewähren[472], dennoch kann nicht verkannt werden, dass gerade im Bereich des Grundrechtsschutzes auf EU-Ebene erhebliche Verbesserungen erfolgen sollten, zumal der Grundrechtsschutz in den letzten Jahren stark intensiviert wurde, wie die jüngst wirksam gewordene EU-Charta und die wesentlichen Neuerungen des Vertrages von Lissabon belegen.

Durch die nunmehr erfolgte Modifizierung des Art. 263 Abs. 1 AEUV, welcher expressis verbis auf „Handlungen" abstellt und damit auch abstrakt generelle Akte erfasst, spräche einiges dafür, das Merkmal der individuellen Betroffenheit einer erneuten Überprüfung zu unterziehen und die Voraussetzungen daher freundlicher zu gestalten[473]. Sofern eine erneute Überprüfung durch den Gerichtshof unterbleibt, gilt es folgendes zu bedenken:

Dem Individuum stehen zur Zeit lediglich die extrem enge Nichtigkeitsklage gem. Art. 263 Abs. 4 AEUV und die Schadensersatzklage gem. Art. 268, 340 Abs. 2, 3 AEUV zur Verfügung, sofern es beabsichtigt, seine subjektiven Rechte im Wege einer eigenen Klagebefugnis geltend zu machen. Zusätzlich können „Rechtsakte mit Verordnungscharakter" angegriffen werden[474]. Wei-

---

471 Dieses Rechtsschutzsystem wird gemeinhin weder als grundsätzlich noch punktuell als defizitär erachtet, vgl. statt vieler die Ausführungen von PACHE in: HESELHAUS/NOWAK, Handbuch der EU-Grundrechte, § 8 Rn. 1 ff., insbes. 72 ff.

472 Dies verdeutlicht auch Art. 19 Abs. 1 S. 2 EUV, der die Mitgliedstaaten verpflichtet, die erforderlichen Rechtsbehelfe in den vom Unionsrecht erfassten Bereichen zu schaffen, damit ein wirksamer Rechtsschutz gewährleistet ist. Damit wird jedoch generell die mitgliedstaatliche Ebene für zuständig erklärt. Der Angriff von Rechtsakten, die keines nationalen Umsetzungsaktes mehr bedürfen, bleibt daher weiterhin unmöglich.

473 Dies ist zwar theoretisch möglich, da ein Teil der Contraargumente mit der Neuformulierung entfallen sind, jedoch lässt sich andererseits nicht bestreiten, dass die Mitgliedstaaten das Merkmal bei dem Vertrag von Lissabon erneut übernommen haben, ohne dessen inhaltliche Bedeutung näher zu konkretisieren oder zu modifizieren. Eine erneute Überprüfung des Merkmals erscheint somit eher unwahrscheinlich.

474 Vgl. hierzu Art. 263 Abs. 4 AEUV; zu weiteren Folgeproblemen in diesem Zusammenhang vgl. KOKOTT/DERVISOPOULOS/HENZE, EuGRZ 2008, S. 10 (14).

tere Möglichkeiten bestehen nicht[475]. Ein effektiver Grundrechtsschutz erfordert jedoch eine direkte Möglichkeit des Individuums seine Rechte geltend zu machen[476].

Da also eine erweiterte Auslegung der Merkmale des Art. 263 Abs. 4 AEUV nach breiter Ansicht nicht möglich ist[477], wäre eine ausdrückliche Aufnahme einer zusätzlichen Klagemöglichkeit überaus wünschenswert, um einen kohärenten und umfangreichen Grundrechtsschutz und damit einhergehend auch eine Stärkung des Datenschutzes zu bewirken[478]. Damit würden auch die bis dato noch vorherrschenden Mängel einer effektiven Rechtsdurchsetzung im Rahmen der GASP und der PJZS zu einem großen Teil behoben werden, denn deren Organe sind bei der Wahrnehmung ihrer Aufgaben gleichfalls an die EU-Grundrechte gebunden.

---

475   Eklatant ist dies bspw. im Rahmen des Vorabentscheidungsverfahrens gem. Art. 267 AEUV. Zwar besteht nach dessen Abs. 2 ein Vorlagerecht und nach Abs. 3 sogar eine Vorlagepflicht der nationalen Gerichte. Jedoch hat das Individuum keine Möglichkeit die Vorlage bei einer Fehlentscheidung des Gerichts zu erzwingen. In Deutschland wäre dies durch eine Verfassungsbeschwerde im Rahmen des Art. 101 Abs. 1 S. 2 GG, über den Entzug des gesetzlichen Richters konstruierbar. Die vom BVerfG unternommenen Versuche dieser Konstruktion in der Praxis zum Erfolg zu verhelfen scheiterten jedoch, da eine Verletzung des Art. 101 Abs. 1 S. 2 GG nur in sehr eng begrenzten Fällen angenommen wurde (obj. Willkür), vgl. BVerfGE 75, 223.

476   So auch das Votum der Richter Rozakis, Tulkens, Traja, Botoucharova, Zagrebelsky und Garlicki zu dem Urteil des EGMR vom 30.6.2005, Rs. 45036/98, Bosphorus Hava Yollari Turizm Ve Ticaret AS ./. Irland, EuGRZ 2007, S. 668 ff.

477   Eine erweiterte Auslegung des Art. 263 Abs. 4 AEUV wäre meiner Ansicht nach ebenfalls zu intransparent. Die ausdrückliche Etablierung einer neuen Klageart würde hingegen den Grundrechtsschutz auf EU Ebene für den Einzelnen transparenter gestalten, und wäre nach der Verbindlicherklärung der EU-Charta der nächste Schritt zu einer weiteren Stärkung der europäischen Grundrechte.

478   Vgl. für die Einführung einer „europäischen Grundrechtsbeschwerde" REICH, ZRP 2000, S. 375 (377); ZULEEG in: MICKLITZ/REICH, Public Interest Litigation before European Courts, S. 439 (444); EVERLING in: Verhandlungen des 60. Deutschen Juristentages, Bd. II/1 S. N9 (N19); RENGELING in: DUE/LUTTER/SCHWARZE, Festschrift für ULRICH EVERLING 1995, S. 1187 (1187 ff.); TAPPERT, DRiZ 2000, S. 204 (207); PHILLIPI, ZEuS 2000, S. 97 (126); GORMLEY in: Festschrift für LORD SLYNN OF HADLEY, S. 191 (191 ff.); Voß in: Verhandlungen des 60. Deutschen Juristentages, Bd. II/1 S. N 25 (N 27); SEDEMUND in: Verhandlungen des 60. Deutschen Juristentages, Bd. II/1 S. N 41 (N 44). Vgl. auch die Abstimmung hierüber bei den Verhandlungen des 60. Deutschen Juristentages, Bd. II/1 S. N 58.

Jedoch gibt es zahlreiche Bedenken[479], die einem solchen Rechtsbehelf entgegengesetzt werden. Es wird angeführt, dass nicht alle Mitgliedstaaten eine mit Individualrechtsschutzfunktion ausgestattete Verfassungsgerichtsbarkeit besitzen (1), es zu einer unerträglichen Rechtsunsicherheit kommen würde, weil Private in der Lage wären durch langwierige und anstrengende Verfahren errungene Normativakte, die zum Teil auch erhebliche wirtschaftliche Auswirkungen besitzen, anzufechten (2), bereits ein hinreichendes Rechtsschutzsystem auf Unionsebene durch die inzidente Normenkontrolle, das Vorabentscheidungsverfahren und die Haftung der Gemeinschaft für rechtswidrige Normativakte gegeben sei (3), ein solcher Rechtsbehelf zu einer Überlastung des EuGH führen würde (4), und dass bis vor kurzem noch kein geschriebener unmittelbar geltender Grundrechtskatalog vorhanden war, der ein solches Verfahren rechtfertigen würde (5)[480].

Bezüglich des Einwandes nach (1) muss festgehalten werden, dass die gemachte Aussage durchaus stimmt. Jedoch kann diese sowohl aus politischer als auch rechtlicher Hinsicht nicht ausschlaggebend sein. Die Kreation des Rechtsschutzsystems der Union erfolgte vor langer Zeit und aufgrund des damaligen Entwicklungsstandes. Durch die bis heute gemachten Erfahrungen und die zunehmende Rolle der Grundrechte auf Unionsebene besteht mehr denn je ein Bedarf nach effektiver Grundrechtsdurchsetzung. Zwar mag der Aspekt, dass einige Mitgliedstaaten einen solchen Individualschutz nicht besitzen, zu berücksichtigen sein, er kann jedoch nicht das schlagende Argument sein, um eine Fortentwicklung des bestehenden Systems unter Würdigung des gewandelten Rechtsverständnisses zu verhindern.

Auch die langwierige Gesetzesfindung und die wirtschaftlichen Folgen, die unter Umständen von einer solchen Norm ausgehen, (2) können nicht überzeugen[481], da eine möglichst früh angesiedelte Kontrollinstanz Rechtsunsicherheit zu vermeiden vermag. Zusätzlich kann es sich anbieten, entsprechend

---

479 Da der Umfang der Arbeit bei einer ausführlichen Diskussion über die Bedenken erheblich ausarten würde, sollen an dieser Stelle lediglich einige Bedenken genannt und kurz analysiert werden.

480 Eine Übersicht der Einwände findet sich bei RENGELING in: DUE/LUTTER/SCHWARZE, Festschrift für ULRICH EVERLING 1995, S. 1187 (1192 (m.w.N.)).

481 Vgl. hierzu auch SEDEMUND in: Verhandlungen des 60. Deutschen Juristentages, Bd. II/1 S. N 41 (N 46), der dieses Argument schon allein deshalb nicht gelten lassen will, weil es kein vorrangiges Interesse an der Aufrechterhaltung ggf. grundrechtswidriger Normakte gebe.

der hiesigen nationalen Regelungen die Norm nicht direkt zu kassieren, sondern die Anwendbarkeit vorläufig auszuschließen und einen Rahmen zu definieren, welcher eine Kompromissfindung unter Umständen sogar weiter vereinfacht.

Ein hinreichendes Rechtsschutzsystem (3) besteht zur Zeit nach Auffassung des Verfassers nicht in dem wünschenswerten Umfang. Wie die Erfahrungen auf nationaler Ebene in der Vergangenheit gezeigt haben, ist eine unmittelbare Möglichkeit Rechtsakte bei einer Grundrechtsverletzung angreifen zu können, unverzichtbar. Die zur Zeit bestehenden Möglichkeiten einer inzidenten Kontrolle sowie des Vorabentscheidungsverfahrens reichen nicht aus. Dies wird besonders deutlich im Rahmen des Vorabentscheidungsverfahrens, welches allein vom „bene volens" der nationalen Gerichte abhängig ist, während das Individuum zumeist keine Möglichkeit besitzt eine Vorlage entgegen der Rechtsansicht des Gerichts per Zwang zu erreichen[482]. Ebenfalls gilt es zu bedenken, dass manche Grundrechte sich finanziell nicht aufwiegen lassen und daher ein „Dulde und liquidiere" nicht der richtige Ansatz sein kann. Auch sollte dem Einzelnen das Recht zugestanden werden seine Ansprüche direkt geltend zu machen und nicht erst einen Verstoß gegen eine Gemeinschaftsnorm herbeizuführen, um eine zumindest geringfügige Chance auf Klärung durch ein Vorabentscheidungsverfahren zu erhalten. Zusätzlich sollte ebenso berücksichtigt werden, dass sich der EuGH, unabhängig von dem jeweiligen Weg (Vorabentscheidungsverfahren, oder noch einzuführende Grundrechtsbeschwerde), in jedem Fall mit der Sache befassen müsste. Ein zentraler Rechtsschutz vor dem EuGH würde sich angesichts der Verdichtung des europäischen Grundrechtsschutzes in jüngster Zeit nur als logische Konsequenz darstellen.

Auch das Überlastungsargument (4) kann nicht überzeugen. Betrachtet man die Anzahl an Verfassungsbeschwerden, die jährlich eingereicht werden, so mag man dazu geneigt sein eine übermäßige Belastung des BVerfG zu bejahen. Vergleicht man jedoch die Anzahl der Beschwerden, die zur Entscheidung angenommen werden, geschweige denn als zulässig und begründet erachtet werden, so relativiert sich diese Beurteilung. Die auf nationaler Ebene vorhandenen tatbestandlichen Vorrausetzungen, dass der Beschwerdeführer gegenwärtig, selbst und unmittelbar betroffen sein muss, sowie der Grundsatz der Rechtswegerschöpfung und der Grundsatz Subsidiarität, bewahren das

---

482 Vgl. auch SEDEMUND in: Verhandlungen des 60. Deutschen Juristentages, Bd. II/1 S. N 41 (N 45).

BVerfG vor einer lähmenden Überlastung. Eine Übertragung dieser Grundsätze auf die Unionsebene würde sich sicherlich gleichsam effektiv zeigen und somit eine nachteilige Auswirkung auf Funktionen des Rechtsschutzsystems und der Gesetzgebung der EU minimieren[483].

Letztlich ist seit dem Inkrafttreten des Vertrages von Lissabon auch das Argument eines fehlenden verbindlichen Grundrechtskataloges auf Gemeinschaftsebene (5) entfallen, da die EU-Charta nunmehr verbindliches Recht darstellt, wodurch der Grundrechtsschutz auf EU-Ebene nachhaltig und erheblich gestärkt wird[484].

Folglich ist festzustellen, dass die besseren Argumente gerade für die Etablierung eines solchen Rechtsbehelfs sprechen[485]. Neben einer verbesserten Rechtsstellung des Individuums würde die Bereitstellung einer solchen Klagemöglichkeit auch einen positiven Effekt auf die Wahrnehmung der Union bei den Unionsbürgern selbst haben, weil eine Möglichkeit besteht, sich unmittelbar gegen entsprechende Rechtsakte zu wehren und somit eine intensivere Beteiligung und Beschäftigung mit der europarechtlichen Gesetzgebung erfolgen, oder diese zumindest in positiver Weise in Bezug auf eine europäische öffentliche Meinung und eine weitergehende Integration stimulieren würde[486].

Nach dem Dafürhalten des Verfassers sollte dieser Ansatz weiterhin verfolgt werden, damit der zentrale Grundrechtsschutz auf Unionsebene alsbald weiter ausgebaut wird. Dies hätte im Falle der zuvor diskutierten und überaus kritisch zu betrachtenden Vorratsdatenspeicherung sicherlich zur Folge gehabt, dass nicht nur vor den nationalen Verfassungsgerichten eine Verfassungsbeschwerde eingereicht worden wäre, sondern auch vor dem EuGH.

Bis zu der Etablierung eines solchen Schutzes muss der Betroffene einer Datenverarbeitung sich jedoch mit den bestehenden Rechtsschutzmöglichkeiten vor dem EuGH und den nationalen Gerichten zwangsläufig zufrieden ge-

---

483   Es würde sich bspw. eine Übernahme der Kriterien „gegenwärtig, selbst und unmittelbar betroffen" anbieten, um eine solche Begrenzung zu erreichen.

484   *LEUTHEUSSER-SCHNARRENBERGER*, DuD 2010, S. 519 (521).

485   Vgl. *THIELE*, EuR 2010, S. 30 (46), der sich generell für einen weiterhin bestehenden Reformbedarf ausspricht. Ebenfalls bedauern Pache und Pösch die nicht genutzte Möglichkeit der Einführung eines solchen Rechtsbehelfs, vgl. *PACHE/RÖSCH*, EuR 2009, S. 769 (788).

486   Vgl. sinngemäß auch *SEDEMUND* in: Verhandlungen des 60. Deutschen Juristentages, Bd. II/1 S. N 41 (N 46 ff.).

ben. Außerhalb der bis hier aufgezeigten Möglichkeiten aus dem AEUV ergibt sich jedoch unter Umständen eine weitere, bei der der EGMR eine wichtige Rolle spielt.

2. Der EGMR

Eine ebenso wichtige Rolle bei der Rechtsdurchsetzung spielt der EGMR. Da der Datenschutz bis heute aus Art. 8 EMRK hergeleitet wird, besteht eine äußerst umfangreiche Rechtsprechung in diesem Bereich. Das Instrument, mit dem der einzelne Betroffene seine Rechte vor dem EGMR geltend machen kann, ist die Individualbeschwerde gem. Art. 34 EMRK, wobei das in ihrer Rechtssache ergehende Urteil gem. Art. 46 Abs. 1 EMRK für die Parteien verbindlich ist. Voraussetzung hierfür ist jedoch, dass alle innerstaatlichen Rechtsbehelfe erschöpft wurden, die Grundsätze des Völkerrechts eingehalten werden und die Frist von 6 Monaten gewahrt bleibt. Beschwerdegegenstand ist eine Verletzung der Konventionsrechte durch eine Handlung der hohen Vertragsparteien. Bis dato umfasste dies also lediglich Handlungen, die durch die Konventionsstaaten erfolgten, wonach eine Überprüfung supranationaler Maßnahmen ausschied.

Dies könnte sich jedoch zeitnah ändern, sodass auch Handlungen der Union einen tauglichen Beschwerdegegenstand darstellen könnten.

Durch den neu eingefügten Art. 6 Abs. 2 EUV ist die Union nicht nur berechtigt sondern zwangsläufig auch verpflichtet, der EMRK beizutreten[487]. Dies war ihr bisher nicht möglich, da die Union bis zum Vertrag von Lissabon keine Rechtspersönlichkeit besaß. Des Weiteren muss auch die Konvention selbst abgeändert werden, da der Beitritt zu dieser momentan lediglich Staaten gestattet ist, während supranationale Institutionen bis vor kurzem noch ausgeschlossen waren[488]. In dem zum 1.6.2010 wirksam gewordenen Art. 17 des 14. Zusatzprotokolls zur EMRK[489] wird jedoch festgelegt, dass die Union der EMRK beitreten kann[490]. Jedoch sind für den Beitritt eine weitere

---

487 *PACHE/RÖSCH*, EuR 2009, S. 769 (779 f., (m.w.N.)).

488 Vgl. Art. 59 EMRK i.V.m. Art. 4 Satzung des Europarates.

489 Vgl. den Wortlaut des Art. 17 des 14. Zusatzprotokolls zur EMRK, im Internet abrufbar unter http://conventions.coe.int/treaty/ger/Treaties/Html/194.htm (zuletzt abgerufen am 8.9.2010).

490 Die Wirksamkeit des Protokolls bedingte die Ratifizierung aller Mitgliedstaaten. Die letzte Ratifizierungsurkunde wurde am 18.2.2010 hinterlegt. Die Ratifizierungsliste

Modifikation der EMRK entweder durch ein Zusatzprotokoll zu eben jener oder entsprechende Klauseln in dem Beitrittsvertrag notwendig[491]. Zusätzlich bedarf es sodann eines einstimmigen Beschlusses des Rates gem. Art. 218 Abs. 8 AEUV[492], sowie der Zustimmung aller Mitgliedstaaten nach ihren jeweiligen verfassungsrechtlichen Vorschriften[493].

Ein Beitritt der Union zur EMRK hätte eine erhebliche Stärkung der Grundrechte der Unionsbürger sowie eine allgemeine Stärkung des Grundrechtssystems zur Folge, denn mit dem Beitritt der Union zur EMRK wäre diese ebenfalls hohe Vertragspartei, sodass Handlungen der Union, welche die von der Konvention garantierten Rechte verletzen, einer Überprüfung durch den EGMR zugänglich würden. Da es zur Zeit im Rahmen des EUV bzw. des AEUV an einer Möglichkeit mangelt, eine unmittelbare Verletzung der EU-Grundrechte in einem spezifischen Verfahren vor dem EuGH geltend zu machen[494], wäre dies eine durchaus erträgliche und konstruktive Lösung dieses Problems.

---

kann eingesehen werden unter http://conventions.coe.int/Treaty/Commun/ChercheSig.asp?NT=194&CM=10&DF=25/04/2010&CL=GER (zuletzt abgerufen am 8.9.2010).

491   Die Änderungen betreffen die Frage nach der Art der Einbeziehung eines Richters der EU in das Rechtsschutzsystem der EMRK, Stimm- und Repräsentationsrechte im Ministerkomitee des Europarates, sowie die Zulässigkeit von Staatenbeschwerden der Mitgliedstaaten der EU untereinander oder gegenüber der EU, PACHE/RÖSCH, EuR 2009, S. 769 (781, (m.w.N.)); LEUTHEUSSER-SCHNARRENBERGER, DuD 2010, S. 519 (522). Entsprechende Beitrittsverhandlungen im Rahmen eines Beitrittsvertrages wurden kürzlich aufgenommen.

492   Neben diesen Voraussetzungen muss das Parlament gem. Art. 218 Abs. 10 AEUV stets umfassend unterrichtet werden und dem Beschluss des Rates gem. Art. 218 Abs. 6 lit. a) ii) zustimmen.

493   In Deutschland wäre dies die Beteiligung des Bundestages und des Bundesrates beim Abschluss völkerrechtlicher Verträge gem. Art. 59 Abs. 2 GG.

494   Wie bereits zuvor angesprochen sind die Möglichkeiten eine Rechtsverletzung direkt beim EuGH anhängig zu machen eher begrenzt. Mangels eines der Verfassungsbeschwerde gem. Art. 93 Abs. 1 Nr.4 GG vergleichbaren Verfahrens, mit welchem ein Unionsbürger die Verletzung eines europäischen Grundrechts unmittelbar geltend machen könnte, wäre eine Überprüfung durch den EGMR überaus wünschenswert. Eine Alternative hierzu wäre die Kreation eines neuen Direktklageverfahrens.

Jedoch werden bei der Frage des Beitritts der EU zur EMRK nicht nur positive Stimmen laut[495]. Da eine umfassende Darstellung der verschiedenen Gesichtspunkte den Rahmen der Arbeit sprengen würde, sollen im Folgenden die wesentlichen Problematiken kurz skizziert werden[496].

Gegen den Beitritt der EU zur EMRK wird unter anderem angeführt, dass ein solcher mit Art. 19 EUV (ex Art. 220 EGV) und Art. 344 AEUV (ex Art. 292 EGV) unvereinbar sei und eine Subordination unter den EGMR stattfinde.

a) Die Konterkarierung von Art. 19 EUV

Gemäß Art. 19 EUV sichert der EuGH die Wahrung des Rechts bei der Auslegung und Anwendung der Verträge. Dieses zugesicherte Rechtsprechungsmonopol und die dadurch gewährleistete Autonomie des Europarechts könnten durch einen Beitritt zur EMRK gefährdet werden, wenn auch der EGMR über das Recht der Gemeinschaft urteilen würde[497].

Diese Bedenken verfangen jedoch in mehrerlei Hinsicht nicht. Zum einen ist es dem EGMR nicht gestattet irgendeine Art von Rechtsakten aufzuheben oder Urteile zu kassieren, denn die Umsetzung der in einem EGMR-Urteil angeordneten Rechtsfolgen müssen von den Mitgliedstaaten der Konvention selbst ausgeführt werden[498].

Da dieser Grundsatz für alle Vertragsparteien gilt, würden folglich auch EuGH-Urteile nicht kassiert werden.

---

495 Eine ausführliche Auseinandersetzung mit den Vorzügen und Nachteilen eines Beitritts der EU zur EMRK findet sich bei *HEER-REIßMANN*, Die Letztentscheidungskompetenz des EGMR, S. 281 ff.

496 Für eine vertiefte Beschäftigung mit dieser Thematik empfiehlt sich die Lektüre von *RENGELING* in: DUE/LUTTER/SCHWARZE, Festschrift für ULRICH EVERLING 1995, S. 1187 ff; *GLAESNER* in: DUE/LUTTER/SCHWARZE, Festschrift für ULRICH EVERLING 1995, S. 327 ff.; *KLEIN* in: MOSLER/BERNHARDT/HILF, Grundrechtsschutz, S. 160 ff.; *BERNHARDT* in: DUE/LUTTER/SCHWARZE, Festschrift für ULRICH EVERLING 1995, S. 103 ff.

497 Vgl. *BUSCH*, Bedeutung der EMRK, S. 161 f.; *CALLEWAERT*, EuGRZ 2003, S. 198 (202).

498 Vgl. Art. 46 Abs. 1 EMRK; *BAUMGARTNER*, ZfV 1996, S. 319 (330); *STRASSER*, Grundrechtsschutz in Europa, S. 124; *BERNHARDT* in: DUE/LUTTER/SCHWARZE, Festschrift für ULRICH EVERLING 1995, S. 103 (109).

Zum anderen entscheidet der EGMR nur im Rahmen der EMRK und somit gerade nicht im Gemeinschaftsrecht[499], sodass der EuGH die alleinige Entscheidungsinstanz im Gemeinschaftsrecht ist und bleibt[500].

Letztlich würde eine Stärkung der Grundrechte stattfinden, da der EGMR im Zusammenhang mit den Grundrechten als spezielleres Gericht anzusehen ist.

b) Die Konterkarierung von Art. 344 AEUV

Einige Stimmen behaupten, dass ein Beitritt der EU zur EMRK die Regelung des Art. 344 AEUV konterkarieren würde, nach welchem sich die Staaten verpflichten, Streitigkeiten über die Auslegung oder Anwendung der Verträge nicht anders als darin vorgesehen, also durch die im AEUV vorhandenen Klageverfahren, zu regeln.

Dieser ausdrücklichen Verpflichtung stünde Art. 33 EMRK entgegen, denn nach diesem sind die Mitgliedstaaten befugt eine Staatenbeschwerde an den EGMR zu richten. Auch diese Besorgnis ist insoweit unbegründet, denn Art. 344 AEUV erfasst nur Streitigkeiten im Zusammenhang mit dem AEUV, nicht aber Streitigkeiten im Zusammenhang mit der EMRK. Die Beschwerde gem. Art. 33 EMRK erfasst im Verhältnis zwischen den Mitgliedstaaten nur nationale Hoheitsakte, sodass eine Überschneidung der Anwendungsbereiche der beiden Normen nicht vorliegt[501].

Außerdem gilt es zu bedenken, dass bereits zum jetzigen Zeitpunkt Art. 33 EMRK für die Mitgliedstaaten anwendbar ist, dies bis dato zu keinerlei beachtlichen Problemen geführt hat und die Staatenbeschwerde eben gerade auf einer Verletzung der EMRK und nicht auf der des AEUV beruht[502].

---

499 CALLEWAERT, EuGRZ 2003, S. 198 (202).
500 Nur dies ist letztlich auch von Art. 19 EUV gedeckt; STRASSER, Grundrechtsschutz in Europa, S. 123.
501 BUSCH, Die Bedeutung der EMRK, S. 163.
502 Vgl. hierzu auch BERNHARDT in: DUE/LUTTER/SCHWARZE, Festschrift für ULRICH EVERLING 1995, S. 103 (110), der die Rolle der Staatenbeschwerde in der Praxis als eher gering ansieht.

c) Die Besorgnis um die Begründung eines Subordinationsverhältnisses

Neben den bisher geschilderten Bedenken besteht zusätzlich die Besorgnis, dass der EuGH durch den Beitritt der EU zur EMRK dem EGMR unterworfen werden könnte[503].

Auch diese Besorgnis stellt sich jedoch bei näherer Betrachtung als unbegründet dar, denn gem. Art. 32 Abs. 1 EMRK ist der EGMR lediglich für die Auslegung und Anwendung der EMRK und der ihr zugehörigen Protokolle zuständig, sodass bereits aus diesem Grund eine Überprüfung umfasende Stellung des EGMR als Rechtsmittelgericht im Verhältnis zum EuGH zu verneinen ist. Im Zusammenhang mit der EMRK ist der EGMR jedoch als das speziellere Gericht anzusehen, welches durch die in Art. 33 EMRK gewährte Staatenbeschwerde eine zusätzliche Kontrollmöglichkeit anbietet[504].

Zusätzlich muss bedacht werden, dass die EMRK subsidiär ist, sodass der EuGH an erster Stelle gefordert ist, den Grundrechtsschutz auf europäischer Ebene zu gewährleisten, bevor eine Zuständigkeit des EGMR vorhanden ist[505].

Eine Subordination ist daher ebenfalls zu verneinen.

Folglich besteht kein größerer Grund zur Besorgnis, sofern über den Beitritt der Union zur EMRK diskutiert wird. Ganz im Gegenteil, denn der Beitritt der EU zur EMRK[506] würde eine weitere nicht unerhebliche Stärkung des Grundrechtsschutzes auf EU Ebene bewirken[507] und damit insbesondere dem Grundrecht auf Datenschutz zu mehr Geltung verhelfen, sowie der europäischen Grundrechtsordnung eine erhöhte Kohärenz verleihen[508].

---

503 Vgl. statt vieler BUSCH, Die Bedeutung der EMRK, S. 163 (m.w.N); ALBER/WIDMAIER, EuGRZ 2000, S. 497 (506).

504 PHILLIPI, Die Charta der Grundrechte der Europäischen Union, S. 72; ALBER/WIDMAIER, EuGRZ 2000, S. 497 (506); BERNHARDT in: DUE/LUTTER/SCHWARZE, Festschrift für ULRICH EVERLING 1995, S. 103 (109); BUSCH, Die Bedeutung der EMRK, S. 163.

505 PHILLIPI, Die Charta der Grundrechte der Europäischen Union, S. 71 ff.

506 Für einen Beitritt der Union zur EMRK vgl. BUSCH, Die Bedeutung der EMRK, S. 167; LEUTHEUSSER-SCHNARRENBERGER, DuD 2010, S. 519 (522).

507 Durch den Beitritt wird es möglich das Gemeinschaftsrecht direkt durch den EGMR kontrollieren zu lassen, anstatt wie bisher eine mittelbare Kontrolle über die Verantwortlichkeit der Mitgliedstaaten zu konstruieren.

508 LEUTHEUSSER-SCHNARRENBERGER, DuD 2010, S. 519 (522); Pache und Rösch halten einen solchen Beitritt in naher Zukunft jedoch eher für unwahrscheinlich, da sowohl

Konsequent weitergedacht wären somit Schnellschüsse wie die VDSRL oder das übereilt beschlossene und anschließend glücklicherweise durch das Europäische Parlament abgelehnte SWIFT-Abkommen[509] durch den EGMR kontrollierbar, sodass es trotz eines mangelnden EuGH-Verfahrens möglich wäre, zu einer grundrechtlichen Überprüfung zu gelangen. Bei einem dem Kläger zustimmenden Urteil wäre die EU sodann gehalten, ihre Maßnahme entsprechend dem EGMR-Urteil zu überdenken und grundrechtsfreundlicher zu gestalten.

3. Das Verhältnis zwischen EGMR und EuGH unter dem Aspekt des Grundrechtsschutzes

Wie aus den vorangegangenen Erläuterungen ersichtlich ist, werden der Grundrechtsschutz und damit einhergehend ein elementarer Teil des Datenschutzes auf der Ebene der EU zu einem erheblichen Teil durch die Grundrechte gewährt.

Jedoch stellt sich in diesem Zusammenhang die Frage, ob der Schutz auch hinreichend ausgestaltet ist, da, wie bereits ausgeführt, zumindest vor dem EuGH bis dato keine Direktklagemöglichkeit bei einer Grundrechtsverletzung besteht und sich vor dem EGMR eine ähnliche Konstellation darstellt, da die Union bis dato noch nicht der EMRK beigetreten ist und eine unmittelbare Überprüfung durch den EGMR somit gleichsam nicht möglich ist[510]. Man kann daher zu dem Schluss kommen, dass der Grundrechtsschutz auf der Ebene der EU Lücken aufweist. Zusätzlich stellt sich die Frage, welches Gericht für die Interpretation der Grundrechte zuständig ist.

Es ist dem Individuum nicht vergönnt Rechtsakte der Gemeinschaft, die zu einer Grundrechtsverletzung führen, unmittelbar anzugreifen.

Jedoch kann der Einzelne über einen Umweg zu einer mittelbaren Überprüfung gelangen, indem er einen nationalen Akt abwarten muss, welcher der Umsetzung von Gemeinschaftsrecht dient, um sodann eine Überprüfung die-

---

die zu klärenden inhaltlichen Fragen als auch das vorgesehene Zustimmungsverfahren extrem rigide sind, *PACHE/RÖSCH*, EuR 2009, S. 769 (780 ff, 788).

509   Vgl. die Berichterstattung der FAZ unter
      http://www.faz.net/s/RubDDBDABB9457A437BAA85A49C2
      6FB23A0/Doc~EEDC2739A30394F68AB13D4E9C9536FAA~ATpl~Ecommon~Sc
      ontent.html (zuletzt abgerufen am 8.9.2010).
510   EGMR, EuGRZ 1999, S. 308 – Matthews ./. UK.

ses Rechtsaktes im Wege der Individualbeschwerde beim EGMR zu veranlassen[511].

Nach der bisherigen Rechtslage lässt sich festhalten, dass sich die Vertragsstaaten der EMRK ihrer Verantwortung nicht dadurch entziehen können, dass sie Zuständigkeiten auf internationale Organisationen verlagern[512]. Bei einer solchen Klage prüft der EGMR folglich, ob der europarechtliche Rechtsschutz zu dem der EMRK äquivalent ist. Über diese Konstruktion ist es für den EGMR möglich festzustellen, ob ein Mitgliedstaat, aus dem der Kläger kommt, durch den Beitritt und die dadurch erfolgte Übertragung von Hoheitsrechten auf die Union, welche die Union zu konventionswidrigen Akten befähigt, gegen die Pflichten der EMRK verstoßen hat[513]. Diese Rechtsprechung wurde jedoch in der Rechtssache Bosphorus./.Irland[514] so modifiziert, dass eine Konventionsverletzung erst dann vorliegt, wenn der Schutz des Konventionsrechts durch den EU-Akt „manifest" verfehlt wird[515]. Über diese Konstruktion einer „Gesamtschuld der Mitgliedstaaten" ist es dem Individuum somit zumindest in einigen Fällen möglich, eine Überprüfung von EU-Akten zu erreichen.

Dies stellt jedoch nach dem Dafürhalten des Bearbeiters keinen zufriedenstellenden Zustand dar, da auch bei dieser Konstruktion immer noch einige Sachverhalte einer finalen Überprüfung entzogen bleiben. Ein Beitritt der Union zur EMRK wäre daher überaus wünschenswert, da die soeben erläuterte Konstruktion somit nicht mehr notwendig wäre, und zugleich alle Unions-Akte erfasst werden würden.

In materieller Hinsicht ist jedoch festzuhalten, dass beide Gerichte in der Vergangenheit zwar teilweise zu unterschiedlichen Gewährleistungsumfängen der jeweiligen Grundrechte gekommen sind, der EuGH sich jedoch einer einmal erfolgten Grundrechtsinterpretation des EGMR i.d.R. anschließt[516]. Zudem stellt der EGMR das speziellere Gericht in Grundrechtsfragen dar. Da

---

511 Überaus problematisch wird dies jedoch dann, wenn ein nationaler Umsetzungsakt nicht erfolgen muss wie dies z.B. bei Verordnungen der Fall ist.

512 *HIRSCH*, EuR Beiheft 1/2006, S. 7 (14); EGMR, EuGRZ 1999, S. 207 – Waite und Kennedy ./. Deutschland.

513 *HIRSCH*, EuR Beiheft 1/2006, S. 7 (14).

514 Urteil des EGMR vom 30.6.2005, Rs. 45036/98, Bosphorus Hava Yollari Turizm Ve Ticaret AS ./. Irland.

515 *HIRSCH*, EuR Beiheft 1/2006, S. 7 (14).

516 *HIRSCH*, EuR Beiheft 1/2006, S. 7 (15, 17 (m.w.N.)).

die Garantien der EMRK allesamt Mindeststandards darstellen und nicht alle Grundrechte umfassen, bspw. die Grundrechte der dritten Generation, ist der EuGH grundsätzlich auch nicht daran gehindert, einen weitergehenden Schutz durch eine Fortentwicklung der Grundrechte zu gewährleisten.

Es lässt sich somit ein Kooperartionsverhältnis der beiden Gerichtshöfe feststellen[517], das, wie die Vergangenheit zeigt, einen durchaus guten Grundrechtsschutz auf der EU-Ebene sicherstellt[518]. Ein zügiger Beitritt der Union zur EMRK würde dieses Verhältnis gleichsam positiv verfestigen.

B. Die Betroffenenrechte und ihre Durchsetzungsprobleme

Das Datenschutzrecht folgt aus dem Grundrechtsschutz und stellt somit eine elementare Rechtsposition eines jeden einzelnen dar. Nach den zuvor geschilderten Grundsätzen des Volkszählungsurteils und der kursorischen Übersicht über die Datenschutzrichtlinie ist klar, dass der Betroffene zur Wahrnehmung dieses Rechts mit effektiven Ansprüchen und umfassenden Rechtspositionen ausgestattet werden muss. Die diversen Betroffenenrechten werden zusätzlich von Informationspflichten des für die Verarbeitung Verantwortlichen flankiert.

Da die gewährten Rechte nahezu alle auf die Datenschutzrichtlinie 95/46/EG zurückgehen, unabhängig davon, ob sie in einer Verordnung, Richtlinie oder in einem nationalen Recht eines Mitgliedsstaates geregelt sind, werden die Rechte im Folgenden allgemein dargestellt und lediglich mit beispielhaften Verweisen versehen. Nach der Darstellung der einzelnen Rechte erfolgt sodann eine Erläuterung und Diskussion der Probleme bei deren Umsetzung in der Rechtspraxis.

I. Die Betroffenenrechte

1. Das Recht auf Auskunft und die Benachrichtigungspflicht

Grundlage der Wahrnehmung eines jeden Rechts ist an erster Stelle die Registrierung einer Rechtsverletzung. Damit der Betroffene Kenntnis von der

---

517 *ALBER/WIDMAIER*, EuGRZ 2000, S. 497 (505, 507 ff.).

518 Es bleibt jedoch zu beachten, dass der EGMR für den Schutz des Mindeststandards der Grundrechte im Rahmen der EMRK zuständig ist. Dies steht einer erweiterten Interpretation der Schutzbereiche durch den EuGH bspw. im kartellrechtlichen Bußgeldverfahren nicht unbedingt entgegen, vgl. *Schwarze*, NJW 2005, S. 3459 (3462).

Verarbeitung seiner personenbezogenen Daten erlangt, sofern eine Erhebung abweichend von dem Prinzip der Direkterhebung erfolgt, besteht für den für die Verarbeitung Verantwortlichen grundsätzlich die Pflicht, bei einer Erhebung von Daten ohne Kenntnis des Betroffenen, diesen über die Art der verarbeiteten Daten, die Identität des Verantwortlichen und den Zweck der Verarbeitung zu informieren[519]. Von dieser grundsätzlichen Informationspflicht wird der für die Verarbeitung Verantwortliche jedoch entbunden, wenn die Verarbeitung beispielsweise im Rahmen der Forschung stattfindet, die Informierung der Person unmöglich oder unverhältnismäßig ist[520].

Das Gegenstück zu der Informationspflicht des für die Verarbeitung Verantwortlichen ist das Recht des Betroffenen auf Auskunft[521], welches einen zentralen Aspekt für die Ausübung des Rechts auf Privatsphäre bzw. informationelle Selbstbestimmung darstellt. Hierzu kann der Betroffene einen formlosen Antrag an den Verantwortlichen richten und diesen um Auskunft ersuchen. Die Auskunft des Verantwortlichen muss gewisse inhaltliche Kriterien erfüllen, weshalb die Auskunft unter anderem in verständlicher Form erfolgen soll. Ebenfalls soll sie die Bekanntgabe der Zweckbestimmung der Datenverarbeitung, die Datenkategorie und den Empfänger der Daten[522] beinhalten.

Die Auskunft kann jedoch in besonderen Fällen verweigert werden, sofern einer der enumerativ aufgezählten Ausnahmegründe greift. Hierzu zählen vor allem die Sicherheit des Staates, die öffentliche Sicherheit, die Verhütung, Ermittlung und Verfolgung von Straftaten oder der Schutz der betroffenen Personen[523]. Hat eine Auskunfterteilung wegen der genannten Gesichtspunkte zu unterbleiben, so ist der von der Verarbeitung Betroffene hierüber mit einer entsprechenden Begründung zu informieren.

Zusätzlich kann er den EDSB informieren, der sodann im Wege des zuvor geschilderten Beschwerdeverfahrens den Sachverhalt untersucht, sofern dessen Zuständigkeit begründet ist. Die Benachrichtigung des EDSB an den Betroffenen nach Prüfung der Sachlage beinhaltet jedoch nur die Information, ob die Daten richtig verarbeitet wurden. Falls nicht, wird dem Betroffenen mitgeteilt, welche Berichtigungen vorgenommen wurden. Die Bearbeitung der Be-

---

519 Vgl. bspw. Art. 11 RL 95/46/EG; Art. 12 VO (EG) 45/2001.

520 Vgl. Art. 11 Abs. 2 RL 95/46/EG; Art. 12 Abs. 2 VO (EG) 45/2001; § 19 a Abs. 2 Nr. 2 BDSG.

521 Vgl. Art. 12 RL 95/46/EG; Art. 13 VO (EG) 45/2001; § 19 Abs. 1 BDSG.

522 Art. 12 lit. a) RL 95/46/EG; Art. 13 VO (EG) 45/2001.

523 Art. 13 Abs. 1 RL 95/46/EG; Art. 20 Abs. 1, 2 VO (EG) 45/2001.

schwerde kann jedoch hinausgezögert werden, solange diese die Einschränkung ihrer Wirkung berauben würde[524].

2. Die Korrekturrechte und –pflichten

Hat der Betroffene Auskunft über die verarbeiteten Daten erhalten, so hat er die Möglichkeit diese in umfassender Weise zu korrigieren. Hierzu werden ihm verschiedene Rechte eingeräumt, mit denen er auf die weitere Verarbeitung einwirken kann.

Der Betroffene kann unvollständige oder unrichtige Daten berichtigen lassen, um beispielsweise Nachteilen durch automatisierte Verarbeitungsprozesse vorzubeugen.

Ist die Verarbeitung rechtswidrig erfolgt, zum Beispiel unter Verstoß gegen das Zweckbestimmungsgebot, oder wurden die Daten unrechtmäßigerweise an Dritte weitergegeben, so kann der Betroffenen die Löschung der Daten verlangen[525].

Stehen besondere gesetzliche Vorschriften einer Löschung entgegen[526], so kann der Betroffene die weitere Verarbeitung der Daten durch eine Sperrung unterbinden. Bei der Sperrung handelt es sich um eine Kennzeichnung personenbezogener Daten, die die Nutzung und Weiterverarbeitung einschränkt[527].

Grundsätzlich muss der Betroffene eine rechtmäßige Datenverarbeitung erdulden. Jedoch kann es unter bestimmten Gesichtspunkten notwendig sein, auch eine rechtmäßige Verarbeitung aus überwiegenden, schutzwürdigen, sich aus der besonderen Situation des Betroffenen ergebenden Gründen zu unterbinden. Zu diesem Zweck hat der Betroffene ein Widerspruchsrecht, bei dessen Ausübung das Verarbeitungsinteresse des Verantwortlichen regelmäßig gegen das schutzwürdige Interesse des Betroffenen sorgsam abzuwägen ist[528].

Im Falle der Berichtigung, Löschung oder Sperrung ist der für die Verarbeitung Verantwortliche zusätzlich verpflichtet, die entsprechende Maßnahme

---

524   Art. 20 Abs. 3 bis 5 VO (EG) 45/2001.
525   Art. 14, 15 VO (EG) 45/2001; Art. 12 lit. b) RL 95/46/EG.
526   Z.B. aufgrund der Sicherung für Beweiszwecke.
527   Davon ausgenommen ist die Speicherung eben jener Daten, vgl. Art. 15 Abs. 3 VO (EG) 45/2001.
528   Art. 14 RL 95/46/EG; Art. 18 VO (EG) 45/2001; § 20 Abs. 5, 35 Abs. 5 BDSG.

Dritten, welchen er die Daten weitervermittelt hat, anzuzeigen, sofern dies nicht unverhältnismäßig oder gar unmöglich ist (sog. Nachberichtspflicht)[529].

3. Sonstige Rechte

Unabhängig von den eben genannten Rechten kann der Betroffene eine Beschwerde beim EDSB oder der jeweils zuständigen Kontrollstelle einreichen und bei einem entstandenen Schaden Schadensersatz verlangen[530].

II. Die Rechtsprobleme bei der Umsetzung der Betroffenenrechte in der Praxis

Betrachtet man die Vielzahl an Handlungsmöglichkeiten, die einem Betroffenen zur Verfügung stehen, wenn es sich um ihn betreffende personenbezogene Daten handelt, so kann man auf den ersten Blick der Auffassung sein, dass es an und für sich keine größeren Probleme bei der Wahrnehmung der rechtlichen Interessen geben dürfte. Dies ist jedoch ein Trugschluss.

Zwar mögen die materiellrechtlichen Gewährleistungen überaus umfangreich sein, aber die Probleme beginnen bereits bei der Kenntniserlangung eines Rechtsverstoßes und enden bei der gerichtlichen Geltendmachung der Betroffenenrechte.

Im Folgenden werden daher die wesentlichsten Probleme skizziert, wobei eventuelle Lösungsmöglichkeiten im Zusammenhang analysiert werden sollen.

1. Die Wahrnehmung der Datenverarbeitung

Wie bereits skizziert wurde, laufen die meisten Datenverarbeitungsprozesse im Verborgenen ab. Sei es bei der automatischen Erhebung durch Computerprogramme oder der unbemerkten Weiterreichung personenbezogener Daten an Dritte im Rahmen des kommerziellen Datenhandels. Sofern ein Betroffener seine Rechte geltend machen möchte, muss er zuerst einmal Kenntnis von der Datenverarbeitung erlangen.

---

529   Art. 17 VO (EG) 45/2001; Art. 12 lit. c) RL 95/46/EG; § 20 Abs. 8, 35 Abs. 7 BDSG; die Verpflichtung soll sicherstellen, dass die gelöschten Daten auch endgültig aus dem Verkehr verschwinden.

530   Art. 23 RL 95/46/EG; Art. 32 Abs. 4 VO (EG) 45/2001; § 7, 8 BDSG.

Verarbeitet ein Organ oder eine Einrichtung der Union personenbezogene Daten eines Betroffenen, so ist der Verarbeiter aufgrund der zuvor beschriebenen Grundsätze grundsätzlich verpflichtet, den von der Verarbeitung personenbezogener Daten Betroffenen zu informieren, sei es bei einer Direkterhebung der Daten und einer damit verbundenen Einwilligung, oder bei der Erhebung und Weiterreichung durch Dritte. Aufgrund der zahlreichen Verarbeitungsprozesse und der Ausnahmen, unter denen eine Benachrichtigung des Betroffenen über die Verarbeitung regelmäßig unterbleiben kann, stellt sich die Frage, wie die Kenntnisnahme des Betroffenen von der Verarbeitung des für die Verarbeitung Verantwortlichen zusätzlich sichergestellt werden kann.

Die Konzipierung des aktuellen Informationsgefüges als „Netzwerk" aus Datenschutzbeauftragten ist zumindest auf EU-Ebene dafür geeignet, eine gute Information des Betroffenen und damit einen hohen Grad an Transparenz sicher zu stellen. Jedoch bestehen einige Fragen im Zusammenhang mit Erfahrungen in der Rechtspraxis, sofern es sich um eine Verarbeitung außerhalb der Unionsorgane handelt.

Eine erste Problematik betrifft die Erhebung von Daten bei dem Betroffenen, welcher dem Verantwortlichen eine Einwilligung erteilt hat, denn es ist überaus fraglich, ob die Einwilligung in der Regel auch die wirksame Rechtsgrundlage für eine Datenverarbeitung ist.

Die Einwilligung soll für die konkrete Datenverarbeitung aufgrund der Kenntnis der Sachlage und ohne Zwang erteilt werden[531].

Während das Kriterium der Erteilung für eine konkrete Einwilligung in der Regel erfüllt ist, so entstehen in der Rechtspraxis bereits erhebliche Probleme bei dem Kriterium der „Kenntnis der Sachlage".

Diese setzt nicht nur voraus, welche Daten von wem zu welchem Zweck verarbeitet werden, sondern zusätzlich auch, was die Erteilung der Einwilligung bewirkt. Angesichts der komplexen Datenerhebungsverfahren, technologischer Anwendungen und Wirtschaftsmodellen, fehlen dem Laien jedoch das nötige Verständnis und Hintergrundwissen, sodass er in der Regel nicht in der Lage ist diese Vorgänge zu begreifen[532], geschweige denn Erklärungen

---

531   Vgl. Art. 2 lit. h) RL 95/46/EG, Art. 2 lit. h) VO (EG) 45/2001, Art. 2 lit. g) Rahmenbeschluss 2008/977/JI; EHMANN/HELFRICH, EG-Datenschutzrichtlinie, Art. 7 Rn. 7 ff.

532   CENTRE FOR INFORMATION POLICY LEADERSHIP AS SECRETARIAT TO THE GALWAY PROJECT, Data Protection Accountability, S. 4, das Dokument kann im Internet abgerufen werden unter

abzugeben, die einschneidende Konsequenzen auf seine Rechtsstellung zur Folge haben, denn die Einwilligung soll die Rechtsposition des Betroffenen bereits vor einer Datenverarbeitung stärken.

Dies ist beispielsweise im Internet nicht der Fall, da Einwilligungen in diesem Bereich zumeist stillschweigend erteilt werden, jedoch nicht jede stillschweigende Einwilligung letztlich zu einer gültigen Einwilligung führt[533]. Zusätzlich finden sich in der Praxis immer wieder verschiedene Ausgestaltungen der Einwilligung. Der eigentlichen Konstruktion nach soll die Einwilligung dem Betroffenen bereits vor der Verarbeitung ermöglichen über eine Datenverarbeitung entscheiden zu können. In der alltäglichen Praxis ist dies jedoch nicht immer der Fall, denn die Einwilligung erfolgt nicht nur im Rahmen des vorgeschriebenen Opt-In-Verfahrens, sondern auch oft im Opt-Out-Verfahren.

Im Zeitalter des „Web 2.0"[534] ist zunehmend eine gewandelte Wahrnehmung der Internetnutzer festzustellen, die ihre Einwilligung in eine Datenver-

---

http://www.huntonfiles.com/files/webupload/CIPL_Galway_Accountability_Paper.pdf (zuletzt abgerufen am 8.9.2010); HOHMANN-DENNHARDT, RDV 2008, S. 1 (2).

533 Vgl. den Wortlaut des Art. 7 lit. a) RL 95/46/EG, der eine Einwilligung ohne jeden Zweifel fordert. Teilweise wird davon ausgegangen, dass eine stillschweigende Einwilligung gänzlich ausscheidet, EHMANN/HELFRICH, EG-Datenschutzrichtlinie, Art. 7 Rn. 14. Dies ist nach Ansicht des Verfassers auch zu befürworten, da der Sinn der Einwilligung in der Gewährung und Garantie von Transparenz liegt, welche durch eine stillschweigende Einwilligung nicht erreicht wird.

534 Der Begriff *Web 2.0* bezieht sich neben spezifischen Technologien oder neuen innovativen Kommunikationsstrukturen, wie dem Cloud Computing, primär auf die veränderte Nutzung und Wahrnehmung des Internets. Er beschreibt ein Phänomen, bei dem die Benutzer Inhalte sowohl qualitativ und quantitativ selbst erstellen, bearbeiten und verteilen, wobei sie von interaktiven Anwendungen unterstützt werden. Im Gegensatz zum Web 1.0 werden die Inhalte nicht mehr nur zentralisiert von großen Medienunternehmen erstellt und über das Internet verbreitet, sondern auch von einer Vielzahl von miteinander vernetzten Nutzern. Besonders prägnante Beispiele aus jüngster Zeit sind sog. „soziale Netzwerke" wie StudiVZ, Facebook etc., bei denen die Nutzer eigenständig ganze Persönlichkeitsprofile online stellen und untereinander kommunizieren können. Für weitergehende Informationen empfiehlt sich die Lektüre von *Tom Alby*, Web 2.0 Konzepte, Anwendungen, Technologien oder Prof. Dr. *Wolfgang Prinz*, Web Competence & Web Responsibility im Web 2.0: zweiteiliger Roundtable zur Zukunft des Internets, im Internet abrufbar unter http://www.competence-site.de/e-business/EInterview-Prof-Wolfgang-Prinz-zum-

arbeitung zum Teil überaus sorglos erteilen, um dadurch Zugang zu vermeintlichen Vorteilen zu erlangen[535]. Der Wert der vermeintlichen Vorteile, welche im Gegenzug für die Herausgabe der personenbezogenen Daten gewährt werden, steht jedoch in keinem Verhältnis zum wirtschaftlichen Wert der personenbezogenen Daten selbst[536]. Zusätzlich spielen zumeist auch soziale Zwänge eine große Rolle.

Trotz der diversen Schwierigkeiten wird von vielen Verarbeitern die Einwilligung als Rechtsgrundlage für eine Verarbeitung angegeben.

Angesichts der Erfahrungen, die bisher mit der Einwilligung gemacht worden sind, lässt sich konstatieren, dass die Einwilligung immer noch ein wichtiges Mittel ist, das den Betroffenen befähigen kann seine Rechte effektiv und wirksam auszuüben[537]. Voraussetzung hierfür ist jedoch, dass die Voraussetzungen der Einwilligung konkreter ausgestaltet werden, damit das Vorliegen ihrer Voraussetzungen für den Verarbeiter einfacher zu kontrollieren ist. Zusätzlich böte es sich an, einen konkreten Formvorschlag für die Einwilligung zu etablieren, sodass Missverständnisse vermieden werden. Dies würde vor allem im Bereich des Internets zu einer erhöhten Effizienz der Einwilligung führen und dem Betroffenen zusätzlichen Schutz bieten.

Virtual-Roundtable-Web-Competence-and-Responsibility-Teil1-Web-2-0-Bedeutung-Chancen-Risiken (zuletzt abgerufen am 8.9.2010).

535 Das beste Beispiel hierfür sind die bereits Eingangs erwähnten Kundenkarten oder personalisierte Gewinnspiele, bei welchen die jeweilige Person durch Preisgabe ihrer personenbezogenen Daten die vaage Chance eines Gewinns bekommt. Teilweise ist die Einwilligung in eine Verarbeitung personenbezogener Daten auch zwingend mit dem jeweiligen Dienstleistungsangebot verbunden.

536 Als anschauliches Beispiel hierfür kann wiederum das personenbezogene Gewinnspiel dienen. Die Person, die ihre personenbezogenen Daten herausgibt und einer Weitergabe zustimmt, erhält die geringfügige Chance ein Auto zu gewinnen. Die von ihr herausgegebenen Daten sind jedoch wirtschaftlich gesehen erheblich mehr Wert, denn der Wert pendelt zwischen wenigen Euro bis hin zu hohen dreistelligen Beträgen.
Siehe hierzu folgende Berichterstattungen des WDR und des Stern: http://www.youtube.com/watch?v=Cq9Rq5KCjd8&feature=related; http://www.stern.de/panorama/datenhandel-verraten-und-verkauft-636773.html (zuletzt abgerufen am 8.9.2010).

537 Vgl. auch die Ausführungen der Art. 29 Gruppe, Dokument 02356/09/DE vom 1.12.2009 (WP 168), Gemeinsamer Beitrag zu der Konsultation der Europäischen Kommission zu dem Rechtsrahmen für das Grundrecht auf den Schutz personenbezogener Daten, S. 3.

Ebenfalls wäre es aufgrund des zu beobachtenden Geschäftsgebarens ratsam ausdrücklich festzuhalten, dass ein Dienstleistungsangebot nicht mit einer zwingenden Einwilligung in eine Datenverarbeitung verbunden werden darf[538].

Zusätzlich ergibt sich ein Problem bei den Ausnahmen des bestehenden Informationssystems, denn diese werden nicht durch eine zentrale Stelle geprüft, sondern durch den für die Verarbeitung Verantwortlichen selbst. Diesem ist es jedoch im alltäglichen Geschäft nicht in jeder Situation möglich umfänglich zu beurteilen, ob eine Information des Betroffenen erfolgen muss, oder eine der genannten Ausnahmen eingreift. Hier liegt eine gravierende Unsicherheit des bestehenden Systems.

Eine Konkretisierung der Ausnahmeregelungen wäre daher überaus wünschenswert, ebenso wie die Einführung einer strikten Dokumentationspflicht des Verarbeiters.

Hinzu tritt die Problematik, dass derjenige, der nach der Verarbeitung von personenbezogenen Daten zu der Kenntnis erlangt, dass die Verarbeitung unrechtmäßig erfolgte, regelmäßig keine Information an den Betroffenen, geschweige denn an die zuständige Aufsichtsbehörde erteilen wird, um eventuellen negativen Folgen zu entgehen.

Erfolgt beispielsweise eine Datenverarbeitung durch ein Unionsorgan, muss diese Verarbeitung dem internen Datenschutzbeauftragten mitgeteilt werden, da dieser ein Register über jede Datenverarbeitung führt. Kommt dieser zu dem Schluss, dass ein Verstoß vorliegt, kann er weitere Maßnahmen treffen und im Extremfall die Datenverarbeitung untersagen. Hierdurch wird eine konstante und gut funktionierende Kontrolle der Datenverarbeitungsvorgänge innerhalb der EU-Organe sichergestellt.

Anders sieht es jedoch aus, wenn man den Blick auf die Datenverarbeitung im Allgemeinen richtet. Vor allem bei privaten Datenverarbeitern besteht größtenteils keine so ausgeprägte Kontrollstruktur, sodass Verstöße meist unentdeckt bleiben und nur bei extrem großen Ausmaß publik werden[539]. Da

---

538 Ausführlich zu den konkreten Änderungsmöglichkeiten siehe Kapitel V B.

539 Beispielsweise der Skandal bei der Telekom vom 27.1.2009, bei welchem die Daten mehrerer hundert Neukunden über einen einfachen Internetlink tagelang für jedermann abrufbar waren. Solche Skandalmeldungen führen regelmäßig zu einem besseren Bewusstsein im Bezug auf den Schutz der eigenen Privatsphäre, siehe auch *BÜL-LESBACH* in: KLUMPP/KUBICEK/ROßNAGEL/SCHULZ, Informationelles Vertrauen, S. 215 (220).

eine entsprechende Kenntnisnahme einer Rechtsverletzung jedoch die Grund-
voraussetzung für die Wahrnehmung eines korrespondierenden Rechts ist und
die Ausgestaltung der entsprechenden Normen in den Mitgliedstaaten stark
divergiert, würde es sich empfehlen eine zwingende Anzeigepflicht bei Verstößen einzuführen[540].

Damit diese auch eingehalten wird, wäre es zusätzlich von Nöten, eine
grundsätzlich scharfe Gefährdungshaftung zu etablieren, bei welcher sich der
Verarbeiter mit ordnungsgemäßer Befolgung der Informations- und Doku-
mentationspflichten exkulpieren kann.

Trotz dieser denkbaren Veränderung bleibt zu berücksichtigen, dass eine
Aufklärung aller Verstöße trotz aller Maßnahmen faktisch nicht möglich sein
wird, da die Komplexität der Verarbeitungsstrukturen, sowie das Ausmaß der
Datenvolumina, stetig steigen. Es verbleibt somit ein bitterer Beigeschmack
und die Erkenntnis, dass einmal in den Verkehr geratene Daten nur schwerlich zu kontrollieren sind. Daher muss das Konzept des Datenschutzes von
dem bestehenden „repressiven" Modell zu einem primär präventiv orientier-
ten gewandelt werden[541], in welchem die Beteiligung eines jeden eine tragende Rolle spielen muss.

2. Die Ermittlung des für die Verarbeitung Verantwortlichen

Die steigende Anzahl der Datenverarbeitungen und die zunehmende Komplexität erschweren jedoch nicht nur die Wahrnehmung eines erfolgten
Rechtsverstoßes. Hat der Betroffene von einem Verstoß Kenntnis erlangt, so
wird er sich Gedanken darüber machen, welche Rechte er geltend machen
kann. Mag diese Frage noch mit einem gewissen Aufwand auch für den Laien
zu beantworten sein, so stellt sich aufgrund der Komplexität der Verarbeitungen und zunehmender Verflechtung von Gesellschaftsstrukturen jedoch die
Anschlussfrage, gegen wen er diese geltend machen kann. Generell soll der
Betroffene bei einer Einwilligung alle relevanten Informationen erhalten, mit
welchen er gegebenenfalls zur Geltendmachung weiterer Rechte befähigt

---

540   Zum einen sollte diese direkt gegenüber dem jeweiligen Betroffenen erfolgen, zum
      anderen sollte ab einer gewissen Intensität auch die jeweiligen Aufsichtsbehörden in-
      formiert werden.
541   Vgl. hierzu Kapitel V und VI.

wird[542]. Wie die vorherigen Ausführungen gezeigt haben, bestehen im Zusammenhang mit der Einwilligung jedoch erhebliche Probleme.

Fand die Datenerhebung nicht beim Betroffenen statt, und hat er keine Einwilligung erteilt, sowie keine Information über die Datenverarbeitung erhalten, so besitzt er in der Regel nicht die für eine zügige Rechtsausübung nötigen Informationen.

Auf der Ebene der EU besteht in einem solchen Fall jedoch die Möglichkeit, sich an den EDSB oder, sofern bereits einzelne Hinweise bestehen, an den Datenschutzbeauftragten des jeweiligen Organs zu richten und um eine Überprüfung oder weitergehende sachdienliche Information zu bitten, sodass der Verantwortliche schnell ausgemacht werden kann. Zwecks dessen findet sich im Internet ein allgemein zugängliches Verzeichnis, anhand dessen der Betroffene den jeweils zuständigen DSB ermitteln kann[543].

Dramatisch wird die Situation jedoch wiederum, sofern man sich die Chancen einer Feststellung im Allgemeinen anschaut bzw. sich auf der Ebene des nationalen Rechts befindet. Da die Aufsichtsbehörden zumeist nicht mit hinreichenden Mitteln ausgestattet sind, deren Unabhängigkeit[544] und Befugnisse zum Teil nicht hinreichend ausgestaltet sind[545], und eine umfassende Kontrolle vor allem privater Verarbeiter zur Zeit kaum möglich ist, kann der Betroffene nur schwerlich an die relevanten Informationen gelangen, um den Verantwortlichen selbst ausfindig zu machen.

Nach den einschlägigen Normierungen ist Verantwortlicher, die natürliche oder juristische Person (das Organ oder die Einrichtung der Gemeinschaft, die Generaldirektion, das Referat oder jede andere Verwaltungseinheit), die allein

---

542 Insbesondere der Zweck der Verarbeitung, der Datentyp und der für die Verarbeitung Verantwortliche, sowie Drittempfänger der Daten.

543 Vgl. die aktuelle Liste der Datenschutzbeauftragten der Organe und Einrichtungen der Union unter http://www.edps.europa.eu/EDPSWEB/edps/site/mySite/DPOnetwork (zuletzt abgerufen am 8.9.2010).

544 Vgl. hierzu das EuGH-Urteil vom 9.3.2010, Kommission ./. Deutschland, Rs. C-518, im Internet abrufbar http://curia.europa.eu/jurisp/cgi-bin/form.pl?lang=de&alljur =alljur&jurcdj=jurcdj&jurtpi=jurtpi &jurtfp=jurtfp&numaff=C-518/07&nomusuel= &docnodecision=docnodecision&allcommjo=allcommjo&affint=affint&affclose=aff close&alldocrec=alldocrec&docor=docor&docav=docav&docsom=docsom&docinf= docinf&alldocnorec=alldocnorec&docnoor=docnoor&radtypeord=on&newform=ne wform&docj=docj&docop=docop&docnoj=docnoj&typeord=ALL&domaine=&mot s=&resmax=100&Submit=Rechercher (zuletzt abgerufen am 8.9.2010).

545 Vgl. hierzu die Darstellung von *PAHLEN-BRANDT*, DuD 2007, S. 24 (24 ff.).

oder gemeinsam mit anderen über die Zwecke und Mittel der Verarbeitung personenbezogener Daten entscheidet; sind die Zwecke und Mittel der Verarbeitung in einzelstaatlichen oder gemeinschaftlichen Rechts- und Verwaltungsvorschriften (bspw. durch einen spezifischen Rechtsakt der Gemeinschaft) festgelegt, so können der für die Verarbeitung Verantwortliche oder die spezifischen Kriterien für seine Benennung durch einzelstaatliche oder gemeinschaftliche Rechtsvorschriften (also z.B. in dem konkreten Rechtsakt der Gemeinschaft) bestimmt werden. In der Praxis entstehen jedoch gerade in diesem Zusammenhang erhebliche Probleme, da nicht immer eindeutig ersichtlich ist, wer der Verantwortliche ist und gegen wen sich die Betroffenenrechte richten.

Im Rahmen der DSRL ist der Begriff auch relevant für die Frage, welches einzelstaatliche Recht Anwendung findet. Daher kommt der richtigen Anwendung des Begriffs in der Praxis eine große Bedeutung zu.

Die einschlägige Definition beinhaltet drei Komponenten:

- „über die Zwecke und Mittel der Verarbeitung personenbezogener Daten entscheidet".
- „die natürliche oder juristische Person oder andere Stelle",
- „die allein oder gemeinsam mit anderen",

a) das Merkmal „über Zwecke und Mittel entscheiden"

aa) Das grundlegende Element der Definition ist das der „Entscheidung". Grundsätzlich lässt sich gesetzlich festlegen, wer über etwaige Verarbeitungsprozesse entscheiden darf. Die DSRL beispielsweise verpflichtet den Gesetzgeber nicht dazu eine solche Regelung zu treffen, sondern gestattet ihm dies lediglich. Folglich erfolgt die Zuweisung der Verantwortung in der Praxis zumeist durch die jeweiligen Verarbeitungsstellen selbst. Es empfiehlt sich daher grundsätzlich darauf abzustellen, wer faktisch und eigenständig die Entscheidungszuständigkeit besitzt. Der Definitionsteil ist somit funktionell zu begreifen, sodass es in der Praxis sinnvoll erscheint Faustregeln[546] zu entwickeln, um einen wirksamen Datenschutz zu garantieren.

---

546 Bei der Entwicklung dieser Faustregeln müssen rechtliche und faktische Umstände hinreichend berücksichtigt werden.

Die Art. 29 Gruppe hat sich mit einem solchen Ansatz in ihrem Working-paper 169[547] auseinandergesetzt. In diesem kommt sie zu einem systemati-schen Ansatz, mit dessen Hilfe sich die Zuweisung der Verantwortung in dreierlei Weise vollziehen lässt.

Zum einen sei es möglich die Verantwortung aufgrund einer ausdrückli-chen rechtlichen Zuständigkeit zu begründen[548], was die einfachste Variante darstellen würde und zumeist keine größeren Probleme bereiten dürfte[549].

Eine andere Variante wäre die Zuweisung der Verantwortung durch eine implizierte Zuständigkeit, also dergestalt, dass sich eine direkte Zuständigkeit nicht unmittelbar gesetzlich ergibt oder aus einer Norm folgt, sondern anhand allgemeiner gesetzlicher Bestimmungen oder der aktuellen Rechtspraxis in bestimmten Rechtsgebieten eine Zuständigkeit abgeleitet werden kann[550]. In solchen Fällen besteht eine natürliche Verknüpfung zwischen der Fähigkeit zu entscheiden und der funktionellen Rolle der jeweiligen Stelle[551].

Die dritte und letzte Variante bestimmt die Verantwortung aufgrund des tatsächlichen Einflusses, d.h. aufgrund einer Bewertung der Faktenlage. Hier-zu werden Kriterien, wie die vertraglichen Beziehungen, die Festlegung der Verantwortlichkeit in Verträgen, der Grad der tatsächlich ausgeübten Kontrol-le, der den Betroffenen vermittelte Eindruck und andere äußerliche Kriterien analysiert. Dies bietet vor allem bei komplexen Strukturen den Vorteil, den Verantwortlichen zu bestimmen, auch wenn die beteiligten Akteure ihre Rolle als nur unterstützend ansehen[552].

Anhand der ersten zwei Ansätze lässt sich wahrscheinlich in einem Groß-teil der Fälle sicher bestimmen, wem die Verantwortung zugewiesen ist. Der dritte Ansatz erfordert eine komplexe Analyse des Einzelfalles und birgt so-mit ein gewisses Fehlerpotential, führt jedoch in unübersichtlichen Situatio-nen zu sachgerechten Lösungen.

---

547 Dokument 00264/10/DE (WP 169, Stellungnahme 1/2010 zu den Begriffen „für die Verarbeitung Verantwortlicher" und „Auftragsverarbeiter").
548 Dokument 00264/10/DE, S. 12.
549 In diesem Fall kann zusätzlich ein allgemein zugängliches Register angelegt werden, anhand dessen der Betroffene, den jeweils Verantwortlichen Identifizieren kann.
550 Beispielsweise ist der Arbeitgeber verantwortlich im Bezug auf Daten über die Mit-arbeiter.
551 Vgl. auch die weiteren Beispiele in Dokument 00264/10/DE, S. 13.
552 Dokument 00264/10/DE, S. 14.

Daraus folgt jedoch zugleich, dass eine Verantwortlichkeit trotz vertragli-
cher Festlegung immer dann zu verneinen ist, wenn keiner der Ansätze zu einer Lösung führt und somit weder eine rechtliche noch tatsächliche Einflussnahme auf die Verarbeitung vorhanden ist. Dies fördert auch die Sicherheit
und Zuverlässigkeit des Datenschutzes, da die Stellung des Verantwortlichen
nicht per Parteiabrede abbedungen werden kann, da ansonsten der Schutzzweck verfehlt würde.

bb) Unmittelbar an die Frage der Entscheidungsbefugnis grenzt das Element von „Mittel und Zweck", welches Gegenstand der Entscheidungskompetenz ist. Der „Zweck" wird definiert als erwartetes Ergebnis, das beabsichtigt ist oder die geplante Aktion leitet, während „Mittel"[553] als jede Art und
Weise, wie ein Ergebnis oder Ziel erreicht wird, definiert ist.[554]
Entscheidend ist somit die Frage, wie weit die Entscheidung über Zweck
und Mittel reichen muss, damit die jeweilige Stelle als Verantwortlicher angesehen werden kann. Auch hierfür existieren in der Praxis keine verbindlichen
Leitlinien. In dem Workingpaper 169 kommt die Art. 29 Gruppe zu dem
Schluss, dass die Entscheidung über den Zweck der Verarbeitung de facto
stets die Verantwortung bedingt, die Entscheidung über die Mittel jedoch nur
dann eine Verantwortung impliziert, sofern über wesentliche Aspekte der Mittel entschieden wird.[555]

b) Das Merkmal „natürliche oder juristische Person"
Auch dieses Merkmal ist für die Rechtspraxis und damit für die Frage einer
effektiven Haftung entscheidend. Nach den Erfahrungen aus der Praxis, nach
denen vor allem in Unternehmen die Verantwortung für die Einhaltung des
Datenschutzes auf bestimmte natürliche Personen abdeligiert werden, ist sodann fraglich, ob die natürliche Person oder das Unternehmen als juristische
Person als Verantwortlicher anzusehen ist.
Aus Gründen des effektiven Rechtsschutzes ist diese Situation durch eine
möglichst günstige Auslegung des Merkmals zu lösen, sodass eine möglichst

---

553 Hierzu zählen beispielsweise das „Wie" der Verarbeitung, die Frage welche Daten
     verarbeitet werden und wer zu diesen Zugang hat etc.
554 Dokument 00264/10/DE, S. 16.
555 Vgl. hierzu die dedizierten Ausführungen mit diversen Beispielen in Dokument
     00264/10/DE, S. 17 ff.

umfassende Anwendung der Datenschutzvorschriften erfolgt. Dies bedeutet, dass die Bestimmung möglichst formal erfolgen sollte, also ein Unternehmen verantwortlich bleibt, auch wenn es die entsprechenden Befugnisse und Aufgaben einer natürlichen Person übertragen hat. Letztlich bleibt dieses der Verantwortliche, auch wenn die Aufgaben übertragen wurden. Dies erscheint nur konsequent, wenn man bedenkt, dass beispielsweise eine Person, deren Daten aufgrund eines Vertragsverhältnisses mit der jeweiligen Stelle verarbeitet werden, im Auftrag des Unternehmens erfolgt. Etwaige Verletzungen dieses Verhältnisses sind unter zivilrechtlichen Aspekten als Pflichtverletzungen der verarbeitenden Stelle zu werten, auch wenn diese durch eine interne natürliche Person erfolgte. Insofern hat auch hier der Grundsatz zu gelten, dass eine juristische Person für die Handlungen ihrer Organe und Gehilfen grundsätzlich einstehen muss.

Daraus folgt längerfristig, dass der Betroffene eine zuverlässige Anlaufstelle hat, um seine Rechte geltend zu machen.

Eine Durchbrechung dieses Grundsatzes muss jedoch dann erfolgen, wenn eine natürliche Person für eigene Zwecke handelt und die Kontrollmöglichkeit der juristischen Person de facto entzogen ist. Dies ist z.B. dann der Fall, wenn die betraute natürliche Person ihre Stellung missbraucht und die Daten anderweitig verwendet[556]. Für die Verarbeitung der Daten zu eigenen Zwecken ist allein die natürliche Person verantwortlich zu machen. Jedoch stellt die Möglichkeit der zweckwidrigen Datenverwendung ein Indiz dar, aus welchen geschlussfolgert werden kann, dass von Seiten der juristischen Person mangelnde Sicherheitsvorkehrungen getroffen wurden, sodass ebenfalls eine Haftung der juristischen Person anzunehmen ist.

Grundsätzlich ist somit die juristische Person verantwortlich, sofern nicht konkrete Indizien für eine Haftung einer natürlichen Person sprechen.

c) Das Merkmal „allein oder gemeinsam mit anderen"

Wie bereits erwähnt, erfolgt in der Praxis die Verarbeitung zumeist durch mehrere Stellen. Insofern ist es fraglich, wie die Verteilung der Verantwortlichkeit zu erfolgen hat. Hierfür gibt die Art. 29 Gruppe gleichsam pragmatische Hinweise, damit die jeweiligen Rollen leicht zuzuordnen sind[557]. Grund-

---

556 Ein Vorstandsmitglied überwacht die Mitarbeiter des Unternehmens heimlich. Später beschließt er die Daten zur Erzwingung von Gefälligkeiten zu nutzen.
557 Dokument 00264/10/DE, S. 21 ff.

sätzlich soll daher die Rolle des Verantwortlichen ebenso bestimmt werden, wie sie bei einer alleinigen Verantwortlichkeit erfolgt, d.h. nach der Entscheidungskompetenz über Zweck und Mittel. Im Rahmen der Mehrstellenkonstellation muss jedoch beachtet werden, dass die Verantwortung nicht unbedingt gleichmäßig verteilt sein muss. Eine feste „Faustformel" ließe sich jedoch nicht ermitteln, da die Vielzahl der verschiedenen Strukturformen nicht vereinheitlicht werden kann, sodass in jedem Fall eine Einzelfallprüfung geboten ist[558].

Jedoch stellt sich aus Sicht des Betroffenen die Frage, wie die verschiedenen Stellen haftungstechnisch zueinander stehen, ob es sich also namentlich um eine Gesamtschuldnerschaft handelt. Im Rahmen der DSRL gibt Art. 23 DSRL hierauf eine Antwort. Dieser spricht von einer Haftung des „für die Verarbeitung Verantwortlichen" im Singular, sodass eine gesamtschuldnerische Haftung grundsätzlich möglich und sinnvoll ist. Allerdings ist dem Umstand der divergierenden Verantwortlichkeitsgrade entsprechend zu berücksichtigen, dass auch eine entsprechende Beschränkung des Haftungsumfangs zu erfolgen hat.

Es obliegt daher den Verantwortlichen selbst, bei komplexen Verarbeitungsketten und -prozessen eine hinreichende Verteilung der Verantwortung und entsprechender Kontrollmechanismen zu bewirken.

Eine Haftung als Gesamtschuldner stellt somit ein wirksames Druckmittel dar und ist besonders dann von Nutzen, wenn die Verteilung der Verantwortung unübersichtlich ist oder gar gänzlich fehlt.

Anhand der genannten Kriterien lassen sich die bisher herrschenden Probleme im Rahmen der Bestimmung des Verantwortlichen größtenteils beheben. Jedoch gibt es bis dato keine „Einheitsregel", sondern es ist vielmehr in jedem Fall eine Einzelfallprüfung vorzunehmen.

Dies versetzt den Betroffenen zwar nicht immer in die Lage den Verantwortlichen direkt und ohne größere Probleme zu bestimmen, jedoch kann er sich an den genannten Kriterien orientieren und gegebenenfalls mit rechtskundiger Hilfe zu einem schnellen Ergebnis gelangen.

3. Die Probleme bei der gerichtlichen Durchsetzung der Rechte

Hat der Betroffene von einer unrechtmäßigen Datenverarbeitung erfahren, den für die Verarbeitung Verantwortlichen ausgemacht und seine ihm gegen

---

558 Vgl. hierzu die zahlreichen Beispiele in Dokument 00264/10/DE S. 21 ff.

den Verantwortlichen zustehenden Rechte nicht erfolgreich oder nur teilweise durchsetzen können, stellt sich die Frage, ob er diese Rechte gerichtlich geltend macht.

Hierbei stellen sich jedoch vor allem zwei überaus relevante Anschlussfragestellungen. Zum einen ist fraglich, ob und in welchen Verfahren der einzelne seine Rechte durchsetzen kann. Im Anschluss daran ist die Problematik der Verfahrensdauer sowie der Verfahrenskosten zu berücksichtigen.

a) Die Problematik der Verfahrensdauer

Erwägt der Betroffene eine gerichtliche Durchsetzung, so ist zuerst zu ermitteln, welche Verfahren ihm hierzu zur Verfügung stehen. Die dem Individuum zur Verfügung gestellten Verfahren auf der Ebene der EU sind, wie bereits ausführlich dargestellt wurde, eher spärlich. Vom Mangel einer Grundrechtsbeschwerde und den engen Voraussetzungen einer Nichtigkeitsklage einmal abgesehen wird der Rechtschutz in der EU zu einem Großteil durch die Gerichte der Mitgliedsstaaten gewährt. Folglich muss sich der Betroffene zuerst der nationalen Rechtsbehelfe bedienen, um seinen Rechte zwangsweise durchsetzen zu können. Erst dann besteht für ihn eine Chance auf die Einleitung eines Vorabentscheidungsverfahrens. Aufgrund der auf nationaler Ebene zur Verfügung gestellten Rechtsbehelfe stehen die Chancen für eine gerichtliche Durchsetzung durchaus gut. Jedoch birgt gerade der Instanzenzug auf nationaler Ebene erhebliche Probleme, da der Durchlauf aller Instanzen mit Leichtigkeit drei bis vier Jahre betragen kann, was die Effektivität des Datenschutzes in der Praxis erheblich beeinträchtigt. Dies ist besonders im Bereich des Internets der Fall, da einmal zugänglich gewordene Informationen sehr schnell unkontrollierbar werden, sodass eine nachträgliche Entfernung nicht oder nur mit erheblichem Aufwand möglich ist.

Hier spielt vor allem der einstweilige Rechtsschutz eine erhebliche Rolle für die Effektivität der Durchsetzung des Datenschutzes. Während auf nationaler Ebene ein einstweiliger Rechtsschutz durchaus zügig erreichbar ist, muss man auf europäischer Ebene leider feststellen, dass es dort die Möglichkeit eines so umfangreichen einstweiligen Rechtsschutzes bis dato nicht gibt, denn der Gerichtshof kann lediglich in den bei ihm anhängigen Sachen die erforderlichen einstweiligen Anordnungen treffen[559]. Da die Zugangsmöglichkeiten für ein Individuum, wie bereits erläutert, erheblich begrenzt sind,

---

559 Vgl. Art. 279 AEUV.

folgt daraus ebenso eine Begrenzung der Möglichkeit der Erlangung einstweiligen Rechtsschutzes.

Eine effektive Rechtsdurchsetzung bedingt jedoch nicht nur, dass in materieller Hinsicht ein ausgeklügeltes Schutzsystem besteht und dem Betroffenen diverse Rechte zustehen. Viel wichtiger ist es, dass er diese rechtlichen Garantien auch zeitnah und den Umständen entsprechend ausüben kann, was gerade im Bereich des Datenschutzes schnelle und effektive Handlungsmöglichkeiten erfordert. Dies ist jedoch auf Ebene der EU bis zum jetzigen Zeitpunkt nicht gegeben.

Betrachtet man wiederum das Beispiel der VDSRL, so wird schnell klar, was ein zügiger Rechtsschutz in dieser Konstellation hätte bewirken können. Mit einem solchen hätte die Richtlinie umgehend einer vorläufigen gerichtlichen Würdigung zugeführt werden können, sodass die momentan vorherrschende Rechtszersplitterung vermieden worden wäre[560]. Dies hätte jedoch nach Art. 279 AEUV bedingt, dass es eine Möglichkeit für einen Unionsbürger hätte geben müssen, unmittelbar gegen die VDSRL vorzugehen[561].

b) Die Frage der Kosten

Neben der Problematik der Verfahrensdauer und der mangelnden Anzahl an Verfahren auf der Ebene der EU, steht ebenfalls die Frage der Kosten im Raum. Die gerichtliche Wahrnehmung der Interessen ist besonders bei vorheriger Erschöpfung der nationalen Instanzen besonders kostenintensiv, da nicht nur die Gerichtskosten, sondern auch die Anwaltskosten über einen längeren Zeitraum zu erheblichen Summen führen können. Zwar besteht gem. Art. 76 EuGH VerfO[562] die Möglichkeit der Bewilligung von Prozesskostenhilfe, womit zwar die unmittelbaren Kosten abgedeckt sind, jedoch haben Klagen vor dem EuGH gem. Art. 278 AEUV generell keine aufschiebende Wirkung, was zur Folge hat, dass durch eventuell vorher ergangene Urteile, welche sich ungünstig für den Kläger auswirken und eine Datenverarbeitung nicht unter-

---

560 Die Rechtszersplitterung ist momentan dergestalt gegeben, dass die Richtlinie für die Mitgliedstaaten zwar verbindlich ist, die nationalen Gerichte aber die jeweiligen Umsetzungsgesetze für nichtig erklärt haben bzw. eine Umsetzung von Seiten der Mitgliedstaaten verweigert wird, bis die Frage der Rechtmäßigkeit eindeutig geklärt ist.

561 Auch von diesem Gesichtspunkt aus gesehen würde die Etablierung einer „europäischen Grundrechtsbeschwerde" einen positiven Effekt bewirken.

562 Verfahrensordnung des EuGH, abgedruckt in Sartorius II Nr. 250.

binden, weitere Kosten entstehen bis der EuGH endgültig entschieden hat. Der somit entstehende Kostenapparat besitzt eine durchaus abschreckende Wirkung, sodass auch aus diesem Gesichtspunkt die Etablierung eines entsprechenden Eilrechtsschutzes zum Vorteil gereichen würde.

Eine weitere Möglichkeit bestünde darin, Verbandsklagen zuzulassen. Zwar führt dies nicht unmittelbar zu einer Kostenreduktion, aber eine Verbandsklagemöglichkeit wäre eine hinreichende Kompensation für diese Problematik. Der Einzelne hat, wie bereits dargestellt, häufig Probleme die Verantwortlichen ausfindig zu machen, bzw. die finanziellen Mittel, um über einen längeren Zeitraum zu prozessieren. Durch die Bündelung der Klagemöglichkeit durch einen Verband hätte er, ähnlich wie im nationalen Wettbewerbsrecht, die Möglichkeit, den Anspruch durch den Verband geltend zu machen. Dies hat neben der geringen Kostenlast für das Individuum noch einen weiteren Effekt. Grundsätzlich besitzen die ergehenden Urteile nur inter partes Wirkung, sodass eine Umsetzung des Tenors regelmäßig nur für die jeweilige Partei erfolgt, ohne dass es zu einer Verbesserung für evtl. auch andere Betroffene kommt. Auf diese Weise ließe sich die Wirkung eines Urteils erweitern, sodass es zwangsläufig zu einer generellen Überarbeitung der jeweiligen Datenverarbeitungsstruktur für alle kommt.

C. Zwischenfazit

Im Ergebnis lässt sich somit feststellen, dass die Rechtsdurchsetzung im europäischen Datenschutzrecht funktioniert, aber auch einige Probleme vorhanden sind. Positiv hervorzuheben ist die Arbeit der Art. 29 Gruppe, welche sich kontinuierlich mit relevanten Themen zum Datenschutz beschäftigt und Empfehlungen abgibt, damit eine homogene Anwendung und Fortentwicklung der vorhandenen Vorschriften gewährleistet ist. Das gleiche gilt für den EDSB, welcher neben der reinen Beratungs- und Kontrollfunktion innerhalb der Union auch bei der Durchsetzung der Betroffenenrechte interagieren kann, indem er bei der Feststellung eines Verstoßes behilflich ist, was für einen Schadensersatzprozess des Betroffenen sehr nützlich ist. Zusätzlich hilft die enge Zusammenarbeit zwischen den behördlichen DSB und dem EDSB eine hohe Kontrolldichte zu erreichen. Jedoch stehen die Chancen etwas schlechter, sofern sich ein Betroffener um gerichtlichen Rechtsschutz bemüht.

Problematisch ist bereits die Möglichkeit des Betroffenen sich an den EuGH zu wenden, da ihm direkt nur der Weg über die erheblich eingeschränkte Nichtigkeitsklage zur Verfügung steht. Ist dem Betroffenen dieser Weg versperrt, so bleiben ihm derzeit lediglich die Möglichkeit eines inzidenten Rechtsschutzes durch die nationalen Gerichte und ein eventuelles Vorabentscheidungsverfahren. Jedoch stellen die zwei diskutierten Ansätze eine probate Lösungsmöglichkeit dar, welche vor allem vor den Neuerungen des Vertrages von Lissabon und einer damit verbundenen Verdichtung des Grundrechtsschutzes nicht nur wünschens- sondern sogar empfehlenswert wären, weil der Grundrechtsschutz in der Union hierdurch eine weitere, erhebliche Aufwertung erfahren würde.

Neben diesen strukturellen Gesichtspunkten gibt es jedoch weitere Probleme in der Praxis. Zwar stehen dem Betroffenen zahlreiche Rechte zur Verfügung, jedoch existieren bei der Durchsetzung in der Praxis bereits Probleme bei der Wahrnehmung eines datenschutzrechtlich relevanten Verstoßes. Doch selbst wenn ein Verstoß wahrgenommen wird, so ist in der Folge fraglich, wer der für die Verarbeitung Verantwortliche ist.

Zuletzt bestehen vor allem bei der gerichtlichen Durchsetzung Probleme, welche insbesondere die Verfahrensdauer und die Verfahrenskosten betreffen. Als Lösung hierfür kommt jedoch nur ein Eilrechtsschutz in Frage, um eine schnelle vorläufige Entscheidung herbeizuführen und Schäden zu verhindern, die durch die erhebliche Verfahrensdauer in Kombination mit dem bestehenden Rechtsschutzsystem entstehen können.

D. Ergebnisüberblick

- Im europäischen Datenschutzrecht existieren verschiedene Kontrollorgane, denen unterschiedliche Aufgaben obliegen. Dies sind namentlich die Art. 29 Gruppe, der EDSB bzw. die behördlichen DSB sowie der EuGH.

- Die Art. 29 Gruppe wird lediglich beratend tätig und nimmt somit in mittelbarer Art und Weise an der datenschutzrechtlichen Rechtsetzung teil. Sie kann jedoch durch die jederzeitige Stellungnahme zu einem beliebigen datenschutzrechtlich relevanten Thema und die Weiterleitung der so entstehenden Workingpapers an den Rat und das Parlament Druck ausüben.

- Anders als die Art. 29 Gruppe kann der EDSB entweder aufgrund einer Individualbeschwerde oder aufgrund eigener Veranlassung tätig werden. Dabei stehen ihm zahlreiche Befugnisse zu. Diese beschränken sich zwar lediglich auf die Feststellung eines Verstoßes im Rahmen der Tätigkeiten der Unionsorgane, doch sind sie überaus wirksam. Neben der Untersagung der Datenverarbeitung, bzw. der Anordnung von Aktivmaßnahmen, wie Löschung und Berichtigung, sind besonders das Verfahren der Vorabkontrolle und die Beratungsfunktion zu nennen. Durch ein gut strukturiertes Informationsgefüge wird nicht nur sichergestellt, dass auf neue Risikostrukturen zeitig reagiert werden kann, sondern es wird zugleich auch sichergestellt, dass der EDSB stets über risikobehaftete Verarbeitungsvorgänge informiert ist. Derartige Verarbeitungsvorgänge werden in einem Register registriert und protokolliert. In Kombination mit den behördlichen DSBen, welche ebenfalls ein Register führen, in welchem jeder Verarbeitungsvorgang aufgelistet wird, wird zusätzlich ein hoher Transparenzgrad erreicht. Durch die Beratungsfunktion kann der EDSB zusätzlich Einfluss auf die europäische Rechtssetzung nehmen.

- Die Kontrollfähigkeit von Maßnahmen durch den EuGH ist abhängig von dem jeweiligen Sachverhalt. Es finden sich vereinzelte Zuständigkeitsvorschriften, wobei jedoch gerade die problematischen Bereiche der PJZS und der GASP von der Zuständigkeit ausgenommen sind. Sofern eine Zuständigkeit gegeben ist, erschweren jedoch enge Zulässigkeitsvoraussetzungen im Rahmen der Nichtigkeitsklage gem. Art. 263 Abs. 4 AEUV als auch die Unmöglichkeit der Hinwirkung des Betroffenen auf ein Vorabentscheidungsverfahren die Rechtsdurchsetzung.

- Eine wesentliche Verbesserung des Rechtsschutzes kann auf mehreren Wegen erfolgen. Es wäre beispielsweise möglich aufgrund der im Rahmen des Lissabonvertrages erfolgten Änderungen eine erweiterte Auslegung des Art. 263 Abs. 4 AEUV zuzulassen, da dieser nunmehr auf „Handlungen" abstellt und nicht mehr nur auf „Entscheidungen". Unter diesem Gesichtspunkt wäre jedoch eine erneute Überprüfung des Merkmals der individuellen Betroffenheit notwendig. Ebenfalls denkbar wäre die Möglichkeit der Etablierung einer „europäischen Grundrechtsbeschwerde", welche in ihren wesentlichen Zügen der deutschen Verfassungsbeschwerde nachempfunden werden könnte. Die dargestellten Einwände gegen eine solche Klagemöglichkeit vermögen nach den Neuerungen des Vertrages von Lissabon jedoch nicht mehr gänzlich zu überzeugen, wohingegen die Fortschritte auf dem Gebiet des europäischen Grundrechtsschutzes für eine solche Möglichkeit sprechen. Die letzte Möglichkeit bestünde unterdessen in dem zügigen Beitritt der Union zur EMRK. Die Möglichkeit eines Betroffenen Individualbeschwerde einzulegen, würde ebenfalls für einen erhöhten Rechtschutz sorgen. Dabei ist eine Subordination des EuGH unter den EGMR, sowie eine Konterkarierung des Art. 19 EUV nicht zu besorgen. Auch die Besorgnis, dass eine solche Chance gegen Art. 344 AEUV verstoßen könne, ist derweil unbegründet. Ganz im Gegenteil würde ein Beitritt lediglich zu der Anerkennung des EGMR als spezifischeres Gericht führen und das bestehende Kooperationsverhältnis mit dem EuGH stärken.

- Dem Betroffenen stehen zahlreiche Rechte zu. Es bestehen aber einige Probleme bei der Wahrnehmung einer Datenverarbeitung. So ist bereits in vielen Fällen fraglich, ob die Einwilligung tatsächlich die richtige Rechtsgrundlage für die Verarbeitung ist, da zum Teil erhebliche Zweifel an deren Voraussetzung bestehen.

- Eine zusätzliche Verunsicherung folgt aus der Tatsache, dass das Vorliegen von Ausnahmetatbeständen, welche eine Verarbeitung ohne Einwilligung erlauben, von dem jeweils für die Verarbeitung Verantwortlichen überprüft und ausgelegt werden, was zu extremen Unsicherheiten führt. Problematisch ist aber auch die Ermittlung des für die Verarbeitung Verantwortlichen, da die Verarbeitungsstrukturen zunehmend komplexer werden. Jedoch hat die Art. 29 Gruppe einen systematischen Ansatz ermittelt, anhand dessen eine Bestimmung im Einzelfall möglich wird.

- Zuletzt erschwert der Rechtsschutz über die nationalen Gerichte die effektive Durchsetzung, weil der zum einen zeitnah erfolgen muss, was bei dem Durchlauf eines nationalen Instanzenzuges, welcher unter Umständen bis zu vier Jahren dauern kann, nicht mehr behauptet werden kann. Aber auch die Frage der aus dieser Zeitspanne resultierenden wirtschaftlichen Kosten, sowie die Prozesskosten, stellen ein Problem dar. Abhilfe könnte hier wiederum durch eine direkte Klagemöglichkeit, sowie eine Verbandsklage geschaffen werden.

Kapitel V: Die Rolle des Individuums im Datenschutzsystem

Wie die vorherigen Darstellungen bereits gezeigt haben, basiert der Datenschutz hauptsächlich auf dem Gedanken, dass der Einzelne die Kontrollmöglichkeit darüber erhalten soll, welche personenbezogenen Daten seiner Umwelt bekannt werden und unter welchen Umständen diese verarbeitet werden dürfen. Nachdem bereits die normative Ebene beleuchtet wurde und das bestehende Regelungsgeflecht begutachtet wurde, stellt sich jedoch die Frage, welche Rolle der Einzelne selbst in diesem Schutzgefüge einnimmt, namentlich, welche Möglichkeiten bestehen oder bestehen sollten, um ihn aktiv einzubinden und somit den Datenschutz noch effektiver zu machen.

Nachfolgend soll daher analysiert werden, inwieweit der Einzelne aktiv eingebunden wird, welche Möglichkeiten des „Eigenschutzes" bestehen, und wie vor allem der Staat bzw. die Union die bestehenden Möglichkeiten positiv beeinflussen und fortentwickeln können. Dabei soll insbesondere der Prävention ein besonderes Augenmerk zukommen, da aufgrund der schon dargestellten Schnelligkeit, mit der sich Daten heute verbreiten können, primär der Ansatz „Vorsorge ist besser als Nachsorge" verfolgt werden sollte.

A. Die Verantwortung im derzeitigen Normgefüge des Datenschutzes

Um beurteilen zu können, welche Verbesserungen im (europäischen) Datenschutz erfolgen sollten, um die Rolle des Individuums zu stärken, bedarf es zu allererst einer Betrachtung des momentanen Normgefüges und damit einhergehend der Frage, in wie weit das Individuum in dieses Gefüge aktiv eingebunden ist. Der derzeitige Datenschutz kann grob in zwei Aspekte unterteilt werden.

Zum einen erfolgt der Datenschutz auf normativer Ebene, beispielsweise durch Rechtsverordnungen, Richtlinien etc., und zum anderen durch technische Schutzmaßnahmen, welche in die jeweilige Technik direkt implementiert sind. Beide Aspekte stehen jedoch nicht autark zueinander, sondern sollen sich gegenseitig zu einem umfangreichen Schutz ergänzen.

Die bisherige Schutzdogmatik räumt dem potentiell von einer Verarbeitung Betroffenen bereits jetzt eine gewichtige Rolle ein. Da der Datenschutz grundsätzlich als Verbot mit Erlaubnisvorbehalt konzipiert ist, bedarf es i.d.R. der Einwilligung in die Datenverarbeitung. Damit entscheidet jeder grundsätzlich selbst, welche personenbezogene Daten über ihn in Umlauf geraten.

Des Weiteren werden ihm zahlreiche gestaltende Rechte zur Seite gestellt[563], sodass es theoretisch möglich ist, die Kontrolle über die Daten auch dann zu behalten, wenn sie nicht unmittelbar beim Betroffenen selbst erhoben wurden. Die theoretische Schutzkonzeption beteiligt den (potentiell) von einer Verarbeitung Betroffenen also bereits jetzt in einem großen Umfang.

Das momentan geltende Schutzkonzept basiert jedoch ersichtlich auf der Voraussetzung, dass das Individuum umfangreich aufgeklärt ist, es um die Konsequenzen seines Handelns Bescheid weiß und seine Rechte souverän ausübt. Die zu Anfang dieser Arbeit vorgestellten Sekundärrechtsakte, auf welche sich das europäische Datenschutzrecht primär stützt, wurden jedoch zu einer Zeit verfasst, in der die momentanen tatsächlichen Umstände nur erahnt werden konnten. Zwar greift die Schutzdogmatik noch immer, jedoch bietet es sich an, das bisherige europäische Konzept aufgrund der getätigten Erfahrungen um einige neue Gesichtspunkte zu erweitern, da eine Vielzahl der Personen, insbesondere junge und alte Menschen, sich nicht über die Folgen ihres Handelns im Klaren sind.

B. Ansätze für eine Verbesserung des europäischen Datenschutzes

Es gibt eine Vielzahl von Schutzkonzepten, die bereits auf nationaler oder internationaler Ebene vorangetrieben worden sind.

Da die vorhandenen Schutzkonzepte nicht autark nebeneinander stehen, sondern eng miteinander verwoben sind, werden im Folgenden die verschiedenen Schutzkonzepte kurz dargestellt, wobei an gegebener Stelle auf Verknüpfungen hingewiesen wird. Zusätzlich werden an den entscheidenden Stellen Verbesserungsvorschläge diskutiert.

Zuerst soll jedoch herausgearbeitet werden, warum insbesondere die Union gefordert ist die Änderungen vorzunehmen und nicht die Mitgliedstaaten selbst.

I. Regelung durch die Mitgliedstaaten oder durch die Union?

Bei der Frage der Verbesserung des Datenschutzes stellt sich zu allererst die Frage, wer eine solche Verbesserung bewirken kann, bzw. bewirken darf, also ob der Staat aufgrund des bestehenden Rechtssystems alleine Maßnah-

---

563 Bspw. Recht auf Auskunft, Löschung, Berichtigung etc.

men ergreifen kann, oder ob es nicht die Aufgabe der Union ist eine grundlegende Änderung herbeizuführen.

Da es sich bei dem Gebiet des Datenschutzes um ein Gebiet handelt, welches eine enge Verbindung zum Binnenmarkt aufweist, ist daher zu klären, ob es sich bei den zuvor dargestellten Rechtsgrundlagen um einen „Mindeststandard" oder eine „Vollharmonisierung" handelt. Dazu ist ein genauerer Blick auf die DSRL nötig.

Grundsätzlich gilt es zu beachten, dass es sich bei der DSRL um eine Richtlinie handelt, die auf Art. 114 AEUV fußt. Gem. Art. 114 Abs. 3 AEUV ist davon auszugehen, dass die Richtlinie bereits ein hohes Schutzniveau besitzt und somit ein hohes Schutzniveau besteht.

Handelt es sich bei der DSRL um eine Harmonisierung mit „Mindestschutz", so wäre es den Mitgliedstaaten aufgrund einer expliziten Regelung gestattet verstärkte Maßnahmen zu ergreifen. Solche Regelungen finden sich z.B. im Art. 193 AEUV in Bezug auf die gem. Art. 192 AEUV getroffenen Maßnahmen. Jedoch findet sich eine vergleichbare Regelung nicht für den Art. 114 AEUV.

Die Richtlinie dient der Vereinheitlichung des Rechts, weshalb einzelne über das Schutzniveau der Richtlinie hinausgehende Regelungen der Mitgliedstaaten unerwünscht sind, da sie der „Vereinheitlichung" im Wege stehen können. Aus diesem Grund findet sich in Art. 114 Abs. 4 bis Abs. 6 AEUV ein spezielles Verfahren, in dem die Kommission eine über die Richtlinie hinausgehende Regelung im Einzelfall prüfen und genehmigen kann[564]. Ein von der Richtlinie beabsichtigter „Mindestschutz", über den die Mitgliedstaaten hinausgehen können, ist daher zu verneinen.

Bei der DSRL handelt es sich daher um eine „Vollharmonisierung"[565]. Bei einer solchen werden die Ziele und Grenzen durch die Union selbst bestimmt und in der Richtlinie verbindlich verankert. Die Mitgliedstaaten dürfen also über den in der Richtlinie genannten Rahmen nicht hinausgehen. Vielmehr dürfen sie nur in dem in der Richtlinie selbst festgelegten Freiraum tätig werden, der sich aus den allgemeinen Rechtsbegriffen, Ausnahmemöglichkeiten, Optionen und speziellen Regelungsaufträgen ergibt[566].

---

564 Vgl. Art. 114 AEUV.
565 Vgl. BRÜHANN, EuZW 2010, S. 639 (642 ff., 644 (m.w.N.)).
566 für die Reichweite des in der DSRL gewährten Spielraums vgl. BRÜHANN, EuZW 2010, S. 639 (642, 643).

Würde die DSRL keine „Vollharmonisierung" bezwecken, so könnte dies zu gravierenden Nachteilen führen[567]. Aufgrund dessen ist es den Staaten selbst nur möglich Verbesserungen einzuführen, die sich innerhalb der Richtlinie bewegen. Daher ist es die Aufgabe der Union die im Folgenden diskutierten Verbesserungen zu berücksichtigen bzw. umzusetzen, da einige Änderungen die Modifikation bestehender Normen verlangen.

II. Erhöhter gesellschaftlicher Sensus – Aufklärung als wichtigstes Merkmal des modernen Datenschutzes-

Wie in den vorherigen Kapiteln gezeigt wurde, besteht auf Ebene der EU ein Datenschutzsystem, welches durchaus als befriedigend bzw. effizient bezeichnet werden kann. Jedoch bietet es sich aufgrund der neuen Entwicklungen an, über einen weiteren wichtigen Gesichtspunkt des Datenschutzes zu reflektieren, weil die Normen größtenteils von einer Situation ausgehen, bei der eine zentralisierte Datenverarbeitung stattfindet.

Bereits in Kapitel II dieser Arbeit wurde erläutert, dass dem Gesetzgeber im Rahmen des Datenschutzes eine sog. „Gewährleistungsverantwortung" zukommt[568]. Dieser zufolge ist der Staat verpflichtet, den Bürger aufgrund der Grundrechte zu schützen. Diese Schutzgewährleistung ist jedoch nicht im Sinne eines „Vollschutzes", sondern als eine Art „Infrastrukturverantwortung" zu sehen, d. h. der jeweilige Staat bzw. die Union muss das Individuum in die Lage versetzen, seine Rechte dort selbst wahrzunehmen, wo es dem Staat bzw. der Gemeinschaft nicht mehr möglich ist selbst für Schutz zu sorgen[569].

Das heißt, dass der Einzelne bereits bei der Prävention umfassend beteiligt werden muss.

Jedoch bedingt dies nicht nur eine möglichst optimierte Rechtsstruktur in Form von materiellen Normen und Möglichkeiten zu deren Durchsetzung, sondern nach Sicht des Verfassers gleichzeitig auch ein hinreichendes Maß an Aufklärung. Ohne Aufklärung kann auch der beste Schutz seine Effizienz nicht voll entfalten.

---

567 *BRÜHANN*, EuZW 2010, S. 639 (644).
568 Kapitel II A. II. 3. a).
569 *ROßNAGEL*, Informatik Spektrum 25/2002, S. 33 (36); *ROßNAGEL*, ZRP 1997, S. 26 (29, m.w.N.); *HORNUNG*, MMR 2004, S. 3 (7).

Dass die hiesige Aufklärung nicht dem Optimum entspricht, lässt sich an zahlreichen Beispielen feststellen.

Das Paradebeispiel hierzu bieten zum Beispiel die sozialen Netzwerke. Ohne größere Bedenken erstellt der Nutzer eines solchen Netzwerkes ein eigenes Persönlichkeitsprofil, lädt Bilder ins Internet, kommuniziert öffentlich über frei zugängliche „Pinnwände" und teilt somit jedem mit, was er gerade tut, oder wo er sich gerade befindet[570].

Ein weiteres Beispiel ist die ungenierte Telekommunikation vor jedermann in der Öffentlichkeit, welche zumeist hemmungslos praktiziert wird, oder der emsige Einsatz von „Kundenkarten" beim Einkauf. Die genannten Beispiele belegen ohne Zweifel, dass der Einzelne im Alltag nur allzu unbedacht mit seinen Daten umgeht und diese in nahezu „exhibitionistischer Weise" preisgibt, wobei er sich in dem Glauben befindet trotz alldem unbeobachtet zu sein[571].

Was nützt folglich ein Schutzsystem, welches vom Grundprinzip darauf ausgerichtet ist, dass der Einzelne möglichst wenig personenbezogene Daten in das gesellschaftliche Umfeld gelangen lassen will, wenn der Einzelne oft arglos auf dieses verzichtet und seine personenbezogenen Daten nahezu freiwillig für jedermann zugänglich macht?

Aufgrund dieses „Werte- bzw. Verständniswandels" muss ein effektiver Datenschutz heute nicht nur „schützen" sondern auch in umfangreichen Maß „aufklären"[572].

Eine Aufklärung in jedem Einzelfall einer Datenverarbeitung wäre jedoch kontraproduktiv und würde eher zu einer weiteren Abstumpfung als zu einer Verbesserung führen[573].

Es bedarf daher eines Konzepts der generellen Aufklärung bzw. Bildung und nicht nur vereinzelter Pilotprojekte[574].

---

570 Treffend werden solche Seiten daher als „FKK-Kolonien" im Internet bezeichnet, vgl. *WAGNER*, DuD 2010, S. 557 (558).

571 Vgl. hierzu auch *HOHMANN-DENNHARDT*, RDV 2008, S. 1 (1 ff.).

572 Zu diesem Schluss kommt auch eine aktuelle Studie des BSI, welche ebenfalls eine verstärkte Aufklärung fordert, vgl. *BORGES/SCHWENK/STUCKENBERG /WEGENER*, Identitätsdiebstahl, S. 383 ff.

573 Dies folgt bereits aus der heute stetig wachsenden Anzahl von Datenverarbeitungen.

574 Vgl. hierzu auch *WAGNER*, DuD 2010, S. 557 (561); *SCHMALE/TINNEFELD*, DuD 2010, S. 523 (528).

Gegenstand der Aufklärung müssen sowohl die Gefahren der modernen Datenverarbeitung, die dem Betroffenen zugestandenen Rechte, als auch die dem Einzelnen zustehenden Schutzmöglichkeiten sein, damit jeder Einzelne in der Lage ist kritisch und befähigt mit seinen Daten umzugehen. Dabei ist folgender Umstand zu berücksichtigen:

Die Betroffenen bekommen ihre Informationen häufig durch die Presse, welche wiederum auf Informationen von staatlicher Seite angewiesen sind. Da die Presse jedoch frei ist, gewährleistet sie nicht unbedingt die erforderliche Kontinuität, die für eine solche Aufklärung vorhanden sein sollte, da die Gestaltung des Sendeprofils im Belieben der jeweiligen Sendeanstalt liegt.

Es ist daher die Pflicht des Staates gerade hier selber aktiv zu werden und eine hinreichend organisierte und gesicherte Informationsstruktur zu erarbeiten[575], wobei er gleichzeitig darauf zu achten hat, dass die Kluft zwischen den privilegierten, sozial und technisch versierten Nutzern – die zum Selbstschutz befähigt sind – und den weniger versierten – beispielsweise aufgrund mangelnder Bildung oder hohem Alter – nicht zu groß wird[576].

Eine mögliche dauerhafte Infrastruktur könnte wie folgt aussehen:

Da vor allem junge Personen häufig unbedacht im Zusammenhang mit personenbezogenen Daten agieren und die Konsequenzen, welche unter Umständen erst Jahre später folgen, nicht einzuschätzen vermögen, sollte ein generelles Konzept erarbeitet werden, welches bereits frühzeitig den Umgang mit der heutigen Informations- und Kommunikationstechnologie (IKT) schult. Ein denkbarer Ansatz wäre bereits früh, z.B. ab dem sechsten oder siebten Schuljahr, ein verständliches Aufklärungskonzept im Schulsystem zu integrieren. Eine Aufklärung der Jugendlichen kann beispielsweise im Rahmen des Sozialwissenschaftsunterrichts, im Informatikunterricht oder in hierfür eigens angelegten Arbeitsgruppen erfolgen. Im Rahmen des Schulunterrichts könnten

---

575 Für eine solche Organisationsstruktur würde sich die gezielte Etablierung von Aufklärungspflichten der jeweiligen Endanbieter anbieten. Ebenfalls sind andere gesetzliche Erwägungen heranzuziehen.

576 *HOFFMANN-RIEM*, AöR 1998, S. 513 (536).

exemplarisch die Probleme sozialer Netzwerke[577], das unbedachte Nutzen von Onlinediensten und weitere Probleme dargestellt werden[578].

Zusätzlich müsste ein Weg gefunden werden, Eltern im Alltag auf kurze aber effektive Weise über neue Gefahren für sich und ihre Kinder im Netz aufmerksam zu machen und zu informieren. Denkbar wäre es Eltern durch Informationsmaterial dazu zu befähigen, sich intensiver mit solchen Strukturen auseinanderzusetzen. Dies kann durch einfache Informationsbroschüren, öffentliche Aushänge, Presseveröffentlichungen der lokalen Aufsichtsbehörden oder Aktionstage realisiert werden. Auch Informationsseiten, wie die des „Virtuellen Datenschutzbüros", sind äußerst hilfreich und bieten einen breiten und stets aktuellen Informationsfundus.

Ebenfalls würde es Sinn machen, beispielsweise den Anbietern bestimmter Dienstleistungen (StudiVZ, Facebook) Aufklärungspflichten[579] aufzuerlegen, die in verständlicher und übersichtlicher Weise vollzogen werden müssen.

An dieser Stelle ist gesondert darauf hinzuweisen, dass gerade bei sozialen Netzwerken der Datenschutz nicht nur den reinen Schutz der personenbezogenen Daten zur Folge hat, sondern auch generalpräventive Effekte in Bezug auf die Begehung von Straftaten haben kann.

Dies betrifft insbesondere Straftaten, die die Ehre einer Person verletzen (sog. „Cyber-Mobbing) oder auch Sexualdelikte[580].

Der „neue" Datenschutz muss also darauf abzielen, zuerst wieder einen Sensus für die Bedeutung der Datenpreisgabe[581] bei den Personen zu schaffen,

---

577 Dies betrifft insbesondere die Fragen, was passiert mit den Daten, wie schützt man sich vor Missbrauch, Aufklärung darüber, dass es möglich ist sog. Fake-Profile anzulegen und hierüber fremde Daten auszuspähen.

578 Für ein ähnliches Konzept spricht sich auch WAGNER aus, vgl. *WAGNER*, DuD 2010, S. 557 (560 ff.).

579 Die Lösung über Aufklärungspflichten wird u.a. auch von Borges in Erwägung gezogen, vgl. *BORGES/SCHWENK/STUCKENBERG/WEGENER*, Identitätsdiebstahl, S. 385.

580 In diesem Zusammenhang sei auf die breite öffentliche Diskussion in Bezug auf das Portal schuelervz hingewiesen. Zahlreichen Berichten der Medien zufolge besteht die Besorgnis, dass Pädophile die Daten von Kindern ausspähen und zu eigenen Zwecken missbrauchen können, siehe hierzu exemplarisch die Berichterstattung des Stern oder rp-online: http://www.stern.de/panorama/internet-paedophiler-erpresst-maedchen-im-netz-595536.html ; http://www.rp-online.de/bergischesland/leverkusen/nachrichten/Paedophile-liegen-auf-der-Lauer_aid_637067.html (zuletzt abgerufen am 8.9.2010).

damit das bestehende Schutzsystem auch seine Schutzwirkung entfalten kann und auch Teil eines lebenslangen Lern- und Bildungsprozesses wird. Es gilt daher eine „Datenschutzkompetenz"[582] und, damit einhergehend, eine Datenschutzkultur zu schaffen.

Dies gilt umso mehr, da der Trend zum allgegenwärtigen Rechnen (sog. „ubiquitious computing"[583] – allgegenwärtiges Rechnen -) geht, bei welchem die Verarbeitungsprozesse versteckt und allgegenwärtig in Alltagsgegenstände integriert werden[584].

Dass dieser Trend immer mehr Gestalt annimmt, lässt sich an zahlreichen Beispielen festmachen. Nahezu jedes Handy besitzt mittlerweile ein GPS-System, mit der jederzeit der aktuelle Standort registriert werden kann, PC-Programme updaten sich selbstständig, neueste Technik lässt es zu, nahezu jedes Gerät im Haus mit nur einem Knopfdruck zu programmieren und entsprechende Profile anzulegen, damit die Abläufe auch an den jeweiligen Verwender angepasst sind. Der Bordcomputer eines Autos registriert das Beschleunigungs- und Bremsverhalten, öffentliche Plätze werden mit Kameras überwacht, ja selbst in Bussen und Bahnen bleibt man nicht unbeobachtet. Discotheken verteilen Eintrittskarten, die zugleich als Zahlkarte dienen und legen Profile an, in denen der Verbrauch an Getränken, Vorlieben, negative Auffälligkeiten, der aktuelle Aufenthaltsort etc. erfasst werden[585]. In den USA wird die Schulkleidung der Schüler mit RFID-Chips versehen, um jederzeit die Anwesenheit bzw. den Aufenthaltsort des Schülers bestimmen zu können[586].

Mögen die Vorteile der ständig zunehmenden Vernetzung und Datenerfassung unbestreitbar sein, da sie einer digitalen Erweiterung der menschlichen

---

581 vgl. hierzu sinngemäß auch *BÜLLESBACH* in: KLUMPP/KUBICEK/ ROßNAGEL/SCHULZ, Informationelles Vertrauen, S. 215 (223).

582 *WAGNER*, DuD 2010, S. 557 (560).

583 Vgl. *ROßNAGEL* in: MATTERN, Die Informatisierung, S. 265 (265 ff.).

584 Als Beispiel hierfür ist der Bordcomputer eines Autos zu nennen, das Mobiltelefon oder der PC der seine Software regelmäßig selbstständig updatet. Für eine genaue Auseinandersetzung mit der Problematik des Ubiquitous Computing empfiehlt sich die Lektüre von *FRIEDEWALD/RAABE/GEORGIEFF/KOCH/NEUHÄUSLER*, Ubiquitäres Computing, Berlin, 2010.

585 Diese Praxis wurde der K1 Reportage vom 26.4.2010 entnommen: Party im Pott – Hinter den Kulissen einer Mega-Disco.

586 Vgl. die Berichterstattung des virtuellen Datenschutzbüros unter http://www. datenschutz.de/news/detail/?nid=4466 (zuletzt abgerufen am 8.9.2010).

Fähigkeiten dienen, so gilt es doch zu berücksichtigen, dass die andauernde Generierung von Datenpools durch das ubiquitious computing auch eine permanent zunehmende Gefahr darstellen, denn durch die entstehenden Datenpools wird eine nahezu perfekte Überwachungsstruktur etabliert, die eine jederzeitige und umfängliche Überwachung zulässt[587]. Niemand kann garantieren, dass ein einmal entstandener Datenpool nicht zweckentfremdet genutzt wird bzw., dass die Daten, die unter Umständen rechtmäßig erhoben wurden, auch innerhalb der genannten Fristen gelöscht werden.[588]

Erst wenn dem Betroffenen die Ambivalenz der IKT bewusst wird, also Chancen und Gefahren, Nutzen und Benutzbarkeit, Entfaltung und Einflussnahme für ihn ersichtlich sind, kann ein effektiver normativer Datenschutz seine Wirkung entfalten[589], denn der beste und sicherste Faktor der Prävention und damit des wirksamen und effektiven Datenschutzes ist der Einzelne selbst, da ein Schutz nicht dort lückenhaft sein oder fehl gehen kann, wo gar keine Daten nach außen getreten sind.

III. Der Selbstdatenschutz

Neben der Aufklärung, welche den Einzelnen also erst in die Lage versetzt seine Rechte selbstbestimmt wahrzunehmen und die vorhandene Infrastruktur zu nutzen, spielt aber auch der Selbstdatenschutz eine zunehmend größere Rolle. Unter Selbstdatenschutz[590] versteht man die Gesamtheit aller ergriffenen technischen, organisatorischen und rechtlichen Maßnahmen, die dem Einzelnen zum Schutz seines Rechts auf informationelle Selbstbestimmung dienen, und die den Einzelnen aktiv in die Lage versetzen selbst Gegenmaßnahmen zu treffen[591]. Hierzu sind vor allem Verhaltensweisen zu zählen, die

---

587 *LANGHEINRICH* in: FLEISCH/MATTERN, Das Internet der Dinge, S. 329 (336 ff.); *ROß-NAGEL* in: MATTERN, Die Informatisierung, S. 265 (272).

588 *HANSEN/THOMSEN*, DuD 2010, S. 283 (284).

589 Insofern könnte man aufgrund dieser Überlegungen durchaus vertreten, dass es die neue Aufgabe des Datenschutzes ist, den Betroffenen zu allererst vor sich selbst zu schützen, da einmal in Umlauf geratene Daten sich kaum kontrollieren lassen und weil eine Verwendung zu weiteren Zwecken nie ausgeschlossen werden kann.

590 Der Selbstdatenschutz geht im Wesentlichen auf die Diskussion über die Schutzpflicht des Staates und die Studie „Privacy Enhancing Technologies: The Path to Anonymytie" der niederländischen Registratiekammer zurück, vgl. *ROßNAGEL* in: ROßNAGEL, Handbuch Datenschutzrecht, S. 328 Rn. 5 ff.

591 Vgl. *ROßNAGEL*, Informatik Spektrum 12/2005, S. 462 (469).

in erster Linie darauf abzielen möglichst wenig Ansatzpunkte für eine Datenerhebung zu bieten[592].

Folglich ist die zuvor angesprochene umfassende Aufklärung der potentiell
Betroffenen ein zentraler Aspekt des Selbstdatenschutzes[593]. Der Staat soll
den Betroffenen jedoch nicht zwangsweise beglücken. Vielmehr müssen die
gewährleisteten Selbstschutzmechanismen einen Mindestschutz gewährleisten, auf welchen der Einzelne nicht verzichten kann[594]. Alles, was an Schutzmaßnahmen darüber hinaus geht, ist sodann auf den selbstbestimmten Willen
des Einzelnen zurückzuführen.

Selbstdatenschutz besteht im Wesentlichen aus zwei Komponenten.

Zum einen soll der Schutzgrad selbst bestimmt werden können (1). So
müssen die Schutzmechanismen so ausgestaltet sein, dass auch denjenigen
Schutz gewährt wird, denen Einsicht, Interesse oder Kenntnisse auf diesem
Gebiet fehlen. Es muss also ein normativer, technischer und administrativer
Mindestschutz geschaffen werden. Dabei muss der Staat bzw. die Union keine
zwingenden Vorgaben machen, oder die notwendigen Mittel gar selbst zur
Verfügung stellen[595]. Er genügt seiner Verantwortung vielmehr schon dann,
wenn er die Entwicklung und Etablierung von solchen Mechanismen begüns-
tigt, sei es beispielsweise durch die Stellung von Fördermitteln, oder die Ho-
norierung von Forschungsergebnissen.

Ebenso kann er sich an öffentlichen Diskussionen beteiligen und so zusätzliche Aufklärungsarbeit leisten oder spezielle Gütesiegel, ähnlich dem TÜV

---

592 Beispielsweise sollte im Idealfall eine Teilnahme an Onlinenetzwerken vermieden,
     ausschließlich datenschutzfreundliche Technik genutzt, Spuren bei der Nutzung von
     Onlinediensten mit Anonymisierern verwischt und eine Teilnahme an personenbezo-
     genen Gewinnspielen vermieden werden. Im weiteren Sinne können auch die Be-
     troffenenrechte auf Korrektur, Löschung etc. hierzu gezählt werden; siehe auch ROß-
     NAGEL, DuD 1999, S. 253 (255). Für weitere Beispiele vgl. ROßNAGEL, ZRP 1997, S.
     26 (29).
593 Vgl. ROßNAGEL in: ROßNAGEL, Handbuch Datenschutzrecht, S. 334 Rn. 21; ROßNA-
     GEL, Informatik Spektrum 25/2002, S. 33 (37); zu diesem Ergebnis kommt auch das
     kürzlich veröffentlichte Eckpunktepapier der Datenschutzbeauftragten des Bundes
     und der Länder, KONFERENZ DER DSB, Ein modernes Datenschutzrecht, S. 8 ff.
594 Das heißt insbesondere, dass bestimmte Bereiche nicht zur Disposition der betroffe-
     nen Parteien stehen.
595 Vgl. HANSEN/THOMSEN, DuD 2010, S. 283 (285); ROßNAGEL in: ROßNAGEL, Hand-
     buch Datenschutzrecht, S. 333 Rn. 21 ff.

Siegel, entwickeln, die der Öffentlichkeit signalisieren, dass es sich um ein geprüftes und sicheres System mit entsprechenden Spezifikationen handelt. Die nötigen Selbstschutztechniken muss der Staat bzw. die Union jedoch nicht selber entwickeln, geschweige denn unterhalten. Es reicht aus und wird aufgrund der schnellen Marktentwicklung auch ratsamer sein, wenn der Staat auf konkrete Regelungen auf diesem Gebiet größtenteils verzichtet. Solche wären jedoch nur dort zwingend geboten, wo der Betroffene gutgläubig auf ein hohes Schutzniveau vertraut[596].

Zum anderen müssen die notwendigen technischen Implementierungen existieren, beherrscht und fortentwickelt werden (2). Hier kann der Union eine tragende Rolle zukommen. Sie kann durch die Förderung der Technikforschung nicht nur einen einheitlichen Standard innerhalb der EU bewirken, sondern den gesamten internationalen Markt beeinflussen. Hat sich eine hinreichende Datenschutztechnik etabliert und in der Praxis bewiesen, so ist nicht auszuschließen, dass diese Techniken weltweit zum Einsatz kommen könnten, wodurch die zuvor aufgezeigten Probleme des Datenschutzes im Zusammenhang mit der Globalisierung verringert werden würden. Zusätzlich ist anzumerken, dass es nicht notwendig ist etwas zu schützen, was technisch verhindert und somit gar nicht erst entstehen kann[597].

Die bloße Entwicklung und Etablierung von Selbstschutztechniken auf dem europäischen Markt reicht jedoch nicht aus. Die betroffenen Personen müssen auch gezielt im Umgang mit diesen geschult und aufgeklärt werden[598], um auf dem aktuellen Stand der Dinge zu sein und gewisse Gefahrenquellen erkennen zu können und diesen bewusst entgegenzuwirken. Zusätzlich bedarf es einer ständigen und kritischen Marktbeobachtung[599], damit auf neue Entwicklungen zügig eingegangen werden kann. Wäre dies nicht der Fall, so würden die Betroffenen Gefahr laufen gänzlich ungeschützt zu sein[600].

---

596   Dies wäre bei Gütesiegeln oder Sicherheitszertifikaten der Fall, da der Öffentlichkeit hiermit ein hoher Schutzstandard signalisiert wird, auf den der Betroffene blind vertraut.

597   Vgl. hierzu sinngemäß *ROßNAGEL* in: ROßNAGEL, Handbuch Datenschutzrecht, S. 354 Rn. 80.

598   *HOFFMANN-RIEM*, AöR 1998, S. 518 (535); *ROßNAGEL/PFITZMANN/GARSTKA*, DuD 2001, S. 253 (253 ff.).

599   Diese Beobachtung wird auf der Ebene der EU hauptsächlich vom EDSB und der Art. 29 Gruppe wahrgenommen.

600   Dieser Umstand resultiert aus der Überlegung, dass der Betroffene regelmäßig nur ein oder zwei Schutzmechanismen benutzt und sich damit guten Glaubens darauf

Durch seine Dynamik ist der Selbstdatenschutz nach hiesiger Ansicht des Verfassers das zentrale Element des künftigen Datenschutzrechts, da dieser auf Dauer einen wirksamen und effektiven Schutzmechanismus darstellt, der sich stets selbst novelliert.

IV. Systemdatenschutz

Das Pondon zum Selbstdatenschutz, der hauptsächlich darauf abzielt dem Individuum selbst alle notwendigen Mittel und Kenntnisse zur Verfügung zu stellen, damit dieses eigenverantwortlich und selbstbestimmt über sein Recht auf informationelle Selbstbestimmung entscheiden kann, ist der sog. „Systemdatenschutz[601]". Unter Systemdatenschutz versteht man die Art und Weise der Gestaltung technisch-organisatorischer Systeme, die dazu führt, dass das System nur zu der Datenverarbeitung in der Lage ist, zu der es rechtlich auch ermächtigt ist, wodurch die datenverarbeitende Stelle nur die Daten verarbeiten kann, zu deren Verarbeitung sie im Rahmen der gesetzlichen Normierungen auch befugt ist[602]. Im Gegensatz zum Selbstdatenschutz bezieht sich dieses Schutzprinzip nicht nur primär auf das Handeln des Individuums, sondern verpflichtet die Entwickler und Gestalter von IKT zu einer datenschutzkonformen Technikgestaltung bzw. -entwicklung, damit Datenverarbeitungssysteme bereits von vornherein sparsam und effektiv arbeiten und ein Missbrauchsrisiko weitgehend ausgeschlossen wird[603]. Die normativen Regelungen werden demnach durch die normale Nutzung des Systems umgesetzt. Besonders auf diesem Gebiet kann der Staat durch die Förderung bestimmter

---

verlässt geschützt zu sein. Funktioniert der Schutzmechanismus jedoch nicht mehr wie gewünscht, da die Technikentwicklung vorangeschritten ist, so ist er regelmäßig schlechter gestellt, als ein Betroffener der um Risiken und mangelhaften Schutz weiß, denn dieser wird in der Regel vermeiden Daten Preis zu geben.

601 Vgl. *ROßNAGEL*, DuD 1999, S. 253 (256).

602 *ROßNAGEL*, Informatik Spektrum 12/2005, S. 462 (468).

603 Hierzu zählt zum Beispiel die möglichst datenschutzfreundliche Defaulteinstellung von Programmen oder Onlinenetzwerken, sodass zuerst nur die nötigsten Daten erhoben werden und der Nutzer somit später selbst entscheiden kann, inwiefern er einer weitergehenden Datenverarbeitung zustimmt. Auch die Berücksichtigung von physikalisch getrennten Datenservern zum Aufbau einer feingranularen Zugriffsstruktur gehört hierzu, vgl. *DIX* in: ROßNAGEL, Handbuch Datenschutzrecht, S. 364 Rn. 1 ff.

Verfahren[604] einen steigenden Schutzstandard begünstigen und somit seiner „Gewährleistungsverantwortung" nachkommen, wo er zu einem umfassenden Schutz nicht mehr in der Lage ist. Dieser Gedanke ist besonders auf der Ebene der EU interessant, da sich gerade aus der Entwicklung solcher Technologien ein Wettbewerbsvorteil ergeben kann und somit eine erhebliche Beeinflussung des Binnenmarktes zu erwarten ist. Folglich sollten sich die Bemühungen der Union in diesem Rahmen auch auf die Förderung von Technik konzentrieren, um schnell einen einheitlichen Technikstandard zu erreichen.

Obwohl beide Prinzipien ersichtlich verschiedene Ansatzpunkte haben, ergänzen sie einander.

Dort, wo die Technik eine Datenerhebung nicht zu vermeiden vermag, setzt der Selbstdatenschutz an und führt den Schutz fort. Beide Schutzgedanken bedingen folglich einander. Systemdatenschutz kann auf verschiedene Weisen ermöglicht werden.

1. Systemdatenschutz durch PETs

Eine wirksame Methode sind sog „PETs" (Privacy Enhancing Technologies)

Privacy Enhancing Technologies[605] sind eine Methode des Datenschutzes durch Technik und korrelieren daher sowohl mit dem Bereich des System-, als auch des Selbstdatenschutzes. Sie sind in das Datenverarbeitungssystem eingebunden und setzen bereits im Vorfeld einer Verarbeitung an, damit gar nicht erst unnötige personenbezogene Daten generiert werden[606].

Zu den PETs zählen z.B. das „Platform for Privacy Preferences" (P3P[607]), sowie das von der Union geförderte Projekt „Privacy and Identity Management for Europe" (PRIME)[608].

---

604   Vgl. hierzu auch HANSEN/THOMSEN, DuD 2010, S. 283 (287), die der gleichen Ansicht sind.

605   Eine Übersicht über die Geschichtliche Entwicklung findet sich bei HANSEN in: ROßNAGEL, Handbuch Datenschutzrecht, S. 294 Rn. 7 ff.

606   Sie dienen folglich den Prinzipien der Datensparsamkeit und der Datenvermeidung, vgl. hierzu auch HANSEN in: ROßNAGEL, Handbuch Datenschutzrecht, S. 293 Rn. 2.

607   P3P wurde von dem World Wide Web Consortium (W3C) entwickelt und ist eine weltweit standartisierte Plattform zum automatischen Austausch von Datenschutzinformationen, welche dem User einen Überblick verschaffen soll welche Daten von welchem Anbieter verarbeitet werden; siehe hierzu http://www.w3.org/TR/2002/REC-P3P-20020416/#goals_and_capabs (zuletzt abgerufen am 8.9.2010). Eine

Bis heute erfolgte eine Vielzahl von Definitionsversuchen für PETs, wobei der Begriff heute für eine Vielzahl von Konstellationen genutzt wird[609].

Im Folgenden soll daher von der umfassendsten Definition ausgegangen werden, welcher zufolge unter PETs alle technischen Komponenten zu verstehen sind, die organisiert in ein System eingebunden sind und die Aufgabe besitzen, die persönliche Identität zu schützen, indem sie die Minimierung bzw. Eliminierung der Sammlung personenbezogener Daten bewirken, die geeignet sind ein Individuum zu identifizieren[610].

Im Wesentlichen lassen sich den PETs vier Grundsätze zu Grunde legen, nämlich die Datensparsamkeit (1), Systemdatenschutz (2), Selbstdatenschutz (3) und Transparenz (4).

(1) Datensparsamkeit bedeutet, dass die von einem informationstechnischen System generten Daten durch technische Gestaltung auf einem Minimum gehalten werden, bzw. erst gar keine personenbezogenen Daten entstehen. Gängige Methoden hierfür sind beispielsweise Anonymität[611] und Pseudonymität[612], welche häufig durch Kryptografie erreicht wird. Ebenso zählt die frühestmögliche Löschung bzw. Anonymisierung der Daten hierzu.

(2) Bei dem Aspekt des Systemdatenschutzes spielen beispielsweise die verschiedenen Zugriffsberechtigungen, manipulationssichere Geräte und die verschlüsselte Speicherung auf verschiedenen Speichermedien eine Rolle,

---

detaillierte Beschreibung des Prinzips findet sich auf der Seite des unabhängigen Datenschutzzentrum Schleswig Holstein, https://www.datenschutzzentrum.de/faq/p3p.htm#wasistp3p (zuletzt abgerufen am 8.9.2010).

608   Für weitere Informationen siehe https://www.prime-project.eu/ oder die Ausführungen bei SEDLMEIER, Datenschutz in „Social Network Sites", S. 76 ff.

609   Vgl. hierzu die Übersicht bei HANSEN in: ROßNAGEL, Handbuch Datenschutzrecht, S. 302 Rn. 31 ff.

610   Vgl. die Definition von BURKERT bei HANSEN in: ROßNAGEL, Handbuch Datenschutzrecht, S. 302 Rn. 31, „PETs are technical devices organizationally embedded in order to protect personal identity by minimizing or eliminating the collection of data that would identify an individual or, if so desired, a legal person."

611   Anonymität ist der Zustand innerhalb einer Menge von Subjekten (Anonymitätsmenge) nicht identifizierbar zu sein, HANSEN in: ROßNAGEL, Handbuch Datenschutzrecht, S. 305 Rn. 50.

612   Pseudonymität ist die Verwendung von Pseudonymen als Identifier, welche wiederum Kennungen von Subjekten oder Mengen von Subjekten darstellen (technische Definition).

sodass eine Art Infrastruktur geschaffen wird, in der eine gegenseitige Kontrolle der verschiedenen Instanzen stattfindet.

(3) Unter dem Aspekt des Selbstdatenschutzes erscheint es bei PETs sinnvoll, diese möglichst durch gut strukturierte und einfache Benutzeroberflächen verständlich zu halten, sodass auch unerfahrene Benutzer schnell mit ihnen umgehen können. Bei diesem Ansatzpunkt kann die Umsetzung auch aufgrund des sog. „privacy by design" erfolgen, welchem zufolge Benutzeroberflächen und Programme so gestaltet sein sollen, dass sie mit einem Minimum an personenbezogenen Daten funktionieren und der User später selbst entscheiden kann, ob und welche Daten er preisgibt[613]. Hier bietet sich ein interessanter Ansatzpunkt. Künftig könnte es beispielsweise bei heimischen PCs sinnvoll sein, Programme und Benutzeroberflächen so zu gestalten, dass bei einer Ersteinrichtung des PCs eine Profilerstellung erfolgt, die darüber bestimmt, welche Daten von Folgeprogrammen abgefragt und verwendet werden dürfen. Ebenfalls denkbar ist der automatische Abgleich dieser Einstellungen mit Anfragen der jeweiligen Dienste, sodass Datenanfragen automatisch verworfen werden, sofern sie nicht den in dem Benutzerprofil festgelegten Kriterien entsprechen[614].

Denkt man diesen Schritt weiter in Richtung des ubiquitious computing, so wäre eine Fortführung dieses Konzepts auch dort ohne größere Umstände möglich. Da bereits heute viele Systeme für den Benutzer nicht wahrnehmbar untereinander kommunizieren, könnte ein ähnliches Benutzerprofil zentral auf einem Hauptsteuergerät angelegt werden, sodass über die Einstellung des Profils alle Endgeräte bewusst und gezielt nur die notwendigen Informationen erhalten, um ihre Funktionen zu erfüllen.

---

613 Diese Komponente ist beispielsweise bei der Mitgliedschaft in sozialen Netzwerken von hoher Relevanz. Der Beitritt zu einem solchen Netzwerk soll nicht von einer umfassenden Datenpreisgabe abhängig gemacht werden. Besonders das Netzwerk „facebook" sorgte in den letzten Monaten in diesem Zusammenhang für Furore, vgl. hierzu bspw. die „facebook" betreffenden Berichterstattungen des virtuellen Datenschutzbüros vom 28.1.2010 und vom 12.5.2010 http://www.datenschutz.de/news/alle/detail/?nid=4070; http://www.datenschutz.de/news/alle/detail/?nid=4285 (zuletzt abgerufen am 8.9.2010).

614 Dies entspräche einer „delegierten" Einwilligung, welche wiederum die Transparenz der Verarbeitungsvorgänge positiv beeinflussen würde, vgl. LANGHEINRICH in: FLEISCH/MATTERN, Das Internet der Dinge, S. 329 (339); ROßNAGEL in: MATTERN, Die Informatisierung, S. 265 (280); ROßNAGEL/MÜLLER, CR 2004, S. 625 (630 ff.).

(4) PETs müssen so gestaltet sein, dass für den Nutzer Transparenz gegeben ist, d.h. dass der Betroffene sich der Verarbeitung seiner Daten und den näheren Umständen, unter denen diese geschieht, bewusst ist. Gerade hier bestehen jedoch erhebliche Probleme, da die Komplexität der Verarbeitungssysteme ständig steigt. Ebenfalls muss der Betroffene über den Datenverarbeitungsvorgang informiert sein. Bei der stetig ansteigenden Anzahl von Verarbeitungsprozessen würde dies jedoch zu einer Informationsüberflutung führen. Eine Beseitigung des Problems kann jedoch über den unter (3) genannten Ansatz erfolgen. Wird ein solch zentral angelegtes Nutzerprofil verwendet, und können nur die festgelegten Informationen abgerufen werden, so erübrigt sich eine ständige Verfolgung und Beobachtung der Verarbeitungsprozesse. Um jedoch für den interessierten Betroffenen weitergehende Informationen zur Verfügung zu stellen, sollten die jeweiligen Endgeräte ebenfalls Informationen an das Steuergerät übermitteln, z.B. für welche Zwecke gespeichert wird, wann eine Löschung erfolgt, ob eine Anonymisierung oder Pseudonymisierung möglich ist etc.

Für eine gesteigerte Transparenz und Verfolgbarkeit bietet es sich auch an, eine umfassende Protokollierung der Verarbeitungsvorgänge, Erteilung von Einwilligungen, Änderungen des Benutzerprofils etc. vorzunehmen. Diese könnte auf einem separaten Datenträger im Steuergerät erfolgen, sodass ein Abruf nur am Steuergerät selbst möglich ist und die Nachvollziehbarkeit für Außenstehende nicht unmittelbar über das Netzwerk möglich ist[615].

Zu der Transparenz gehört jedoch auch, dass die Systeme für die jeweiligen Benutzer leicht verständlich sind und der Betroffene weiß, welche Schritte auf die Preisgabe seiner Daten hin erfolgen, was wiederum eine hinreichende Aufklärung bedingt.

2. Technischer Datenschutz durch „mehrseitige Sicherheit"

Ein weiteres Konzept des technischen Datenschutzes ist das Konzept der „mehrseitigen Sicherheit", welches zumeist in unmittelbarer Verbindung mit den PETs steht. Hierunter versteht man „die Einbeziehung der Schutzinteres-

---

615 Eine Darstellung umfassender Konzepte findet sich bei HANSEN in: ROßNAGEL, Handbuch Datenschutzrecht, S. 313 Rn. 87 ff.

sen aller Beteiligten, sowie das Austragen daraus resultierender Schutzkonflikte bei Entstehen einer Kommunikationsverbindung"[616].
Hierbei werden mehrere Möglichkeiten unterschieden.
Zum einen wären die sog. „unilateralen Mechanismen"[617] zu nennen. Dazu gehören Mechanismen, über deren Nutzung jede Person selbst entscheiden kann. Dies sind z.B. Firewalls, Cookie Cooker oder auch offene Betriebssysteme wie Linux.

Bei den „bilateralen Mechanismen"[618] müssen beide Kommunikationspartner kooperieren und dieselben Mechanismen benutzen, beispielsweise bei der Kryptographie oder Steganografie.

Von „trilateralen Mechanismen[619]" spricht man, sobald für die Kommunikation zwischen den Beteiligten ein vertauenswürdiger Dritter kooperieren muss. Dies ist z.B. bei den digitalen Signaturen von E-Mails und Public Key Infrastructures der Fall.

Zuletzt besteht die Möglichkeit sog. „multilateraler Mechanismen"[620], bei denen eine Vielzahl von Personen notwendig ist. Ein Beispiel hierfür sind die bereits im Rahmen der Vorratsdatenspeicherungsrichtlinie genannten Anonymisierer, oder die Nutzung von Pseudonymen.

All diesen Prinzipien und Ansätzen ist jedoch gemein, dass die jeweiligen Personen mit diesen Maßnahmen nicht zwangsweise in Kontakt gebracht werden können, sodass zwingende gesetzliche Normierungen keinen Sinn machen. Vielmehr müssen die Individuen selbst bewusst auf eine solche Eigenschutzmöglichkeit zurückgreifen und die jeweiligen, für die Verarbeitung verantwortlichen Stellen, auch im Rahmen der Datenverarbeitung unterstützen bzw. nutzen[621]. Somit ist klar, dass die soeben genannte „Gewährleistungsverantwortung" der Union bzw. des Staates sich auf die Kreation und

---

616 Vgl. die Herleitung der Definition in der Dissertation von HANNES FEDERATH in: *FEDERATH*, Vertrauenswürdiges Mobilitätsmanagement.

617 *ROßNAGEL/PFITZMANN/GARSTKA*, Modernisierung des Datenschutzrechts, S. 228, (232).

618 *ROßNAGEL/PFITZMANN/GARSTKA*, Modernisierung des Datenschutzrechts, S. 228, (234).

619 *ROßNAGEL/PFITZMANN/GARSTKA*, Modernisierung des Datenschutzrechts, S. 228, (236).

620 *ROßNAGEL/PFITZMANN/GARSTKA*, Modernisierung des Datenschutzrechts, S. 228, (237).

621 Für Vorschläge wie man die Datenverarbeiter zu einer verbreiteten Bereitstellung bewegen könnte, siehe *SEDLMEIER*, Datenschutz in „Social Network Sites", S. 81 ff.

Unterstützung solcher Mechanismen bezieht, also konkret auf die Schaffung eines sich selbst revolvierenden Schutzsystems durch gesetzlich normierte Rahmenbedingungen[622], welches dynamisch auf die jeweiligen Gefährdungslagen reagieren kann.

Insgesamt muss der Datenschutz zukünftig mit mehr datenschutzfreundlicher Technik ausgestattet sein, die den Einzelnen zu einem erhöhten und selbstbestimmten Eigenschutz befähigt[623]. Zwar kann der Datenschutz weder durch Normen noch durch reine Technikgestaltung umgesetzt werden, jedoch kann die Symbiose beider Komponenten[624] in Verbindung mit einer verbesserten Wahrnehmung des Einzelnen zu einer dauerhaften Lösung führen. Gerade auf dem Gebiet der Technikförderung und der Aufklärung[625] kann die Union durch ihre supranationale Ausgestaltung den europäischen Datenschutz direkt beeinflussen und dadurch mittelbar auch zur Findung einer internationalen Lösung beitragen[626].

V. rechtliche Modifikationen

Neben den soeben genannten Ansatzpunkten, die zu einer grundsätzlichen Verbesserung des Datenschutzes auch mit Blick auf die Zukunft führen, empfiehlt es sich bereits jetzt einige Normen anzupassen.

---

622 Vgl. ROßNAGEL in: FG BÜLLESBACH, S. 131 (132 ff.); HOFFMANN-RIEM, AöR 1998, S. 513 (532).

623 Vgl. KUTSCHA, ZRP 2010, S. 112 (114); KOM(2007) 228 vom 2.5.2007, S. 6, 10 ff.; ROßNAGEL in: FG BÜLLESBACH, S. 131 (132); SCHMALE/TINNEFELD, DuD 2010, S. 523 (528).

624 Vgl. SIMITIS, NJW 1998, S. 2473 (2478); SIMITIS in: SIMITIS (Hrsg), BDSG, Einleitung Rn. 114 ff.

625 Das gerade die Aufklärung der potentiell Betroffenen und die Technikförderung eine gravierende Rolle spielen folgt auch aus der Tatsache, dass das bloße Vorhandensein von technischen Möglichkeiten den Einzelnen noch nicht zu einem entsprechenden Selbstschutz befähigt, da dieser die Technik auch gewissenhaft anwenden können muss, vgl. SCHULZE, Bedingt abwehrbereit, S. 230, 232.

626 Vgl. KUTSCHA, ZRP 2010, S. 112 (113).

1. Modifikation der Einwilligung

Die erste Änderung die sich unter Berücksichtigung der gängigen Praxis anbieten würde, wäre eine Konkretisierung der Voraussetzungen der wirksamen Einwilligung in eine Datenverarbeitung.

Wie zuvor aufgezeigt wurde, wird die Einwilligung häufig als gültige Rechtsgrundlage für eine Datenverarbeitung angegeben, obwohl dies nicht der Tatsache entspricht. Dies beruht einerseits auf der Tatsache, dass der Betroffene die relevanten Umstände oft nicht hinreichend kennt, die für eine wirksame Einwilligung notwendig wären, und andererseits daran, dass die Leistungserbringung von Dienstanbietern regelmäßig mit der Abgabe der Einwilligung verbunden ist[627]. Dazu werden meist vorformulierte Einwilligungserklärungen bereitgestellt, die eine unbefristete und unbeschränkte Erfassung, Nutzung und Weitergabe der Daten umfasst. Dies verstößt jedoch gegen die dargestellten europäischen Datenschutzgrundsätze, sodass es angemessen erscheint, die Voraussetzungen einer Einwilligung weiter zu konkretisieren und einen Unwirksamkeitstatbestand[628] in die DSRL aufzunehmen.

Art. 7 lit. a) DSRL könnte daher wie folgt formuliert werden.

„Die Mitgliedstaaten sehen vor, dass die Verarbeitung personenbezogener Daten lediglich erfolgen darf, wenn eine der folgenden Voraussetzungen erfüllt ist:

a) Die betroffene Person hat ohne jeden Zweifel ihre wirksame Einwilligung gegeben. Die Einwilligung ist dann wirksam, wenn der Betroffene vorher in verständlicher und einer dem verwendeten Kommunikationsweg angemessene Form[629] über die Verarbeitung informiert wurde[630]. Eine Einwilli-

---

627   Dies ist gerade im Internet oder bei personenbezogenen Gewinnspielen häufig der Fall.

628   Für eine solche gesetzliche Definition unerschließbarer Privaträume spricht sich auch KUTSCHA aus, vgl. *KUTSCHA*, ZRP 2010, S. 112 (113).

629   Die Abhängigkeit der Form der Einwilligung vom jeweiligen Kommunikationsweg ist sinnvoll, da hierdurch den verschiedenen Alltagssituationen hinreichend Rechnung getragen werden kann und andererseits eine unübersichtliche Inkorporierung bspw. in AGB unterbleiben würde. Beispielsweise sollte die Einwilligung bei Onlineangeboten auf einer gesonderten Seite erfolgen, auf der die entsprechenden Informationen erteilt werden. Im Anschluss daran kann der User ein Häkchen setzen und die Einwilligung aktiv bestätigen. Bei Einwilligungen, die im Rahmen eines Gewinnspiels auf der Straße erfolgen könnte die Einwilligung übersichtlich auf einem Deckblatt erfolgen, welches dem Erfassungsformular vorgegliedert ist.

gung ist insbesondere dann unwirksam, wenn sie den Betroffenen unangemessen benachteiligt, oder sie mit dem wesentlichen Grundgedanken der gesetzlichen Regelung, von der abgewichen wird, nicht vereinbar ist. Die Mitgliedstaaten bestimmen im Rahmen ihrer Gesetzgebung einen Zeitrahmen für die Dauer der Wirksamkeit der Einwilligung, der die Dauer von maximal fünf Jahren nicht überschreiten darf."

Damit würden die für die Verarbeitung Verantwortlichen zum einen eine erhöhte Transparenz unterstützen, und zum anderen würde die Einwilligung den wirklichen Willen des Betroffenen wiederspiegeln, ohne dass dieser einen Nachteil fürchten müsste.

Ebenfalls wäre es denkbar, die Einwilligung in die Datenverarbeitung zu befristen[631]. Da der durchschnittliche Benutzer sich regelmäßig keine Gedanken darüber machen wird, ob und wo er überall in eine Datenverarbeitung eingewilligt hat, wäre dies ein weiterer Beitrag für eine erhöhte Transparenz. Bei der alltäglichen Inanspruchnahme bestimmter Dienste würde er nach Ablauf des Zeitfensters aufgefordert werden, erneut in eine Datenverarbeitung einzuwilligen. Er kann dann also bewusst entscheiden, ob er die bisherige Datenverarbeitung weiter zulassen will, oder nicht.

Ebenfalls wäre es konsequent im Rahmen der Aufklärung, die im Zusammenhang mit der Einwilligung erfolgt, explizit und verständlich darauf hinzuweisen, welche unwiderruflichen Folgen die Einwilligung haben kann[632].

In diesem Zusammenhang bietet es sich ebenfalls an, auf die gängige Praxis der Einwilligungserteilung zu reagieren und ein hartes Kopplungsverbot zu etablieren. Zumeist wird die Erteilung der Einwilligung in eine Datenverarbeitung zwingend mit dem Leistungsangebot verkoppelt. Dies geschieht dann meist durch eine entsprechende Klausel in den zu Grunde gelegten AGB. Angesichts des erhöhten Bedürfnisses nach Transparenz und der be-

---

630 Gerade dieser Aspekt muss zunehmend mehr Berücksichtigung finden, da die meisten Betroffenen in Hinblick auf Risiken und Nebenwirkungen geradezu Analphabeten sind, GUSY/WORMS, APuZ 18-19/2009, S. 32.

631 Vgl. hierzu die Ausführungen in STORF/HANSEN/RAGUSE, Identity Management, S. 24 ff.; KONFERENZ DER DSB, Ein modernes Datenschutzrecht, S. 22 ff.

632 Das betrifft beispielsweise die Weitergabe der personenbezogenen Daten an Dritte und die daraus folgenden Risiken, oder die illegale Datenbeschaffung durch Hacking. Auf diese Weise nach außen gelangte Daten und die daraus resultierenden Folgen sind zumeist irreversibel.

wussten Selbstbestimmung des potentiell Betroffenen sollte darüber nachgedacht werden, dass die Erteilung der Einwilligung durch ein bewusstes Ankreuzen erfolgt und nicht pauschal mit einer Unterschrift unter AGB erteilt werden kann.

In Verbindung mit dem Systemdatenschutz verspricht die elektronische Erteilung einer Einwilligung durch voreingestellte Profile im Endgerät selbst ebenfalls nicht unerhebliche Vorteile, da gerade hierdurch, wie zuvor beschrieben, ein höherer Transparenzgrad für den Betroffenen erreicht wird, da unpassende Datenanfragen automatisch verworfen würden[633].

2. Die Einführung einer Verbandsklage

Wie soeben in Kapitel IV aufgezeigt wurde, bestehen auch erhebliche Probleme bei der praktischen Umsetzung des Datenschutzes. Die gravierendsten Probleme stellen dabei die Unkenntnis der Betroffenen (Transparenz) und der Kostenfaktor der gerichtlichen Schutzmaßnahmen dar. Im Wege einer Optimierung wäre daher über eine Verbandsklage nachzudenken. Diese könnte ähnlich ausgestaltet werden wie die hiesigen nationalen Regelungen im Verbraucherschutz[634], Bundesnaturschutzgesetz[635] oder im BGG[636]. Demzufolge könnten die Betroffenen sich hilfesuchend an einen entsprechenden Verband oder den zuständigen DSB wenden, um das weitere Vorgehen zu besprechen und sich rechtskundigen Rat einzuholen. Würde der von einer rechtswidrigen Verarbeitung Betroffene zu dem Schluss gelangen, seine Rechte gerichtlich geltend zu machen, so könnte er den Anspruch je nach Sachlage und den gesetzlichen Vorschriften an den jeweiligen Verband abtreten, welcher gerade in langwierigen Verfahren über mehr Sachkunde und vor allem finanzielle Mittel verfügt. Ein zusätzlicher positiver Gesichtspunkt wäre zudem, dass eine Verbandsklage, im Gegensatz zu einer Individualklage, zu einer generellen Wirkung gegenüber dem für die Verarbeitung Verantwortlichen führt und

---

633 Für eine Integration der Einwilligung in den Datenschutz durch Technik vgl. NEDDEN in: ROßNAGEL, Allianz von Medienrecht und Informationstechnik?, S. 67 (67 ff.); KÖHNTOPP in: ROßNAGEL, Allianz von Medienrecht und Informationstechnik?, S. 55 (55 ff.); ROßNAGEL in: MATTERN, Die Informatisierung, S. 265 (275).

634 Vgl. § 3 UKlaG.

635 Vgl. § 64 BNatSchG.

636 Vgl. § 13 BGG.

nicht nur inter partes wirken würde[637]. Zusätzlich würde die Überwachungsstruktur in Hinsicht auf Datenschutzverletzungen gestärkt. Verbände besitzen
neben den hohen finanziellen Mitteln auch zumeist ein überaus dediziertes
Informationsnetzwerk, wodurch sie auf einen großen Wissens- und Informationsfundus zurückgreifen können. Durch dieses breite Informationsnetzwerk
wird es einem Verband wohl eher möglich sein, als dem einzelnen Betroffenen, eine rechtswidrige Datenverarbeitung wahrzunehmen und dagegen vorzugehen[638]. Praktisch kann die Etablierung einer solchen Klagebefugnis umgesetzt werden, indem die EU, ähnlich wie im Umweltrecht, eine Richtlinie
erlässt, die die Beteiligung solcher Organisationen ggf. in Verbindung mit
dem jeweiligen nationalen Recht zulässt[639].

3. Konkretisierung des bestehenden Haftungssystems

Obwohl präventive Maßnahmen erheblich mehr Effektivität in Punkto Datenschutz versprechen, ist ebenfalls über nachträgliche Schritte nachzudenken, namentlich die Modifikation des bestehenden Haftungssystems im Datenschutz.

Zur Zeit bestehen in vielen Mitgliedstaaten nur spärliche Haftungsregime.
Besonders hierzulande erschweren vor allem unzureichende Beweislastrege-

---

637 Bei der Ausgestaltung nach den hiesigen Verbandslagerechten, kann der Verband
gegen eine unzulässige Praktik an und für sich klagen, was zu einer Änderung des
gesamten Verarbeitungsprozesses führen würde. Bei einer Individualklage hingegen
wird lediglich die Rechtswidrigkeit der Verarbeitung gegenüber dem jeweiligen Kläger festgestellt und nicht in seiner Gesamtheit.

638 Vgl. *FRIEDEWALD/RAABE/GEORGIEFF/KOCH/NEUHÄUSLER*, Ubiquitäres Computing, S.
236, die die Schaffung einer solchen Klagemöglichkeit besonders aus Verbraucher-
schutzaspekten im nationalen Recht etabliert sehen wollen; vgl. auch *WEICHERT*,
DuD 2010, S. 7 (11).

639 Vgl. hierzu die Art. 2 Abs. 1, Art. 3 Nr. 1 und Art. 4 Nr. 1 b) der Richtlinie
2003/35/EG, des Europäischen Parlaments und des Rates vom 26. Mai 2003, über
die Beteiligung der Öffentlichkeit bei der Ausarbeitung bestimmter umweltbezoge-
ner Pläne und Programme und zur Änderung der Richtlinien 85/337/EWG und
96/61/EG des Rates in Bezug auf die Öffentlichkeitsbeteiligung und den Zugang zu
Gerichten. Die für eine Verbandsklage im Umweltrecht sprechenden Punkte, lassen
sich dem Grunde nach auch auf den Datenschutz übertragen. Zu den Gründen im
Umweltrecht vgl. unter anderem *KRÄMER* in: MICKLITZ/REICH, Public Interest Litigation before European Courts, S. 297 ff.

lungen die Geltendmachung und Durchsetzung von Betroffenenrechten[640]. Insofern besteht ein dringender Renovierungsbedarf des bestehenden Regimes. Freilich kann die Union den Mitgliedstaaten kein konkretes Regime vorgeben. Vielmehr müsste sie durch die Reformierung der bestehenden Normen das Haftungsregime von der aktuellen Konzeption zu einer generellen Gefährdungshaftung umgestalten, bei der die Verantwortung und Beweislast bei den für die Verarbeitung verantwortlichen Stellen liegt. Da diese regelmäßig die Datenverarbeitung selbst steuern und kontrollieren und damit ein entsprechendes Gefahrenpotential gegenüber dem von der Verarbeitung Betroffenen erzeugen, erscheint es vom Standpunkt des Verfassers aus nur interessengerecht, wenn die verantwortlichen Stellen folglich auch die Last der Exkulpation zu tragen haben. Aufgrund der steigenden Anzahl von Verarbeitern, die an einem Datenverarbeitungsprozess beteiligt sind[641], sollte zusätzlich eine gesamtschuldnerische Haftungskonzipierung angedacht werden. Damit würden die Verarbeiter untereinander zu einem normgerechteren Verhalten bewegt werden[642].

Ebenfalls sollte die Union einen pauschalisierten Mindestschadensersatz erwägen. Da die Betroffenen in den meisten Mitgliedstaaten auch die Höhe des Schadens nachweisen müssen, würde ein pauschalisierter Schadensersatz zusätzlich zu einer Effektivierung der Datenschutzdurchsetzung in der Praxis führen.

Neben einem solchen Mindestschadensersatz wäre es jedoch viel wichtiger, einen Folgenbeseitigungsanspruch für den Betroffenen in Art. 12 DSRL einen lit. d) aufzunehmen, der wie folgt lauten könnte:

„Die Mitgliedstaaten garantieren jeder betroffenen Person das Recht, vom für die Verarbeitung Verantwortlichen folgendes zu erhalten:

---

640 Dies betrifft zumeist nicht nur die Verletzung des Datenschutzrechts, sondern meist auch das Verschulden, sowie eine konkrete Schadenshöhe, KONFERENZ DER DSB, Ein modernes Datenschutzrecht, S. 31 ff.

641 Z.B. im Rahmen von cloud computing Strukturen.

642 Dies könnte z.B. durch erhöhte Eigenkontrolle oder durch den Nachweis ordnungsgemäßer Protokollierung erfolgen.

d) die Gewähr, dass die durch eine unrichtige oder unrechtmäßige Daten-verarbeitung oder Datenübermittlung entstandenen Negativfolgen für den Betroffenen beseitigt werden, sofern sich dies nicht als unmöglich erweist[643].

Ein solcher Folgenbeseitigungsanspruch begründet sich vor allem aus folgender Überlegung.

Unabhängig von einem möglichen materiellen Schaden, kann dem Betroffenen auch ein erheblicher immaterieller Schaden entstehen. Existiert beispielsweise ein unrichtiger Datensatz, und wird dieser von der für die Verarbeitung verantwortlichen Stelle an Dritte weitergegeben, so können dem Betroffenen Nachteile, wie beispielsweise die vorzeitige Kündigung von Verträgen, die Verweigerung von Krediten oder die Verweigerung von Telekommunikations- oder Versicherungsverträgen drohen.

Mag durch einen pauschalisierten Schadensersatz ein konkreter Schaden kompensiert worden sein, so steht der Betroffene jedoch regelmäßig alleine dar, wenn es um die Beseitigung der zuvor genannten Folgen geht. Eine aktive Unterstützung der Betroffenen durch den für diese Folgen Verantwortlichen bei der Beseitigung derartiger Folgen erscheint, ausgehend von dem immer größeren Gefahrenpotential, mehr als nur gerechtfertigt[644].

Die genannten Modifikationen würden die Effektivität des Datenschutzes im europäischen Binnenraum erheblich verbessern.

4. Verbindliche Aufnahme von „privacy by design"

Neben der Förderung der Datenschutztechnik und der Aufklärung der potentiell Betroffenen empfiehlt sich zusätzlich die verbindliche Etablierung von „privacy by design" oder „privacy by default". Die heutigen Anwendungen der modernen IKT sind bereits jetzt überaus benutzerfreundlich ausgestaltet, sodass der User regelmäßig kaum noch direkte Einstellungen vornehmen muss. Die Benutzeroberflächen sind zumeist übersichtlich gestaltet und die

---

643 Im Falle der Unmöglichkeit der Folgenbeseitigung sollte dem Betroffenen jedoch ein adäquater Schadensersatz zugestanden werden, der ihn für die möglicherweise lang anhaltenden Negativfolgen angemessen entschädigt.

644 Dies würde vor allem bei Konstruktionen wie Auskunfteien dazu führen, dass eine regelmäßige Überprüfung des Datenbestandes vorgenommen wird, um etwaige Negativfolgen zu vermeiden. Zusätzlich würden hierdurch die Prinzipien der Datenrichtigkeit und- vollständigkeit gestärkt.

meisten Prozesse, wie Datenübermittlung, Updates etc. finden im Verborgenen statt. Da es für den User regelmäßig schwierig ist, die vor seinem Auge verborgenen Prozesse zu registrieren, geschweige denn zu überwachen und bewusst zu steuern, sollten Programme und Oberflächen der IKT möglichst so eingestellt werden, dass sie nur mit den notwendigsten Daten arbeiten und den User bei der gewollten Nutzung weiterer Funktionen aktiv auffordern, weitere Daten preiszugeben. Diese Änderungen bzw. Aufforderungen sollten in einer übersichtlichen und verständlichen Weise für den User erklärt und protokolliert werden, damit er diese verfolgen kann und gegebenenfalls erfolgte Änderungen später wieder rückgängig machen kann.

5. Informationspflicht mit Sanktion bei Verletzung von Datenschutzrecht

Ebenfalls gilt es über weitergehende Aufklärungspflichten der jeweiligen Dienstanbieter nachzudenken. Da der für die Verarbeitung Verantwortliche regelmäßig der einzige ist, der den gesamten Überblick über die Verarbeitungsstruktur und deren Abläufe besitzt, könnte man eine Informationspflicht für die Fälle einführen, in denen es zu einer Datenschutzrechtsverletzung gekommen ist. Da der Fehler zumeist in der Sphäre des für die Verarbeitung Verantwortlichen stattfindet und dem Betroffenen regelmäßig keine tiefgehenden Einblicke in die Datenverarbeitung möglich ist, würde ihn eine Informationspflicht über eine Datenschutzrechtsverletzung besser in die Lage versetzen, den eingetretenen Schaden zu beurteilen und gegebenenfalls weitergehende Schritte einzuleiten. Da eine reine Informationspflicht alleine jedoch kaum befolgt werden würde, sollte an diese zusätzlich eine Sanktion bspw. in Form eines Bußgeldes geknüpft werden.

6. Sicherheitssiegel

Ein weiterer durchaus effektiver Weg könnte in der Entwicklung und Bereitstellung von Gütesiegeln sein, wie sie bereits heute in anderen Bereichen im nationalen Recht bestehen[645].

Durch die Entwicklung eines solchen Gütesiegels, in Verbindung mit einer entsprechenden Aufklärung der Endnutzer, ließe sich im gesamten europäischen Wirtschaftsraum ein qualitativ hochwertiger Systemdatenschutz sicher-

---

645 Beispielsweise die Gütesiegel „Safer Shopping" oder „Trusted Shops" (Gütesiegel für den Onlinehandel).

stellen, der den Usern zeigt, dass es sich vorliegend um geprüfte und sichere Technik handelt, welche den europäischen Datenschutzvorgaben entspricht. Die Zertifizierung eines Produkts mit einem solchen Siegel kann sich sodann durchaus als Wettbewerbsvorteil bemerkbar machen, wodurch Anbieter, deren Verarbeitungssysteme kein Gütesiegel tragen, unter Umständen zu einer selbstständigen Anpassung der Verarbeitungssysteme bewegt werden können, da ihnen ansonsten ein geringerer Kundenzulauf droht.

7. Vereinheitlichter „Standard" für alle Bereiche

Einen weiteren Vorzug würde die Festlegung eines einheitlichen europäischen Standards bieten, welcher nicht nur für den Bereich des AEUV sondern auch für den des EUV gilt. Dabei sind insbesondere die Bereiche der PJZS und GASP ins Auge zu fassen, da hier ein besonders hohes Maß an Schutzbedarf aufgrund der unzureichenden Datenschutzstruktur besteht. Aufgrund der vorangegangenen Ausführungen ist klar geworden, dass der Datenschutz in Europa und weltweit eine immense Rolle spielt. Da jedoch bestimmte Bereiche dem Anwendungsbereich der zahlreichen Sekundärrechtsakte entzogen sind und nur bedingt Einzelregelungen für den Bereich der GASP und der PJZS erlassen wurden, würde ein sorgfältig erarbeiteter, einheitlicher Standard, der für alle Bereiche gilt, die ständige Besorgnis von eventuellen Schutzlücken zumindest auf ein Mindestmaß beschränken[646]. Hier spielt insbesondere die Neuregelung der EU eine wichtige Rolle, denn nach den Regelungen des aktuellen Vertragswerkes in der Fassung von Lissabon, besteht erstmals die Möglichkeit der europäischen Legislative, die in der ehemals dritten Säule vorherrschenden Mängel effektiv zu beseitigen[647].

Auch würde eine Kreation eines solchen, „vor die Klammer gezogenen, allgemeingültigen Teils", die Rechtsanwendung erheblich vereinfachen.

Im Rahmen der Schaffung eines solch einheitlichen Standards sollte freilich auch überlegt werden, ob man das bestehende System nicht dahingehend vereinfachen kann, indem man ein einzelnes Kodifikationswerk in Form einer zentralen Richtlinie erschafft, welche für alle Bereiche gilt. Sodann könnten spezifische Regelungen festgelegt werden, die die Interessen in besonderen Bereichen, wie beispielsweise der Zusammenarbeit in Strafsachen, in einen

---

646 Vgl. auch das Workingpaper 168 der Art. 29 Gruppe, die konkrete Verbesserungsvorschläge für diesen Bereich macht, Dokument 02356/09/DE, S. 8 ff.
647 *HIJMANS/SCIROCCO*, CMLR 2009, S. 1485 (1524, 1525).

angemessenen Ausgleich bringen. Denn die stetige Weiterentwicklung über Verordnungen und Richtlinien über einen langen Zeitraum, kann zu unübersichtlichen Konstellationen führen.

B. Zusammenfassung der Modernisierungsmaßnahmen

Insgesamt lässt sich somit festhalten, dass das bestehende europäische Datenschutzrecht um einige sinnvolle Modifikationen ergänzt werden sollte, damit es den alltäglichen Anforderungen schon heute und für die Zukunft gewachsen ist. Dabei muss aufgrund der bestehenden Probleme bei der praktischen Umsetzung der Betroffenenrechte nach einer erfolgten Verletzung die primäre Arbeit darin bestehen, eine sichere und verlässliche Aufklärungsstruktur zu etablieren, damit die Betroffenen rechtzeitig und umfangreich über Gefahren und Schutzmöglichkeiten aufgeklärt werden können[648]. Gleichzeitig bedarf es der gezielten Technikförderung und Unterstützung von Marktentwicklungen, welche, angepasst an die jeweiligen neuen Bedürfnisse, durch moderne IKT zu erfolgen hat.

Der zentrale Aspekt des modernen Datenschutzes liegt also in der Prävention, namentlich der Vermeidung von personenbezogenen Daten.

Nur auf diese Weise kann künftig für ein beständiges Maß an Sicherheit in einer sich schnell wandelnden Mediengesellschaft garantiert werden.

Neben diesen zwei Hauptpunkten muss ebenfalls das Instrument der Einwilligung novelliert werden, damit diese weiterhin Bestand haben und die Betroffenen effektiv schützen kann. Hierzu bieten sich vor allem Formvorschriften, Befristungen und eine Konkretisierung der bis dato geltenden Tatbestandsmerkmale an. Auch muss überlegt werden, bestimmte Privatsphärenbereiche gänzlich von der Erschließung Dritter auszunehmen, da andernfalls aufgrund der bisherigen Entwicklungen davon auszugehen ist, dass der Staat bzw. private Datenverarbeiter zu einem Datenmoloch mutieren. Gerade vor dem Gesichtspunkt der sich im Moment immer mehr vollziehenden Entwicklung zum „ubiquitous computing" hin, wäre dies alles andere als vorteilhaft, da jeder Datenerhebung eine „Dual-Use-Funktion" innewohnt, die in diesem Fall zu einer flächendeckenden und vor allem lückenlosen Überwachungsstruktur führen würde.

---

648 Vgl. auch HEFENDEHL in *HEFENDEHL*, JZ 2009, S. 165 (172), der feststellt, dass Datenschutz vor allem mit aufklärender Fürsorge zu tun hat.

Zusätzlich versprechen die weitergehende Einführung von Informationspflichten und Sicherheitszertifikaten, sowie die Novellierung des Haftungssystems, gute Erfolge. Demzufolge müssen gesetzliche Normierungen nicht nur wie bisher einen rein normativen Datenschutz anstreben, sondern die gesetzlichen Fixierungen müssen auch hinreichend die Konzepte des Selbst- und Systemdatenschutzes in sich aufnehmen[649].

C. Ergebnisüberblick

- Das derzeitige Normengefüge geht davon aus, dass der Einzelne seine Daten mit Bedacht nach außen preisgibt und darauf besonnen ist, mit diesen sorgsam umzugehen. Dieses Konzept spiegelt sich vor allem in der Systematik eines grundsätzlichen Verbotes mit Erlaubnisvorbehalt wieder. Dies entspricht jedoch nicht den tatsächlichen Gegebenheiten, denn zur Zeit registrieren viele Personen nicht, dass personenbezogene Daten erhoben werden. Dies ist größtenteils auf mangelndes Problembewusstsein bzw. Unkenntnis zurückzuführen.
- Es gibt mehrere verschiedene Ansätze, die dabei helfen können das aktuelle System den aktuellen Gegebenheiten anzupassen. Dabei sind jedoch nicht nur der einzelne Mitgliedstaat, sondern auch die Union dafür verantwortlich, die notwendigen Änderungen herbeizuführen.
- In diesem Zusammenhang sind die Aufklärung der potentiell Betroffenen und die Kreation einer „Datenschutzkultur" die wichtigste Aufgabe. Hierzu bedarf es der Etablierung eines kontinuierlichen und umfassenden Informationssystems. Das Informationssystem muss unabhängig von den Medien ausgestaltet sein, da diese grundsätzlich selbst wählen können, worüber sie berichten, wodurch nur eine bedingte Kontinuität erreicht werden kann. Unter anderem kann bietet es sich an den Datenschutz als Bildungsaufgabe in bestehende Lern- und Unterrichtskonzepte zu integrieren. Ebenso muss ein Weg gefunden werden Personen zu erreichen, die sich mit der Materie nicht umfänglich auskennen. Das Primärziel ist also durch ein gut erarbeitetes Aufklärungskonzept, den Einzelnen auf Gefahren aufmerksam zu machen, Vorteile und

---

649 Vgl. auch die Ausführungen von SIMITIS bei SIMITIS in: SIMITIS (Hrsg), BDSG, Einleitung Rn. 113 ff.

Schutzmöglichkeiten aufzuzeigen und ihn damit in die Lage zu versetzen, eigenständig Selbstschutz auszuüben.

- Ebenfalls muss ein erhöhter Fokus auf den Selbst- und Systemdatenschutz gelegt werden. Der Selbstdatenschutz muss mittels Aufklärung und der Vereinfachung von Benutzeroberflächen so einfach und übersichtlich wie möglich ausgestaltet werden, damit auch technologisch unbegabte Menschen mit ihnen umgehen können. Hierzu zählen die Entwicklung von vertrauenswürdigen Siegeln, die Förderung von Datenschutztechnik und die Aufklärung der Individuen. Ebenso ist es jedoch notwendig den Systemdatenschutz zu fördern. Es muss ein Weg gefunden werden Technik grundsätzlich datenschutzfreundlich zu gestalten. Primäradressaten sind hierbei jedoch nicht die potentiell von einer Verarbeitung Betroffenen, sondern die Technikentwickler. Wichtige Konzepte in diesem Zusammenhang sind die PETs und das sog. „privacy by default", damit auch unwillige oder nicht versierte Personen in den Genuss eines „Mindestschutzes" kommen.

- Zusätzlich sind weitere Änderungen an dem konkreten Normgefüge vorzunehmen. Dabei müssen vor allem die Voraussetzungen einer wirksamen Einwilligung in der DSRL näher konkretisiert werden. Ebenso sollte das Haftungssystem überarbeitet werden, ein einheitlicher Standard für alle Bereiche geschaffen werden und über die Einführung einer Verbandsklage nachgedacht werden.

Kapitel VI: Zusammenfassung und Fazit

Als Ergebnis der Untersuchung ist festzuhalten, dass es auf europäischer Ebene ein rechtliches Datenschutzsystem gibt, welches grundsätzlich geeignet ist den von einer Verarbeitung Betroffenen zu schützen. Dennoch besteht ein erheblicher Handlungsbedarf, um des bisherigen Schutzes durch fortschreitende Entwicklungen in der IKT nicht verlustig zu werden.

Das Datenschutzrecht auf europäischer Ebene besteht dabei nicht aus einem einheitlichen Regelungswerk. Da der Datenschutz eine Querschnittmaterie ist und dadurch an mannigfache Bereiche anknüpft, geht damit eine Vielzahl an Rechtsnormen einher, die sich nach und nach entwickelt hat. Neben den zahlreichen internationalen Abkommen haben vor allem auch nationale Entwicklungen zu einer stetigen Konkretisierung der Regelungsmechanismen beigetragen. Dies gilt insbesondere für das wegweisende Volkszählungsurteil des BVerfG.

Auf europäischer Ebene entwickelte sich das Datenschutzrecht vor allem aus dem Recht auf Schutz der Privatsphäre. Dessen Reichweite und Ausgestaltung wurde stetig ausgebaut. Dies geschah vor allem durch eine vielfältige Sekundärrechtssetzung in Form von Richtlinien und Verordnungen, wobei den Richtlinien 95/46/EG, 2002, 58/EG, 2006/24/EG und der VO (EG) 45/2001 eine grundlegende Bedeutung zukommt, da sie den Kerngehalt des heutigen europäischen Datenschutzsystems repräsentieren. Neben zahlreichen Definitionen legen sie auch zentrale Grundprinzipien, wie das Prinzip der Datensparsamkeit, der Transparenz oder der Zweckbindung fest und erstrecken diese auf nahezu alle Lebensbereiche, in denen eine Verarbeitung personenbezogener Daten stattfinden kann. Zusätzlich finden sich Regelungen über den grenzüberschreitenden Datenverkehr, welche aufgrund der zunehmenden Globalisierung stetig an Bedeutung gewinnen.

Jedoch finden sich auch im europäischen Primärrecht Normen, die den Betroffenen vor der Verarbeitung personenbezogener Daten schützen sollen. Hierzu zählen vor allem Art. 6 Abs. 3 EUV i.V.m. der EMRK, Art. 16 AEUV, sowie das nun endlich verbindlich gewordene Grundrecht nach Art. 8 EU-Charta. Gerade die explizite Aufnahme des Art. 16 AEUV und die Verbindlicherklärung der EU-Charta stellen dabei einen jüngsten Entwicklungsabschluss eines sich weiterentwickelnden Rechtsschutzsystems im Bereich des Datenschutzes dar, welches den Gefahren der modernen Kommunikationsformen hinreichend Rechnung trägt. Mögen die Normen bei erster Betrachtung etwas kärglich anmuten, so muss festgehalten werden, dass der Schutzstandard mittlerweile eine erfreuliche Intensität erreicht hat, was nicht zuletzt auf die stetige Konkretisierung durch das Sekundärrecht zurückzuführen ist.

Jedoch begründen besonders die jüngsten Entwicklungen im Zusammenhang mit der Vorratsdatenspeicherungsrichtlinie eine zunehmende Besorgnis, dass das Schutzsystem einer zunehmenden Konterkarierung unterliegt. Die Vorratsdatenspeicherungsrichtlinie verpflichtet die Dienstanbieter zur Vorratshaltung von Verkehrs- und Verbindungsdaten für einen Zeitraum von sechs Monaten zum Zwecke der Effektivierung einer späteren Strafverfolgung.

Entgegen dem geltenden Zweckbindungsgrundsatz werden dadurch neue Datenpools angelegt, welcher sich der Staat bemächtigen kann. Dies stellt einen elementaren Grundrechtseingriff und einen Paradigmenwechsel im bestehenden Datenschutzsystem dar.

Dabei ist die Rechtmäßigkeit der Richtlinie aus gutem Grund zu bezweifeln.

Bereits aus formeller Hinsicht ist entgegen dem EuGH-Urteil Kritik angebracht, da die Einführung einer solchen Vorratsdatenspeicherung ausweislich des in ihr genannten Zwecks und ihrer Erwägungsgründe, nicht aber im Bereich der Binnenmarktkompetenz anzusiedeln ist. Vielmehr unterliegt sie den Anforderungen der Art. 87 ff. AEUV.

Aber auch in materieller Hinsicht ist aus vielerlei Hinsicht Negativkritik angebracht, denn die Richtlinie verstößt gegen Art. 8 Abs. 1 EMRK sowie gegen Art. 7 und 8 EU-Charta.

Insbesondere stellt sich die Richtlinie als unverhältnismäßig im engeren Sinne dar.

Die Vorratsdatenspeicherung ist ein Eingriff mit einer bisher noch nie da gewesenen Streubreite und Intensität. Ohne den geringsten Tatverdacht werden die Verkehrsdaten von jedermann aufgezeichnet. Dies ist unverhältnismäßig, da dieser Eingriffsintensität eine extrem geringe Täterdichte gegenübersteht. Zusätzlich sind die Daten alles andere als harmlos, da sich durch sie feingranulare Persönlichkeits- und Kommunikationsprofile erstellen lassen, die Rückschlüsse bis in das tiefste Privatleben eines Jeden zulassen. Zusätzlich besteht die nicht unbegründete Besorgnis, dass ein Gefühl ständiger Beobachtung hervorgerufen wird, was zu einer zwangsläufigen Änderung des

Kommunikationsverhaltens führt. Dies wäre nicht zuletzt für den modernen Informations- und Rechtsstaat unerträglich, zumal dem Bürger keine alternativen Kommunikationswege zur Verfügung stehen, mit Hilfe derer er sich einer Beobachtung entziehen kann. Durch die Vielfalt der Speicherstellen wird zwar eine Gefahr des unberechtigten Datengebrauchs durch den Staat entgegengewirkt, jedoch führt gerade diese Vielzahl wiederum zu erheblichen Gefahren, da ein hohes Missbrauchsrisiko aufgrund technischer und struktureller Defizite besteht.

Dass die genannten Einwände nicht grundlos angeführt werden, belegt das jüngst ergangene Workingpaper der Art. 29 Gruppe (WP 172, vom 13.7.2010)[650], welches die Umsetzungen der Richtlinie innerhalb der einzelnen Mitgliedstaaten untersucht. Dabei kommt die Art. 29 Gruppe zu dem Schluss, dass die Umsetzung der Richtlinie teilweise misslungen ist, da deren Voraussetzungen durch die jeweiligen Umsetzungsgesetze in den Mitgliedstaaten teilweise erheblich überschritten wurden. Dies betrifft insbesondere die Speicherdauer, die abgerufenen und gespeicherten Datentypen[651], mangelnde Sicherheits- und Löschmechanismen, sowie die physikalische Trennung der Daten[652].

Letztlich ist zu besorgen, dass die Vorratsdatenspeicherungsrichtlinie einen Dammbruch darstellt, der zu einer weiteren Datenpoolbildung und einer damit fast zwangsläufigen Eröffnung für staatliche Ermittlungszwecke führt. Dies gilt insbesondere hinsichtlich der zunehmenden Integration von Verarbeitungsprozessen in Alltagsgegenstände, da folglich eine perfekte Überwachungsstruktur generiert wird, der sich niemand mehr entziehen kann[653].

Dass der Staat grundsätzlich versucht neuen Gefahren entgegenzuwirken, indem er auf die Gefährdungslage mit einer neuen Ermächtigungsgrundlage reagiert, ist grundsätzlich nicht zu beanstanden. Ebenfalls lässt sich ein Bedürfnis nach „Waffengleichheit" nicht negieren. Jedoch muss er berücksichtigen, dass er dabei rechtsstaatlichen Grenzen unterliegt, zu deren Einhaltung er verpflichtet ist, auch wenn dies bedeutet, dass es ihm nicht möglich ist, einen

---

650 Das WP 172 ist im Internet abrufbar unter http://ec.europa.eu/justice/policies/privacy/docs /wpdocs /2010/wp172_en.pdf (zuletzt abgerufen am 8.9.2010).

651 Vgl. WP 172, S. 9 ff.

652 Vgl. WP 172, S. 11 ff.

653 Vgl. auch generell zu diesem Aspekt *ROßNAGEL*, Datenschutz in einem informatisierten Alltag, S. 190.

umfassenden Schutz vor jedweder Gefahr zu ermöglichen[654]. Dies gilt insbesondere für das bestehende System von Eingriffsbefugnissen, die sich grundsätzlich an Merkmalen, wie einer „konkreten Gefahr", oder einem „hinreichenden Tatverdacht" orientieren. Jedoch kann es, wie bereits festgestellt,
keine hundertprozentige Sicherheit geben, weshalb eine Prävention um jeden
Preis, nämlich den Preis der Freiheit eines jeden Einzelnen bzw. der freien
und unbefangenen Kommunikation in einer modernen Kommunikationsgesellschaft, zu verneinen und gänzlich mit guten Argumenten abzulehnen ist.

Das geltende Sicherheitsparadigma steht den rechtsstaatlichen Grundsätzen
diametral entgegen, denn die gegenwärtigen Bestrebungen zielen nicht mehr
darauf ab eine Strafverfolgung im Nachhinein zu ermöglichen. Vielmehr
möchte man am liebsten vor dem Täter am Tatort sein, weshalb der Trend zur
Prävention geht, welche eine zunehmende Konjunktur besitzt[655]. immer weiter vorverlagert wird. Hier sind jedoch eindeutige Grenzen durch den Rechtsstaat gesetzt, welche nicht überschritten werden dürfen. Eine anlasslose, rein
vorsorgliche Überwachung ohne einen konkreten Verdacht überschreitet diese
Grenzen jedoch in unerträglicher Weise, denn die angeblich damit einhergehende Sicherheitssteigerung geht mit einem unerträglichen Freiheitsverlust
einher.

Neben dem theoretischen Schutzsystem wurde zusätzlich beleuchtet, wie es
um die Rechtsdurchsetzung im europäischen Datenschutz steht.

Dabei galt es vor allem auf die Kontrollorgane im europäischen Datenschutzsystem einzugehen. Neben der Art. 29-Gruppe, welcher eine zentrale
Rolle im Bereich der Forschung und Entwicklung im europäischen Datenschutzrecht durch Stellungnahmen und Empfehlungen zukommt, ist besonders das Kontrollorgan des Europäischen Datenschutzbeauftragten hervorzuheben. Dieser besitzt zahlreiche und weitgehende Befugnisse im Zusammenhang mit einer Verarbeitung personenbezogener Daten durch eine Einrichtung
oder ein Organ der Union. Zusätzlich kann er einen Betroffenen, im Gegensatz zur Art. 29-Gruppe, aktiv unterstützen und ihm bei der Geltendmachung
seiner Rechte helfen.

---

654 Vgl. *HOHMANN-DENNHARDT*, RDV 2008, S. 1 ff. (5).
655 *HOHMANN-DENNHARDT*, RDV 2008, S. 1 ff. (4); vgl. auch *PETRI*, DuD 2010, S. 539
     (543), der feststellt, dass die aktuelle Entwicklung zu sehr von Sicherheitsentwick-
     lungen geprägt ist und die Maßnahmen zunehmend präventiv sind und jedermann be-
     treffen.

Dabei sind besonders seine Unabhängigkeit und die stetige Zusammenarbeit mit den behördlichen Datenschutzbeauftragten von Bedeutung, da nur so eine effektive und vor allem flächendeckende Kontrolle gesichert werden kann. Bedauerlich ist jedoch, dass seine Kontrollkompetenz eingeschränkt ist und die Bereiche der ehemaligen zweiten und dritten Säule (PJZS und GASP) seiner Kompetenz entzogen sind. Besonders hier bestünde nach Ansicht des Verfassers erheblicher Nachbesserungsbedarf.

Die wohl bedeutendste Rolle kommt aber wohl dem EuGH zu, der durch ein stetiges Vorantreiben seiner Rechtsprechung auf dem Gebiet der Gemeinschaftsgrundrechte einen wesentlichen Faktor des Kontrollsystems ausmacht. Allerdings musste festgestellt werden, dass es dem Individuum bis dato nicht vergönnt ist, in jeder Situation den Gerichtshof anzurufen, da die Voraussetzungen für eine Nichtigkeitsklage eines nicht privilegierten Klägers sehr eng gehalten sind. Aus diesem Grund empfiehlt es sich, den Grundrechtsschutz der Union und letztlich auch den europäischen Datenschutz in zweierlei Weise zu stärken. Zum einen sollte die Union der EMRK möglichst zügig beitreten, denn ein Beitritt hat, wie ausführlich dargelegt wurde, keinerlei Negativauswirkungen auf das Auslegungsmonopol des EuGH im Bereich des Gemeinschaftsrechts. Auch begründet ein Beitritt kein Subordinationsverhältnis des EuGH im Verhältnis zum EGMR, weil eine Kassation von Rechtsakten der Union durch den EGMR nicht möglich ist. Vielmehr würde der EGMR als spezifischeres Fachgericht anerkannt werden, was eine zusätzliche Verdichtung des bestehenden Kooperationsverhältnisses erwarten ließe.

Auf diese Weise wäre es einem Individuum möglich, dass gesamte Spektrum an Unionsrechtsakten (Verordnungen, Richtlinien und Beschlüsse) überprüfen zu lassen, was eine erhebliche Stärkung des europäischen Grundrechtsschutzes darstellen würde.

Die Alternative hierzu wäre die Einführung einer „europäischen Grundrechtsbeschwerde", welche in ihren wesentlichen Merkmalen der deutschen Verfassungsbeschwerde nachempfunden werden könnte. Zwar ist das bestehende Rechtsschutzsystem, welches primär durch die nationalen Gerichte gewährleistet wird, ausreichend im Sinne der einschlägigen Rechtsweggarantien, aber dies bedeutet noch nicht, dass der bestehende Schutz nicht verbesserungsfähig ist.

Denn mangels eines subjektiven Anspruchs besteht bei dem Vorabentscheidungsverfahren keine Möglichkeit des Individuums eine Vorlage zu erzwingen, sodass es dem Rechtsempfinden der nationalen Gerichte obliegt, in gegebener Konstellation eine Vorlage zu bewirken. Dies kann aber kein Ersatz für ein selbstständiges Verfahren sein, bei welchem der Einzelne selbst aktiv werden kann und den EuGH direkt um Gehör ersuchen kann.

Zusätzlich würde ein solcher Rechtsbehelf das bestehende europäische Grundrechtsgefüge erheblich und dauerhaft stärken, zumal die EU-Charta mit dem Inkrafttreten des Vertrages von Lissabon nun endlich Verbindlichkeit erlangt hat. Zwar mag es stimmen, dass es in Europa keinen anderen Staat gibt, der einen vergleichbaren Rechtsbehelf zur Verfügung stellt, jedoch sind die Erfahrungen, die mit der nationalen Verfassungsbeschwerde gemacht wurden, durchweg positiv, sodass nach hiesigem Dafürhalten eine europäische Grundrechtsbeschwerde begrüßenswert wäre.

Neben diesen rein verfahrenstechnischen Aspekten besteht aber auch leider eine Vielzahl an Problemen in der Praxis, von denen einige gravierende Auswirkungen besitzen. Zwar ist der von einer Verarbeitung Betroffene mit einem Bündel an Ansprüchen ausgestattet, jedoch besteht die erste Problematik schon bei der Wahrnehmung einer Datenverarbeitung. Unabhängig davon, ob eine Einwilligung erteilt wurde oder nicht, besteht seitens des für die Verarbeitung Verantwortlichen keine Pflicht zur Information des Betroffenen über einen datenschutzrechtlichen Verstoß, sodass viele Verstöße erst gar nicht aufgedeckt werden. Auch fehlt es den Betroffenen zumeist an Hintergrundinformationen, um zu verstehen, in was sie einwilligen, was im Alltag gravierende und irreversible Folgen haben kann. Die zweite Problematik besteht in der Ermittlung des Verantwortlichen, da die Verarbeitungsstrukturen zunehmend komplexer und unübersichtlicher werden. Diese erfordert eine differenzierte Analyse im Einzelfall, zu welcher der durchschnittliche Betroffene regelmäßig, ohne rechtskundige Hilfe, nicht in der Lage sein wird. Jedoch bieten die herausgefilterten Kriterien und Bewertungsmethoden einen guten Leitfaden, um diesem Problem Herr zu werden.

Zusätzlich erschweren prozessual bedingte Aspekte die rechtliche Geltendmachung der Betroffenenrechte. Zum einen ist hier die Verfahrensdauer zu beachten. Da der Rechtsschutz zur Zeit primär durch die nationalen Gerichte erfolgt, können die Verfahren teilweise bis zu 4 Jahren dauern. Aber auch die Kosten sind zum Teil ein abschreckender Faktor, da eine Klage vor dem EuGH keine aufschiebende Wirkung besitzt, wodurch weitere Kosten bzw. Schäden entstehen können. Vor diesen Gesichtspunkten empfiehlt es sich über die Einführung von Verbandsklagen nachzudenken, da diese in der Regel gezielter und effektiver als ein einzelner Betroffener gegen entsprechende Verstöße vorgehen können. Ebenfalls wäre ein entsprechender Eilrechtsschutz zu begrüßen, der für eine schnelle vorläufige Entscheidung sorgen kann. Ein solcher wäre besonders im Zusammenhang mit einer europäischen Grundrechtsbeschwerde zu begrüßen.

Zuletzt wurde das geltende Normgefüge unter dem Aspekt betrachtet, inwieweit die einzelne Person selbst eine Rolle spielt. Dabei war festzustellen, dass das geltende System auf der Prämisse beruht, dass der Einzelne ein grundsätzliches Interesse daran hegt, seine Daten soweit wie möglich von einem Zugang der Öffentlichkeit auszuschließen. Dabei geht die bisherige Schutzkonzeption von einer durchschnittlich informierten Person aus. Dieser Ausgangspunkt ist jedoch nicht mehr ganz korrekt. Moderne Kommunikationsformen und der fortschreitende Einzug der Datenverarbeitung in den Alltag führen dazu, dass die Betroffenen Verarbeitungsvorgänge nicht mehr durchschauen und Daten unbedacht entäußern, um den Zugang zu einer Dienstleistung oder anderweitige Boni zu erhalten. Viele Personen besitzen nicht den nötigen Sinn und die nötigen Informationen, um sich der Gefahren bewusst zu werden, die beispielsweise durch die Nutzung sozialer Netzwerke entstehen. Die wichtigste Aufgabe des „neuen" Datenschutzes muss es daher sein, die Personen nicht nur über ihre Rechte aufzuklären, sondern auch über die Gefahren und irreversiblen Schäden, die durch ein solches Verhalten drohen, um hierdurch eine Befähigung zum Selbstschutz zu erreichen.

Da der Staat nicht in der Lage ist einen umfassenden Schutz im Sinne einer Erfüllungsverantwortung zu erreichen, muss er den Einzelnen zum Eigenschutz befähigen.

Dabei sind der Staat, sowie die Union, vor allem in der Verantwortung ein geeignetes Informationssystem zu kreieren, welches eine umfassende und dauerhafte Information des Betroffenen ermöglicht und diesen permanent aufklärt und bzgl. neuer gravierender Entwicklungen und Gefahren gezielt schult. Dies allein ist die Voraussetzung dafür, dass der Betroffene überhaupt erst wahrnimmt, dass eine Verletzung seiner Rechte stattgefunden hat.

Konzepte, die für die Zukunft des Datenschutzes entscheidend sein werden, sind der Selbstdatenschutz und der Systemdatenschutz, welche ineinander verzahnt sind. Den Betroffenen muss eine Infrastruktur zur Verfügung gestellt werden, mit deren Hilfe sie selbst entscheiden können, wie weit der Eigenschutz gehen soll. Dabei ist jedoch tunlichst darauf zu achten, dass ein Mindestschutzniveau erreicht wird, welches auch für solche Personen gilt, die sich trotz aller Möglichkeiten nicht schützen können oder wollen. Hier spielt die

Union eine tragende Rolle, da sie durch ihre supranationale Konzeption in der Lage ist, einen einheitlichen europäischen Standard zu schaffen. Dies kann durch den weiteren Erlass von Rechtsakten geschehen, aber auch durch die Förderung der Technikentwicklung, um geeignete Systemdatenschutzmechanismen zu entwickeln. Neben diesen grundsätzlichen Erwägungen erscheint eine zusätzliche Konkretisierung und Ergänzung bestehender Normen geboten.

So sind unter anderem die Voraussetzungen der Einwilligung zu konkretisieren und Form- und Unwirksamkeitstatbestände zu integrieren, damit bestimmte Bereiche der Privatsphäre generell unerschlossen bleiben. Ebenso ist ein konkretes Kopplungsverbot aufzunehmen, welches die Verknüpfung der Erbringung einer Dienstleistung mit einer zwangsläufigen Einwilligung unterbindet.

Das bestehende Haftungssystem bedarf einer zusätzlichen Modifikation. Durch die Einführung einer Gefährdungshaftung würde man die Betroffenenrechte immens stärken, da besonders unbefriedigende Beweislastregelungen des bestehenden Systems zu einer Behinderung der Betroffenenrechte führen. Ebenso muss ein für die Verarbeitung Verantwortlicher bei der Beseitigung der Folgen einer rechtswidrigen Datenverarbeitung behilflich sein, da die Betroffenen gerade hiermit erheblich belastet werden.

Durch zusätzliche Maßnahmen, wie die gesetzliche Verankerung des Prinzips datenschutzfreundlicher Technik- und Programmgestaltung („privacy by design"), die Erarbeitung von Sicherheitszertifikaten und die Normierung einer Informationspflicht des für die Verarbeitung Verantwortlichen bei einem datenschutzrechtlichen Verstoß, ließen sich einige zusätzliche Verbesserung erzielen.

Hieraus folgt insgesamt, dass moderner Datenschutz heute aufgrund der dezentralen Netzstruktur daher nur bedeuten kann, dass primär bereits eine Datenentstehung vermieden wird, bzw. wo diese nicht vermieden werden kann, eine Verwertung weitgehend eingedämmt wird.

Das Datenschutzrecht ist eine komplexe Materie. Datenverarbeitungsprozesse sind nahezu in alle Lebensbereiche vorgedrungen und erleichtern uns alltägliche Abläufe um ein Vielfaches, da sie vollautomatisiert und unsichtbar ablaufen. Jedoch gilt es bei all der Faszination und den neuen technischen Raffinessen zu bedenken, dass diese Prozesse uns nur so gut helfen können, weil sie mit einer Vielzahl von Informationen gefüttert werden. Die derzeitige Entwicklungsphase ist jedoch nur der Anfang. Es ist davon auszugehen, dass bereits in wenigen Jahren Datenverarbeitungsprozesse allgegenwärtig sind und wir immer und überall „vernetzt" sind, denn bereits jetzt ist es möglich, über das mobile Internet jederzeit überall online zu sein. So positiv diese Entwicklungen auch sein mögen, so bleibt es dabei, dass diese Anwendungen nur deshalb so gut funktionieren, weil sie auf uns und unsere Bedürfnisse abgestimmt sind, also personalisiert sind. Gerade dies birgt jedoch eine zunehmende Gefahr, da wir der Technik zunehmend mehr Geheimnisse anvertrauen und die Systeme zunehmend untereinander vernetzt werden. Gepaart mit dem Unwillen oder der Unwissenheit des Einzelnen führt dies zu unberechenbaren Sachverhaltskonstellationen, deren Spätfolgen kaum abzusehen sind[656]. Dabei ist es nicht nur der Staat, der ein Interesse an den Daten hegt, sondern vor allem auch die Privatwirtschaft, für die diese Daten einen unermesslichen Wert besitzen.

Die hierdurch generierten Datenpools sind umfangreich und lassen tiefste Rückschlüsse in die Privatsphäre zu. Zusätzlich geben wir Daten bedenkenlos an Dritte weiter, um einen „vermeintlichen Vorteil" zu erlangen. Das daraus resultierende Dilemma ist jedoch, dass mit der zunehmenden Vernetzung auch stetig die Kontrollmöglichkeit über diese Datenpools schrumpft, sodass nach deren Generierung niemand mit Sicherheit sagen kann, ob die Daten rechtmäßig genutzt werden und auch irgendwann gelöscht werden. Die Gnade des Vergessens kann im Rahmen der digitalen Welt also nicht immer mit hundertprozentiger Gewissheit gewährt werden. Ebenso schwingt immer die begründete Besorgnis mit, dass die Datenpools schlussletztlich staatlichen Stellen zur Verfügung gestellt werden, um die „Sicherheit" zu erhöhen[657].

Dies hat auch die Staatengemeinschaft erkannt.

Jedoch bringt es nichts, wenn zwar rechtlich gesehen eine Vielzahl von Schutznormen besteht, wir aber aus Unwissenheit oder Desinteresse auf diesen Schutz verzichten. Denn bei dem Thema Datenschutz handelt es sich nicht um ein „Modethema", sondern um die Fortschreibung althergebrachter Rechtspositionen, namentlich dem Persönlichkeitsschutz. Der sich aktuell

---

656 Gerade durch unvorsichtiges Verhalten und unzureichende Schutzmaßnahmen entstehen die meisten Schäden. Siehe auch KUBICEK in: KLUMPP/KUBICEK/ROßNAGEL/SCHULZ, Informationelles Vertrauen, S. 17 (32).

657 Dabei ist es für die moderne Informationsgesellschaft wichtiger denn je eine zunehmende Gewöhnung an dauerhafte Überwachung zu vermeiden, vgl. BÜLLESBACH in: KLUMPP/KUBICEK/ROßNAGEL/SCHULZ, Informationelles Vertrauen, S. 215 (223).

vollziehende Wandel bewirkt also, dass die „analogen" Freiheitsrechte zunehmend mehr in die „digitale Welt" übertragen werden. Mit seiner im Laufe der Zeit zunehmend verzweigteren Rechtsprechung zum Persönlichkeitsrecht, war Deutschland ein Vorreiter auf dem Gebiet des Datenschutzes. Die im Jahre 2010 aktuell geführte Diskussion um eine grundlegende Reformierung des BDSG, um die sich viele Vorschläge ranken, sowie die eingereichte Verfassungsbeschwerde gegen die Vorratsdatenspeicherung, als auch den „Zensus 2011" - die erneute Volkszählung -, zeigen, dass das Thema des „digitalen Grundrechtsschutzes" zunehmende Beachtung erhält. Die zuvor genannten Lösungsansätze sollten zumindest bei einer nationalen Novellierung des BDSG hinreichende Berücksichtigung finden. Noch besser wäre es, wenn nicht nur Deutschland, sondern die Union selbst, sich dieses wichtigen Themas mehr bewusst würde, denn wie bereits die DSRL und andere Richtlinien gezeigt haben, kann die Union den Datenschutz und damit den Grundrechtsschutz überaus effektiv verwirklichen.

Auch in diesem Zusammenhang könnte Deutschland bei einer sorgfältigen Herangehensweise an die genannten Probleme auf nationaler Ebene und sorgfältiger ambitionierter Arbeit im Europäischen Parlament erneut zum Vorreiter für Europa werden.

Egal welche gesetzlichen Regelungen in einem Staat existieren, der beste Schutz für die eigenen personenbezogenen Daten ist und bleibt der Betroffene selbst, denn er bestimmt, ob er die Daten nach außen preisgibt oder nicht.

Es liegt daher an jedem selbst zu entscheiden, in wie weit er das allgegenwärtige Rechnen im eigenen Kreise zulässt, oder welche Daten er freiwillig, beispielsweise durch soziale Netzwerke, nach außen preisgibt, auch wenn sich diese Entwicklung und die zunehmende Benutzung solcher Einrichtungen selbst wohl nicht mehr aufhalten lassen. Insofern sollte dem immer mehr im Vorstoß befindlichen Wertewandel[658] im Umgang mit personenbezogenen

---

658 Eine sehr schöne Übersicht über den sich vollziehenden Wandel findet sich bei PET-RI, DuD 2010, S. 25 ff. Dass dieser Wertewandel in Zukunft unter Umständen zu nicht unerheblichen Problemen für den Einzelnen führen kann, belegen jüngste Berichterstattungen, denen zufolge Strafverfolger und Geheimdienste bereits damit begonnen haben, den unbedachten Umgang mit den Daten im Zusammenhang mit sozialen Netzwerken systematisch für Ermittlungszwecke zu nutzen, um Verdächtige ausfindig zu machen. Vgl. die Berichterstattung unter http://www.datenschutz.de/news/detail/?nid=4440 (zuletzt abgerufen am 8.9.2010).

Daten bewusst entgegengewirkt werden und ein erhöhter Selbstdatenschutz durch die Mitgliedstaaten bzw. die Union gefördert werden.

Jeder sollte aus eigenem Interesse bei jeder Datenerhebung überlegen, ob diese wirklich notwendig ist, und die aus ihr resultierenden Vorteile die Gefahren überwiegen.

Literaturverzeichnis

ADEN, HARTMUT

Handbuch zum Recht der Inneren Sicherheit
Berlin, 2. Auflage, 2006
Zit.: BEARBEITER in: ADEN, Handbuch zum Recht
der Inneren Sicherheit, S.

AHLF, ERNST-
HEINRICH

Situation der Polizeiforschung unter besonderer
Berücksichtigung des sog. „erweiterten Sicherheitsbegriffes"
im Internet abrufbar unter:
http://www.bka.de/kriminalwissenschaften/kiforum
/kiforum2.html (zuletzt abgerufen am 8.12.2010)
Zit.: AHLF, Situation der Polizeiforschung, Rn.

ALBER, SIEGBERT/
WIDMAIER, ULRICH

Die EU-Charta der Grundrechte und ihre Auswirkungen auf die Rechtsprechung – Zu den Beziehungen zwischen EuGH und EGMR
in: EuGRZ 2000, S. 497 - 510
Zit.: ALBER/WIDMAIER, EuGRZ 2000, S.

ALBRECHT, HANS-
JÖRG

Der erweiterte Sicherheitsbegriff und seine Folgen
in: RAV Infobrief 91, 2003; im Internet abrufbar
unter
http://www.rav.de/publikationen/infobriefe/archiv/i
nfobrief-91-2003/der-erweiterte-sicherheitsbegriff-
und-seine-folgen/ (zuletzt abgerufen am 2.12.2010)
Zit.: ALBRECHT, Der erweiterte Sicherheitsbegriff
und seine Folgen, Nr.

ALBRECHT, HANS-
JÖRG/
GRAFE, ADINA/
KILCHLING, MICHAEL

Rechtswirklichkeit der Auskunfterteilung über Telekommunikationsverbindungsdaten nach §§ 100g,
100h StPO
im Internet abrufbar unter:
http://www.bmj.bund.de/files/-/3045/MPI-GA-
2008-02-13%20Endfassung.pdf (zuletzt abgerufen
am 10.9.2010)
Zit.: ALBRECHT/GRAFE/KILCHLING, Auskunfterteil-
lung über Telekommunikationsverbindungsdaten,
S.

AMBOS, KAI — Zur Rechtsgrundlage der Richtlinie über die Vorratsdatenspeicherung von Daten (RiL 2006/24/EG des Europäischen Parlaments und des Rates vom 15.3.2006).
in: JZ 2009, S. 466 – 471
Zit.: *AMBOS*, JZ 2009, S.

BAUM, GERHARD R. — Die Erosion des Grundrechtschutzes im Spannungsfeld von Freiheit und Sicherheit
in: HUSTER, STEFAN/ RUDOLPH, KARSTEN (Hrsg.), Vom Rechtsstaat zum Präventionsstaat, Frankfurt a. M., 2008, S. 181 - 190
Zit.: *BAUM* in: HUSTER/RUDOLPH, Vom Rechtsstaat zum Präventionsstaat, S.

BAUMEISTER, PETER — Effektiver Individualrechtsschutz im Gemeinschaftsrecht
in: EuR 2005, S. 1-35
Zit.: *BAUMEISTER*, EuR 2005, S.

BAUMGARTNER, GERHARD — EMRK und Gemeinschaftsrecht
in: ZfV 1996, S. 319 - 331
Zit.: *BAUMGARTNER*, ZfV 1996, S.

BERLINER BEAUFTRAGTER FÜR DATENSCHUTZ UND INFORMATIONSFREIHEIT — Dokumente zu Datenschutz und Informationsfreiheit 2008
Berlin, 2008
Zit.: DSB FÜR BERLIN, Datenschutz und Informationsfreiheit 2008, S.

BERNHARDT, RUDOLF — Probleme eines Beitritts der Europäischen Gemeinschaft zur Europäischen Menschenrechts-Konvention
in: DUE, OLE/LUTTER, MARCUS/SCHWARZE, JÜRGEN, Festschrift für ULRICH EVERLING Baden Baden, 1995, S. 103 - 111
Zit.: *BERNHARDT* in: DUE/LUTTER/SCHWARZE, Festschrift für ULRICH EVERLING 1995, S.

BIZER, JOHANN — Vorratsdatenspeicherung: Ein fundamentaler Verfassungsverstoß
in: DuD 2007, S. 586 – 589
Zit.: *BIZER*, DuD 2007, S.

BMI/BMJ, BUNDES-MINISTERIUM DES INNERN, BUNDESMINISTERIUM DER JUSTIZ — Erster periodischer Sicherheitsbericht
Berlin, 1. Auflage, 2001
Zit.: BMI/BMJ, Sicherheitsbericht 2001, S.

BODIN, JEAN — Sechs Bücher über den Staat
JEAN BODIN übersetzt und mit Anmerkungen versehen von Bernd Wimmer
München, 1981
Zit.: *BODIN*, Sechs Bücher über den Staat, Buch, Kapitel

BORGES, GEORG/ SCHWENK, JÖRG/ STUCKENBERG, CARL-FRIEDRICH/ WEGENER, CHRISTOPH — Identitätsdiebstahl und Identitätsmissbrauch im Internet
im Internet abrufbar unter
https://www.bsi.bund.de/cae/servlet/contentblob/10 86544/publicationFile/90903/Studie_Identitaetsdieb stahl_090610.pdf (zuletzt abgerufen am 10.9.2010)
Zit.: *BORGES/SCHWENK/STUCKENBERG/WEGENER*, Identitätsdiebstahl, S.

BRAUM, STEFAN — „Parallelwertung in der Laiensphäre": Der EuGH und die Vorratsdatenspeicherung
in: ZRP 2009, S. 174 – 177
Zit.: *BRAUM*, ZRP 2009, S.

BRAUN, JOHANN — Einführung in die Rechtswissenschaft
Tübingen, 3. Auflage, 2007
Zit.: *BRAUN*, Einführung in die Rechtswissenschaft, S.

BREITENMOSER, STEPHAN — Der Schutz der Privatsphäre gemäß Art. 8 EMRK
Basel, 1986
Zit.: *BREITENMOSER*, Der Schutz der Privatsphäre gemäß Art. 8 EMRK, S.

BREYER, PATRICK — Rechtsprobleme der Richtlinie 2006/24/EG zur Vorratsdatenspeicherung und ihrer Umsetzung in Deutschland
in: StV 2007, S. 214 - 220
Zit.: *BREYER*, StV 2007, S.

BREYER, PATRICK — Aktuelle Sicherheitspolitik auf dem rechtsstaatlichen Prüfstand
in: ZRP 2008, S. 65 – 66
Zit.: *BREYER*, ZRP 2008, S.

BREYER, PATRICK — Die systematische Aufzeichnung und Vorhaltung von Telekommunikations-Verkehrsdaten für staatliche Zwecke in Deutschland
Berlin, 2005
Zit.: *BREYER*, Aufzeichnung und Vorhaltung, S.

BRITZ, GABRIELE — Europäisierung des grundrechtlichen Datenschutzes?
in: EuGRZ 2009, S. 1 – 11
Zit.: *BRITZ*, EuGRZ 2009, S.

BRÜHANN, ULF — Mindeststandards oder Vollharmonisierung des Datenschutzes in der EG
in: EuZW 2010, S. 639 – 644
Zit.: *BRÜHANN*, EuZW 2010, S.

BRÜHANN, ULF — Europarechtliche Grundlagen
in: ROßNAGEL, ALEXANDER (Hrsg.), Handbuch Datenschutzrecht, München, 2003, S. 131 - 155
Zit.: *BRÜHANN* in: ROßNAGEL, Handbuch Datenschutzrecht, S. Rn.

BULL , HANS PETER — Die „Sicherheitsgesetze" im Kontext von Polizei- und Sicherheitspolitik
in: BULL , HANS PETER (Hrsg.), Sicherheit durch Gesetze?, Baden Baden, 1987, S. 15 - 56
Zit.: *BULL* in: BULL , Sicherheit durch Gesetz, S.

BÜLLESBACH, ACHIM — Transnationalität und Datenschutz
Baden Baden, 2008
Zit.: *BÜLLESBACH*, Transnationalität und Datenschutz, S.

BÜLLESBACH, ALFRED — Persönlichkeitsschutz in der Informationsgesellschaft
in: KLUMPP, DIETER/KUBICEK, HERBERT/ROßNAGEL, ALEXANDER/SCHULZ, WOLFGANG, Informationelles Vertrauen für die Informationsgesellschaft, Berlin u.a., 2008, S. 215- 224
Zit.: *BÜLLESBACH* in: KLUMPP/KUBICEK/ROßNAGEL/SCHULZ, Informationelles Vertrauen, S.

BURKERT, HERBERT — Grundlagen des Datenschutzes: Internationale Grundlagen
in: ROßNAGEL, ALEXANDER (Hrsg.), Handbuch Datenschutzrecht, München, 2003, S. 85 - 130
Zit.: *BURKERT* in: ROßNAGEL, Handbuch Datenschutzrecht, S. Rn.

BUSCH, ANDREJ VICTOR MYKOLA WASYL — Die Bedeutung der EMRK für den Grundrechtsschutz in der Europäischen Union
Baden Baden, 1. Auflage, 2003
Zit.: *BUSCH*, Die Bedeutung der EMRK, S.

CALLEWAERT, JOHAN — Die EMRK und die EU-Grundrechtecharta – Bestandsaufnahme einer Harmonisierung auf halbem Wege
in: EuGRZ 2003, S. 198 – 206
Zit.: *CALLEWAERT*, EuGRZ 2003, S.

CALLIESS, CHRISTIAN — Sicherheit im freiheitlichen Rechtsstaat
in: ZRP 2002, S. 1 – 7
Zit.: *CALLIESS*, ZRP 2002, S.

CALLIESS, CHRISTIAN — Gewährleistung von Freiheit und Sicherheit im Lichte unterschiedlicher Staats- und Verfassungsverständnisse
in: DVBl 2003, S. 1096 – 1105
Zit.: *CALLIESS*, DVBl 2003, S.

CALLIESS, CHRISTIAN/
RUFFERT, MATTHIAS
EUV/EGV Das Verfassungsrecht der Europäischen Union mit Europäischen Grundrechten – Kommentar
München, 2007
Zit.: *Bearbeiter* in: CALLIESS/RUFFERT, EUV/EGV, Art. Rn.

CENTRE FOR INFORMATION POLICY LEADERSHIP AS SECRETERIAT TO THE GALWAY PROJECT
Data Protection Accountability: The Essential Elements; A Document for Discussion October 2009
Im Internet abrufbar unter:
http://www.huntonfiles.com/files/webupload/CIPL _Galway_Accountability_Paper.pdf (zuletzt abgerufen am 10.9.2010)
Zit.: CENTRE FOR INFORMATION POLICY LEADERSHIP AS SECRETERIAT TO THE GALWAY PROJECT, Data Protection Accountability, S.

DAMMANN, ULRICH/
SIMITIS, SPIROS
EG-Datenschutzrichtlinie
Baden Baden, 1. Auflage, 1997
Zit.: *DAMMANN/SIMITIS*, EG-Datenschutzrichtlinie, Art. Rn.

DENNINGER, ERHARD
Anonymität - Erscheinungsformen und verfassungsrechtliche
Fundierung
In: BÄUMLER HELMUT; MUTIUS, ALBERT V. (Hrsg.): Anonymität im Internet, Braunschweig, 2003, 41–51
Zit.: *DENNINGER* in: BÄUMLER/ V. MUTIUS, Anonymität im Internet, S.

DENNINGER, ERHARD
Der Präventionsstaat
in: KJ 1988, S. 1 ff.
Zit.: *DENNINGER*, KJ 1988, S.

DI MARTINO, ALLESANDRA
Datenschutz im europäischen Recht
Baden Baden, 2005
Zit.: *DI MARTINO*, Datenschutz im europäischen Recht, S.

DIETEL, ALFRED — „Innere Sicherheit" – Verheißung und reale Möglichkeit
in: BULL, HANS PETER (Hrsg.), Sicherheit durch Gesetze?, Baden Baden, 1987, S. 57 - 82
Zit.: *DIETEL* in: BULL, Sicherheit durch Gesetze?, S.

DIX, ALEXANDER — Konzepte des Systemdatenschutzes
in: ROßNAGEL, ALEXANDER (Hrsg.), Handbuch Datenschutzrecht, München, 2003, S. 363 – 386
Zit.: *DIX* in: ROßNAGEL, Handbuch Datenschutzrecht, S. Rn.

EHLERS, DIRK — Europäische Grundrechte und Grundfreiheiten
Berlin, 3. Auflage, 2009
Zit.: *BEARBEITER* in: EHLERS, EU-Grundrechte, § Rn.

EHMANN, EUGEN/ HELFRICH, MARCUS — EG-Datenschutzrichtlinie
Köln, 1999
Zit.: *EHMANN/HELFRICH*, EG-Datenschutzrichtlinie, Art. Rn.

ELLGER, REINHARD — Der Datenschutz im grenzüberschreitenden Datenverkehr
Baden Baden, 1. Auflage, 1990
Zit.: *ELLGER*, Der Datenschutz im grenzüberschreitenden Datenverkehr, S.

ELLGER, REINHARD — Konvergenz oder Konflikt bei der Harmonisierung des Datenschutzes in Europa?
in: CR 1994, S. 558 – 569
Zit.: *ELLGER*, CR 1994, S.

ERBEL, GÜNTER — Die öffentliche Sicherheit im Schatten des Terrorismus
in: APuZ 10-11/2002, S. 14 – 21
Zit.: *ERBEL*, APuZ 10-11/2002, S.

ESSER, ROBERT — Europäischer Datenschutz – Allgemeiner Teil – Mindeststandards der Europäischen Menschenrechtskonvention (EMRK)
in: RUTHIG, JOSEF/SCHENKE, WOLF-RÜDIGER/HILGER, HANS/WOLTER, JÜRGEN/ZÖLLER, MARK A., Alternativentwurf Europol und europäi-

scher Datenschutz, Heidelberg, 2001, S. 281 – 317
Zit.: *ESSER* in: RUT-
HIG/SCHENKE/HILGER/WOLTER/ZÖLLER, Alterna-
tiventwurf, S.

EVERLING, ULRICH   Referat
in: Verhandlungen des 60. deutschen Juristentages
1994, Münster, S. N 9 – N 22
Zit.: *EVERLING* in: Verhandlungen des 60. Deutschen Juristentages, Bd. II/1 S.

FEDERRATH, HANNES   Vertrauenswürdiges Mobilitätsmanagement in Telekommunikationsnetzen
1998, Fakultät Informatik, Dresden, Dissertation
Zit.: *FEDERRATH*, Vertauenswürdiges Mobilitätsmanagement, S.

FELTES, THOMAS   Verhaltenssteuerung durch Prävention – Konsequenzen aus empirisch-kriminologischen Erfahrun-
gen
MschrKrim 1993, S. 341 ff.

FORGO, NIKOLAUS/   Vorschriften zur Vorratsdatenspeicherung verfas-
KRÜGEL, TINA   sungswidrig: Nach der Entscheidung ist vor der
Entscheidung
in: K&R 2010, S. 217 - 220.
Zit.: *FORGO/KRÜGEL*, K&R 2010, S.

FRENZ, WALTER   Handbuch Europarecht Band 4, Europäische
Grundrechte
Berlin/Heidelberg, 2009
Zit.: *FRENZ*, Handbuch Europarecht, S. Rn.

FRENZ, WALTER   Europäischer Datenschutz und Terrorabwehr
in: EuZW 2009, S. 6 – 8
Zit.: *FRENZ*, EuZW 2009, S

FRIEDEWALD, MICHA-   Ubiquitäres Computing: Das „Internet der Dinge"
EL/   Berlin, 2010
RAABE, OLIVER/   Zit.: *FRIEDE-*
GEORGIEFF, PETER/   *WALD/RAABE/GEORGIEFF/KOCH/NEUHÄUSLER*,
KOCH, DANIEL J./   Ubiquitäres Computing, S.
NEUHÄUSLER, PETER

FROWEIN, JOCHEN ABR./ PEUKERT, WOLFGANG	Europäische Menschenrechtskonvention Kehl am Rhein, 1. Auflage, 1985 Zit.: *BEARBEITER* in: FROWEIN/PEUKERT, EMRK[1], Art. Rn.
FROWEIN, JOCHEN ABR./ PEUKERT, WOLFGANG	Europäische Menschenrechtskonvention Kehl am Rhein, 2. Auflage, 1996 Zit.: *BEARBEITER* in: FROWEIN/PEUKERT, EMRK[2], Art. Rn.
FROWEIN, JOCHEN ABR./ PEUKERT, WOLFGANG	Europäische Menschenrechtskonvention Kehl am Rhein, 3. Auflage, 2009 Zit.: *BEARBEITER* in: FROWEIN/PEUKERT, EMRK[3], Art., Rn.
GENZ, ALEXANDER	Datenschutz in Europa und den USA Wiesbaden, 2004 Zit.: *GENZ*, Datenschutz in Europa und den USA, S.
GIETL, ANDREAS	Das Schicksal der Vorratsdatenspeicherung in: DuD 2008, S. 317 – 323 Zit.: *GIETL*, DuD 2008, S.
GITTER, ROTRAUD/ SCHNABEL, CHRISTOPH	Die Richtlinie zur Vorratsdatenspeicherung und ihre Umsetzung in das nationale Recht in: MMR 2007, S. 411 – 416 Zit.: *GITTER/SCHNABEL*, MMR 2007, S.
GLAESNER, Hans-Joachim	Eine unendliche Geschichte in: DUE, OLE/LUTTER, MARCUS/SCHWARZE, JÜRGEN, Festschrift für ULRICH EVERLING, Baden Baden, 1995, S. 327 - 337 Zit.: *GLAESNER* in: DUE/LUTTER/SCHWARZE, Festschrift für Ulrich EVERLING 1995, S.
GOLA, PETER/ KLUG, CHRISTOPH	Grundzüge des Datenschutzrechts München, 1. Auflage, 2003 Zit.: *GOLA/KLUG*, Grundzüge des Datenschutzrechts, S.
GOLA, PETER/ KLUG, CHRISTOPH/ REIF, YVETTE	Datenschutz- und presserechtliche Bewertung der Vorratsdatenspeicherung in: NJW 2007, S. 2599 – 2602 Zit.: *GOLA/KLUG/REIF*, NJW 2007, S.

GORMLEY, LAURENCE WILLIAM
Public Interest Litigation
in: Festschrift für LORD SLYNN OF HADLEY
The Hague u.a., 1. Auflage, 2000 S. 191 - 201
Zit.: *GORMLEY* in: Festschrift für LORD SLYNN OF HADLEY, S

GRABENWARTER, CHRISTOPH
Europäische Menschenrechtskonvention
München, 4. Auflage, 2009
Zit.: *GRABENWARTER*, Europäische Menschenrechts-konvention, § Rn.

GROTE, RAINER/ MARAUHN, THILO
EMRK/GG Konkordanzkommentar
Tübingen, 2006
Zit.: *Bearbeiter* in: GROTE/MARAUHN, EMRK/GG, Kap. Rn.

GUSY, CHRISTOPH
Europäischer Datenschutz
in: RUTHIG, JOSEF/SCHENKE, WOLF-RÜDIGER/HILGER, HANS/WOLTER, JÜRGEN/ZÖLLER, MARK A., Alternativentwurf Europol und europäi-scher Datenschutz, Heidelberg, 2001, S. 265 – 280
Zit.: *GUSY* in: RUT-HIG/SCHENKE/HILGER/WOLTER/ZÖLLER, Alterna-tiventwurf, S.

GUSY, CHRISTOPH
Rechtsgüterschutz als Staatsaufgabe
in: DÖV 1996, S. 573 – 583
Zit.: *GUSY*, DÖV 1996, S.

GUSY, CHRISTOPH
Bericht von Professor Dr. Christoph Gusy
in: VVDStRL 63 (2004) S. 151 – 190
Zit.: *GUSY*, VVDStRL 63 (2004), S.

GUSY, CHRISTOPH/ WORMS, CHRISTOPH
Grundgesetz und Internet
in: APuZ 18-19 2009, S. 26 ff; im Internet abrufbar unter
http://www.bundestag.de/dasparlament/2009/18-19/Beilage/005.html (zuletzt abgerufen am 10.9.2010)
Zit.: *GUSY/WORMS*, APuZ 18-19/2009, S.

HANSEN, MARIT — Privacy Enhancing Technologies
in: ROßNAGEL, Alexander (Hrsg.), Handbuch Datenschutzrecht, München, 2003, S. 291 – 324
Zit.: *HANSEN* in: ROßNAGEL, Handbuch Datenschutzrecht, S. Rn.

HANSEN, MARIT/
THOMSEN, SVEN — Lebenslanger Datenschutz: Anforderungen an vertrauenswürdige Infrastrukturen
in: DuD 2010, S. 283 - 288
Zit.: *HANSEN/THOMSEN*, DuD 2010, S.

HANSEN, RALF — Eine Widerkehr des „Leviathan"? Starker Staat und neue Sicherheitsgesellschaft
in: KJ 1999, S. 231 – 253
Zit.: *HANSEN*, KJ 1999, S.

HASSEMER, WINFRIED — Strafen im Rechtsstaat
Baden-Baden, 1. Auflage, 2000
Zit.: *HASSEMER*, Strafen im Rechtsstaat, S.

HEER-REIßMANN,
CHRISTINE — Die Letztentscheidungskompetenz des Europäischen Gerichtshofes für Menschenrechte in Europa
Frankfurt a. M. (u.a.), 2008
Zit.: *HEER-REIßMANN*, Die Letztentscheidungskompetenz des EGMR, S.

HEFENDEHL, ROLAND — Daten-Dammbrüche – oder warum nicht jede Nase zu einem Kamel führt
in: JZ 2009, S. 165 – 174
Zit.: *HEFENDEHL*, JZ 2009, S.

HEINTSCHEL V.
HEINEGG, WOLFF — Rechtsstaatlichkeit in Deutschland
in: HOFMANN, RAINER/MARKO, JOSEPH/MERLI, FRANZ/ WIEDERIN, EWALD, Rechtsstaatlichkeit in Europa, Heidelberg, 1996
Zit.: *HEINTSCHEL V. HEINEGG* in: HOFMANN/MARKO/MERLI/WIEDERIN, Rechtsstaatlichkeit in Europa, S.

HENSEL, DIRK — Die Vorratsdatenspeicherung aus datenschutzrechtlicher Sicht
in: DuD 2009, S. 527 – 530
Zit.: *HENSEL*, DuD 2009, S.

HESELHAUS, F. SEBA-TIAN M./ NOWAK, CARSTEN	Handbuch der europäischen Grundrechte München, 2006 Zit.: *BEARBEITER* in: HESELHAUS/NOWAK, Hand-buch der EU-Grundrechte, § Rn.
HESELHAUS, SEBAS-TIAN M./ NOWAK, CARSTEN	Handbuch der Europäischen Grundrechte München, 2006 Zit.: *BEARBEITER* in: HESELHAUS/NOWAK, Hand-buch der EU-Grundrechte, § Rn.
HEUN, SVEN-ERIK	Anmerkung zum Urteil des Bundesverfassungsge-richts zur Vorratsdatenspeicherung in: CR 2010, S. 232 - 249 Zit.: *HEUN*, CR 2010, S.
HIJMANS, HIELKE/ SCIROCCO, ALFONSO	Shortcomings in EU Data Protection in the third and the second pillars. Can the Lisbon treaty be ex-pected to help? in: CMLR 2009, S. 1485 – 1525 Zit.: *HIJMANS/SCIROCCO*, CMLR 2009, S.
HIRSCH, BURKHARD	Aktuelle Sicherheitspolitik im Lichte des Verfas-sungsrechts – Eine notwendige Entgegnung in: ZRP 2008, S. 24 – 25 Zit.: *HIRSCH*, ZRP 2008, S.
HIRSCH, BURKHARD	Gesellschaftliche Folgen staatlicher Überwachung in: DuD 2008, S. 87 – 91 Zit.: *HIRSCH*, DuD 2008, S.
HIRSCH, BURKHARD	Auf dem Weg in den Überwachungsstaat? – „Es gilt dem bitteren Ende zu wehren!" in: HUSTER, STEFAN/ RUDOLPH, KARSTEN (Hrsg.), Vom Rechtsstaat zum Präventionsstaat, Frankfurt a. M., 2008, S. 164 - 178 Zit.: *HIRSCH* in: HUSTER/RUDOLPH, Vom Rechts-staat zum Präventionsstaat, S.
HIRSCH, GÜNTER	Schutz der Grundrechte im „Bermuda-Dreieck" zwischen Karlsruhe, Straßburg und Luxemburg in: SCHWARZE, Europäische Verfassung und Grundrechtecharta EuR Beiheft 1/2006, S. 7 – 18 Zit.: *HIRSCH*, EuR Beiheft 1/2006, S.

HOBBES, THOMAS	De Cive London, 1651/2004; im Internet abrufbar unter http://books.google.de/books?id=WssPvaw7qEcC &printsec=frontcover&dq=Hobbes+de+cive&hl=d e&ei=DnH_TNn1CNCQswa9hu3yDg&sa=X&oi= book_result&ct=result&resnum=1&ved=0CCgQ6 AEwAA#v=onepage&q&f=false (zuletzt abgerufen am 8.12.2010) Zit.: *HOBBES*, De Cive, Kap. Nr.
HOBBES, THOMAS/ FETSCHER, IRING (HRSG.)/ EUCHNER, WALTER	Leviathan oder Stoff, Form und Gewalt eines kirchlichen und bürgerlichen Staates Frankfurt a.M., 1992 Zit.: *HOBBES*, Leviathan, Kap. S.
HOFFMANN-RIEM, WOLFGANG	Freiheit und Sicherheit im Angesicht terroristischer Anschläge in: ZRP 2002, S. 497 – 501 Zit.: *HOFFMANN-RIEM*, ZRP 2002, S.
HOFFMANN-RIEM, WOLFGANG	Informationelle Selbstbestimmung in der Informa- tionsgesellschaft – Auf dem Wege zu einem neuen Konzept des Datenschutzes - in: AöR 1998, S. 513 - 539 Zit.: *HOFFMANN-RIEM*, AöR 1998, S.
HOHMANN- DENNHARDT, CHRIS- TINE	Informationeller Selbstschutz als Bestandteil des Persönlichkeitsrechts in: RDV 2008, S. 1 – 7 Zit.: *HOHMANN-DENNHARDT*, RDV 2008, S.
Horn, Sascha	Die Bekämpfung moderner Formen des internatio- nalen Terrorismus und die Vereinbarkeit mit dem nationalen Grundrechtsschutz Köln, 2010, unveröffentlichtes Manuskript Zit.: *Horn*, Die Bekämpfung, S.
HORNUNG, GERRIT	Zwei runde Geburtstage: Das Recht auf informatio- nelle Selbstbestimmung und das WWW in: MMR 2004, S. 3 – 8 Zit.: *HORNUNG*, MMR 2004, S.

HUSTER, STEFAN/   Vom Rechtsstaat zum Präventionsstaat?
RUDOLPH, KARSTEN   in: Huster, Stefan/ Rudolph, Karsten (Hrsg.), Vom Rechtsstaat zum Präventionsstaat, Frankfurt a. M., 2008, S. 9 - 22
Zit.: *HUSTER/RUDOLPH* in: HUSTER/RUDOLPH, Vom Rechtsstaat zum Präventionsstaat, S.

ISENSEE, JOSEF   Das Grundrecht auf Sicherheit: zu den Schutzpflichten des freiheitlichen Verfassungsstaates
Berlin, 1983
Zit.: *ISENSEE*, Das Grundrecht auf Sicherheit, S.

JARASS, HANS D.   EU-Grundrechte
München, 2005
Zit.: *JARASS*, EU-Grundrechte, § Rn.

JARASS, HANS/   Grundgesetz – Kommentar
PIEROTH, BODO   München, 10. Auflage, 2009
Zit.: *BEARBEITER* in: JARASS/PIEROTH, Grundgesetz, Art. Rn.

KLEIN, ECKART   Das Verhältnis zwischen dem Grundrechtsschutz durch die Organe der Europäischen Menschenrechtskonvention und der Europäischen Gemeinschaften
in: Mosler, Hermann/Bernhardt, Rudolf/Hilf, Meinhard, Grundrechtsschutz in Europa, Berlin, 1977, S. 160 ff.
Zit.: *KLEIN* in: MOSLER/BERNHARDT/HILF, Grundrechtsschutz, S.

KLESCZEWSKI, DIETHELM   Binnenmarktförderung durch Speicherpflichten
in: HRRS 2009, S. 250 – 252
Zit.: *KLESCZEWSKI*, HRRS 2009, S.

KLESCZEWSKI, DIETHELM   Kritik der Vorratsdatenspeicherung
in: Festschrift für Gerhard Fezer zum 70. Geburtstag am 29. Oktober 2008
Berlin, 2008, S. 19 - 34
Zit.: *KLESCZEWSKI* in: Festschrift für GERHARD FEZER zum 70. Geburtstag, S.

KLUG, CHRISTOPH/ Vorratsdatenspeicherung in Unternehmen? – Ge-
REIF, YVETTE setzeslage und Ausblick
RDV 2008, S. 89 – 96
Zit.: *KLUG/REIF*, RDV 2008, S.

KNIESEL, MICHAEL „Innere Sicherheit" und Grundgesetz
in: ZRP 1996, S. 482 – 489
Zit.: *KNIESEL*, ZRP 1996, S.

KÖBLER, GERHARD Juristisches Wörterbuch
München, 13. Auflage, 2005
Zit.: *KÖBLER*, Juristisches Wörterbuch, S.

KÖCHER, JAN K./ Speicherung von Verkehrsdaten bei Internet-
KAUFMANN, NOOGIE Access-Providern
C. in: DuD 2006, S. 360 – 364
Zit.: *KÖCHER/KAUFMANN*, DuD 2006, S.

KÖHNTOPP, MARIT Datenschutz technisch sichern
in: ROßNAGEL, ALEXANDER, Allianz von Medienrecht und Informationstechnik?, Ordnung in digitalen Medien durch Gestaltung der Technik am Beispiel von Urheberschutz, Datenschutz, Jugend-
schutz und Vielfaltschutz
Schriftenreihe des Instituts für Europäisches Medienrecht (EMR), Band 24
Baden Baden, 2001, S. 55 - 66
Zit.: *KÖHNTOPP* in: ROßNAGEL, Allianz von Medienrecht und Informationstechnik?, S.

KOKOTT, JULIANE/ Aktuelle Fragen des effektiven Rechtsschutzes
DERVISOPOULOS, IO- durch die Gemeinschaftsgerichte
ANNA/ in: EuGRZ 2008, S. 10 – 15
HENZE, THOMAS Zit.: *KOKOTT/DERVISOPOULOS/HENZE*, EuGRZ
2008, S.

KOMMISSION DER EU- Mitteilung der Kommission an das Europäische
ROPÄISCHEN GEMEIN- Parlament den Rat über die Verbesserung des Da-
SCHAFTEN tenschutzes durch Technologien zum Schutz der
Privatsphäre vom 2.5.2007 KOM(2007) 228 endgültig;
im Internet abrufbar unter http://eur-
lex.europa.eu/smartapi/cgi/sga_doc?smartapi!celex

plus!prod!DocNumber&lg=de&type_doc=COMfin
al&an_doc=2007&nu_doc=228 (zuletzt abgerufen
am 10.9.2010)
Zit. KOM(2007) 228 vom 2.5.2007, S.

KONFERENZ DER DA-
TENSCHUTZBEAUF-
TRAGTEN DES BUNDES
UND DER LÄNDER

Ein modernes Datenschutzrecht für das 21. Jahrhundert
Eckpunktepapier
im Internet abrufbar unter
http://www.bfdi.bund.de/cae/servlet/contentblob/10
81968/publicationFile/85179/79DSKEckpunktepap
ierBroschuere.pdf (zuletzt abgerufen am 10.9.2010)
Zit.: KONFERENZ DER DSB, Ein modernes Datenschutzrecht, S.

KRÄMER, LUDWIG

Public Interest Litigation in Environmental Matters
before European Courts
in: MICKLITZ/REICH, Public Interest Litigation before European Courts
Baden Baden, 1. Auflage, 1996, S. 297 – 318
Zit.: KRÄMER in: MICKLITZ/REICH, Public Interest
Litigation before European Courts, S.

KRÖGER, KLAUS

Forum: Die vernachlässigte Friedenspflicht des
Bürgers
in: JuS 1984, S. 172 - 176
Zit.: KRÖGER, JuS 1984, S.

KUBICEK, HERBERT

Vertrauen durch Sicherheit – Vertrauen in Sicherheit. Annäherung an ein schwieriges Verhältnis
in: KLUMPP, DIETER/KUBICEK, HER-
BERT/ROßNAGEL, ALEXANDER/SCHULZ, WOLFGANG,
Informationelles Vertrauen für die Informationsgesellschaft, Berlin u.a., 2008, S. 17 - 35.
Zit.: KUBICEK in:
KLUMPP/KUBICEK/ROßNAGEL/SCHULZ, Informationelles Vertrauen, S.

KÜHLING, JÜRGEN/
SEIDEL, CHRISTIAN/
SIVRIDIS, ANASTASIOS

Datenschutzrecht
Frankfurt a.M., 2008
Zit.: KÜHLING/SEIDEL/SIVRIDIS, Datenschutzrecht, S.

KUNIG, PHILIP

Das Rechtsstaatsprinzip
Tübingen, 1986
Zit.: *KUNIG*, Das Rechtsstaatsprinzip, S.

KUTSCHA, MARTIN

Datenschutz durch Zweckbindung – ein Auslauf-
modell?
in: ZRP 1999, S.156-160
Zit.: *KUTSCHA*, ZRP 1999, S.

KUTSCHA, MARTIN

Mehr Datenschutz – aber wie?
in: ZRP 2010, S. 112 - 114
Zit.: *KUTSCHA*, ZRP 2010, S.

LANGE, HANS-JÜRGEN

Wörterbuch zur Inneren Sicherheit
Wiesbaden, 2006
Zit.: *LANGE*, Wörterbuch zur Inneren Sicherheit, S.

LANGHEINRICH,
MARC

Die Privatsphäre im Ubiquitous Computing – Datenschutzaspekte der RFID-Technologie
in: FLEISCH, ELGAR/MATTERN, FRIEDEMANN
(Hrsg.), Das Internet der Dinge, Berlin u.a., 2005,
S. 329 - 362
Zit.: *LANGHEINRICH* in: FLEISCH/MATTERN, Das Internet der Dinge, S.

LEUTHEUSSER-
SCHNARRENBERGER,
SABINE

Vorratsdatenspeicherung – Ein vorprogrammierter
Verfassungskonflikt
in: ZRP 2007, S. 9 – 13
Zit.: *LEUTHEUSSER-SCHNARRENBERGER*, ZRP 2007,
S.

LEUTHEUSSER-
SCHNARRENBERGER,
SABINE

Auf dem Weg in den autoritären Staat
in: Blätter für die deutsche und internationale Politik 1/2008, S. 61 – 70
Zit.: *LEUTHEUSSER-SCHNARRENBERGER*, Blätter für
die deutsche und internationale Politik 1/2008, S.

LEUTHEUSSER-
SCHNARRENBERGER,
SABINE

Grundrechtsschutz im Europa des Lissaboner Vertrags
in: DuD 2010, S. 519 – 522
Zit.: *LEUTHEUSSER-SCHNARRENBERGER*, DuD 2010,
S.

LINHART, KARIN M.   Internationales Einheitsrecht und einheitliche Auslegung
Tübingen, 2005
Zit.: *LINHART*, Internationales Einheitsrecht und
einheitliche Auslegung, S.

LISKEN, HANS   Über Aufgaben und Befugnisse der Polizei im Staat
des Grundgesetzes
in: ZRP 1990, S. 15 – 21
Zit.: *LISKEN*, ZRP 1990, S.

LOCKE, JOHN/   Zwei Abhandlungen über die Regierung
EUCHNER, WALTER   Frankfurt a.M., 1977
Zit.: *LOCKE*, Zwei Abhandlungen über die Regie-
rung, Band II, § S.

MANTZ, RETO   Rechtsfragen offener Netze
Karlsruhe, 2008
Zit.: *MANTZ*, Rechtsfragen offener Netze, S.

MATTERN, FRIEDE-   Die Informatisierung des Alltags – Leben in smar-
MANN   ten Umgebungen
Heidelberg, 2007
Zit.: *BEARBEITER* in: MATTERN, Die Informatisie-
rung, S.

MEYER, JÜRGEN   Charta der Grundrechte der Europäischen Union
Baden Baden, 2. Auflage, 2006
Zit.: *BEARBEITER* in: MEYER, Charta der EU-
Grundrechte, Art. Rn.

MEYER-LADEWIG,   Europäische Menschenrechtskonvention
JENS   Baden Baden, 2. Auflage, 2006
Zit.: *MEYER-LADEWIG*, EMRK, Art. Rn.

MIDDEL, STEFAN   Innere Sicherheit und präventive Terrorismusbekämpfung
Baden Baden, 2007
Zit.: *MIDDEL*, Innere Sicherheit und präventive Terrorismusbekämpfung, S.

MÜNCH, INGO VON/   Grundgesetzkommentar
KUNIG, PHILIP (Hrsg.)   München, 5. Auflage, 2000
Zit.: *BEARBEITER* in: V. MÜNCH/KUNIG, Grundge-
setz, Art. Rn.

NEDDEN, BURKHARD   Risiken und Chancen für das Datenschutzrecht
in: ROßNAGEL, ALEXANDER, Allianz von Medien-
recht und Informationstechnik?, Ordnung in digitalen Medien durch Gestaltung der Technik am Beispiel von Urheberschutz, Datenschutz, Jugend-
schutz und Vielfaltschutz
Schriftenreihe des Instituts für Europäisches Medienrecht (EMR), Band 24
Baden Baden, 2001, S. 67 - 76
Zit.: *NEDDEN* in: ROßNAGEL, Allianz von Medienrecht und Informationstechnik?, S.

OSTENDORF, HERI-
BERT   Organisierte Kriminalität – eine Herausforderung
für die Justiz
in: JZ 1991, S. 62 - 70
Zit.: *OSTENDORF*, JZ 1991, S.

PACHE, ECKHARD/
RÖSCH, FRANZISKA   Die neue Grundrechtsordnung der EU nach dem
Vertrag von Lissabon
in: EuR 2009, S. 769 – 789
Zit.: *PACHE/RÖSCH*, EuR 2009, S.

PAHLEN-BRANDT, IN-
GRID   Sind Datenschutzbeauftragte zahnlose Papiertiger?
in: DuD 2007, S. 24 -28
Zit.: *PAHLEN-BRANDT*, DuD 2007, S.

PETRI, THOMAS   Wertewandel im Datenschutz und die Grundrechte
in: DuD 2010, S. 25 - 29
Zit.: *PETRI*, DuD 2010, S.

PETRI, THOMAS   Sicherheit und Selbstbestimmung
in: DuD 2010 S. 539 – 543
Zit.: *PETRI*, DuD 2010, S.

PETRI, THOMAS
BERNHARD   Kommerzielle Datenverarbeitung und Datenschutz
im Internet
In: SCHULZKI-HADDOUTI, CHRISTIANE (Hrsg.),
Bürgerrechte im Netz,
Bonn, 2003, S. 71 - 91
Zit.: *PETRI* in: SCHULZKI-HADDOUTI, Bürgerrechte
im Netz, S.

PFITZMANN, ANDRE-   Risiken der Vorratsspeicherung
AS/   in: DuD 2009, S. 542 – 546
KÖPSELL, STEFAN   Zit.: *PFITZMANN/KÖPSELL*, DuD 2009, S.

PHILLIPI, NINA   Die Charta der Grundrechte der Europäischen Uni-
                           on
                           Baden Baden, 2002
                           Zit.: *PHILLIPI*, Die Charta der Grundrechte der Eu-
                           ropäischen Union, S.

PHILLIPI, NINA   Divergenzen im Grundrechtsschutz zwischen
                           EuGH und EGMR
                           in: ZEuS 2000, S. 97 - 126
                           Zit.: *PHILLIPI*, ZEuS 2000, S.

PLACZEK, THOMAS   Allgemeines Persönlichkeitsrecht und privatrechtli-
                           cher Informations- und Datenschutz
                           Hamburg, 2006
                           Zit.: *PLACZEK*, Allgemeines Persönlichkeitsrecht, S.

POSCHER, RALF   Grundrechte als Abwehrrechte
                           Tübingen, 2003
                           Zit.: *POSCHER*, Grundrechte als Abwehrrechte, S.

PRANTL, HERIBERT   Verdächtig – der starke Staat und die Politik der
                           inneren Unsicherheit
                           Hamburg, 2002
                           Zit.: *PRANTL*, Verdächtig, S.

REICH, NORBERT   Zur Notwendigkeit einer Europäischen Grund-
                           rechtsbeschwerde
                           in: ZRP 2000, S. 375 – 378
                           Zit.: *REICH*, ZRP 2000, S.

RENGELING, HANS   Handbuch des Rechtsschutzes in der Europäischen
WERNER/   Union
MIDDEKE, ANDREAS/   München, 2. Auflage, 2003
GELLERMANN, MAR-   Zit.: *BEARBEITER* in: RENGE-
TIN   LING/MIDDEKE/GELLERMANN, EU-Rechtsschutz, §
                           Rn.

RENGELING, HANS-   Brauchen wir die Verfassungsbeschwerde auf Ge-
WERNER   meinschaftsebene?
                           in: DUE, OLE/LUTTER, MARCUS/SCHWARZE, JÜR-

GEN, Festschrift für ULRICH EVERLING Baden Baden, 1995, S. 1187 - 1212
Zit.: *RENGELING* in: Due/Lutter/SCHWARZE, Festschrift für Ulrich EVERLING 1995, S.

ROBBERS, GERHARD

Sicherheit als Menschenrecht: Aspekte der Geschichte, Begründung und Wirkung einer Grund-
rechtsfunktion
Baden Baden, 1987
Zit.: *ROBBERS*, Sicherheit als Menschenrecht, S.

RONELLENFITSCH,
MICHAEL

Der Vorrang des Grundrechts auf informationelle
Selbstbestimmung vor dem AEUV
in: DuD 2009, S. 451 - 461
Zit. *RONELLENFITSCH*, DuD 2009, S.

RONELLENFITSCH,
MICHAEL

Datenschutzrechtliche Schranken bei der Terrorismusbekämpfung
in: DuD 2007, S. 561 – 570
Zit.: *RONELLENFITSCH*, DuD 2007, S.

ROSSI, MATTHIAS

Gemeinschaftskompetenz zum Erlass der Vorrats-
datenspeicherrichtlinie
in: ZJS 2009, S. 298 – 299
Zit.: *ROSSI*, ZJS 2009, S.

ROßNAGEL, ALEXAN-
DER

Verantwortung für Datenschutz
in: Informatik Spektrum 12/2005, S. 462 – 473
Zit.: *ROßNAGEL*, Informatik Spektrum 12/2005, S.

ROßNAGEL, ALEXAN-
DER

Konzepte des Selbstdatenschutzes
in: ROßNAGEL, ALEXANDER (Hrsg.), Handbuch Datenschutzrecht, München, 2003, S. 325 - 362
Zit.: *ROßNAGEL* in: ROßNAGEL, Handbuch Datenschutzrecht, S. Rn.

ROßNAGEL, ALEXAN-
DER

Datenschutz in einem informatisierten Alltag
Berlin, 2007
Zit.: *ROßNAGEL*, Datenschutz in einem informati-
sierten Alltag, S.

ROßNAGEL, ALEXAN-
DER

Globale Datennetze: Ohnmacht des Staates –
Selbstschutz der Bürger
in: ZRP 1997 S. 26 - 30
Zit.: *ROßNAGEL*, ZRP 1997, S.

ROßNAGEL, ALEXAN-
DER

Datenschutz in globalen Netzen
in: DuD 1999, S. 253 - 257
Zit.: *ROßNAGEL*, DuD 1999, S.

ROßNAGEL, ALEXAN-
DER

Freiheit im Cyberspace
in: Informatik Spektrum 25/2002, S. 33 - 38
Zit.: *ROßNAGEL*, Informatik Spektrum 25/2002, S.

ROßNAGEL, ALEXAN-
DER

Informationelle Selbstbestimmung in der Welt des
Ubiquitous Computing
in: MATTERN, FRIEDEMANN, Die Informatisierung
des Alltags – Leben in smarten Umgebungen, Berlin, 2007, S. 265 - 290
Zit.: *ROßNAGEL* in: MATTERN, Die Informatisierung,
S.

ROßNAGEL, ALEXAN-
DER

Marktwirtschaftlicher Datenschutz – eine Rege-
lungsperspektive
in: Freundesgabe für Alfred BÜLLESBACH, Stuttgart, 2002, S. 131 – 150
Zit.: *ROßNAGEL* in: FG BÜLLESBACH, S.

ROßNAGEL, ALEXAN-
DER

Das Bundesverfassungsgericht und die Vorratsdatenspeicherung in Europa
in: DuD 2010, S. 544 – 548
Zit.: *ROßNAGEL*, DuD 2010, S.

ROßNAGEL, ALEXAN-
DER/
MÜLLER, JÜRGEN

Ubiquitous Computing – Neue Herausforderung für
den Datenschutz
in: CR 2004, S. 625 - 632
Zit.: *ROßNAGEL/MÜLLER*, CR 2004, S.

ROßNAGEL, ALEXAN-
DER/
PFITZMANN, ANDRE-
AS/
GARSTKA, HANSJÜR-
GEN

Modernisierung des Datenschutzes
in: DuD 2001, S. 253 - 263.
Zit.: *ROßNAGEL/PFITZMANN/GARSTKA*, DuD 2001, S.

ROßNAGEL, ALEXAN-
DER/
PFITZMANN, ANDRE-
AS/
GARSTKA, HANSJÜR-
GEN

Modernisierung des Datenschutzrechts – Gutachten
im Auftrag des Bundesministerium des Innern
Zit.: *ROßNAGEL/PFITZMANN/GARSTKA*, Modernisierung des Datenschutzrechts, S.

RUSTEBERG, BENJA-
MIN

Die EG-Richtlinie zur Vorratsspeicherung von
Verkehrsdaten im System des europäischen Grund-
und Menschenrechtsschutzes
in: VBlBW 2007, S. 171 - 177
Zit.: *RUSTEBERG*, VBlBW 2007, S.

RUX, JOHANNES

Wie viel muss der Rechtsstaat wissen? Datenerhebung im Kernbereich des Persönlichkeitsrechts
in: Huster, Stefan/ Rudolph, Karsten (Hrsg.), Vom
Rechtsstaat zum Präventionsstaat, Frankfurt a. M.,
2008, S. 208 - 227
Zit.: *RUX* in: HUSTER/RUDOLPH, Vom Rechtsstaat
zum Präventionsstaat, S.

SACHS, MICHAEL

Grundgesetz – Kommentar
München, 5. Auflage, 2009
Zit.: *BEARBEITER* in: SACHS, Grundgesetz, Art. Rn.

SAURER, JOHANNES

Die Ausweitung sicherheitsrechtlicher Regelungs-
ansprüche im Kontext der Terrorismusbekämpfung
in: NVwZ 2005, S. 275-282
Zit.: *SAURER*, NVwZ 2005, S.

SCHAAR, PETER

Datenschutz im Internet
München, 2002
Zit.: *SCHAAR*, Datenschutz im Internet, S.

SCHAAR, PETER

Der Rüstungswettlauf in der Informationstechnolo-
gie
in: HUSTER, STEFAN/ RUDOLPH, KARSTEN (Hrsg.),
Vom Rechtsstaat zum Präventionsstaat, Frankfurt a.
M., 2008, S. 45 - 63
Zit.: *SCHAAR* in: HUSTER/RUDOLPH, Vom Rechtsstaat zum Präventionsstaat, S.

SCHAAR, PETER — EuGH-Entscheidung zur Fluggastdatenübermittlung – Grund zur Begeisterung?
in: MMR 2006, S. 425 – 426
Zit.: *SCHAAR*, MMR 2006, S.

SCHÄUBLE, WOLF-GANG — Aktuelle Sicherheitspolitik im Lichte des Verfassungsrechts
in: ZRP 2007, S. 210 – 213
Zit.: *SCHÄUBLE*, ZRP 2007, S.

SCHMALE, WOLF-GANG/ TINNEFELD, MARIE-THERES — Identität durch Grundrechte
in: DuD 2010, S. 523 – 528
Zit.: *SCHMALE/TINNEFELD*, DuD 2010, S.

SCHMITZ, THOMAS — Die Grundrechtecharta als Teil der Verfassung der Europäischen Union
in: EuR 2004, S. 691 – 713
Zit.: *SCHMITZ*, EuR 2004, S.

SCHOLZ, RUPERT — Nationale und europäische Grundrechte – unter besonderer Berücksichtigung der europäischen Grundrechtecharta
in: MERTEN, DETLEF/PAPIER, HANS-JÜRGEN (Hrsg.), Handbuch der Grundrechte, Band VI/2, Heidelberg, 2009, S. 63 - 120
Zit.: *SCHOLZ* in: MERTEN/PAPIER, Handbuch der Grundrechte, § Rn.

SCHOLZ, RUPERT/ PITSCHAS, RAINER — Informationelle Selbstbestimmung und staatliche Informationsverantwortung
Berlin, 1984
Zit.: *SCHOLZ/PITSCHAS*, Informationelle Selbstbestimmung und staatliche Informationsverantwortung, S.

SCHULZE, HAGEN — Staat und Nation in der europäischen Geschichte
München, 2. Auflage, 1994
Zit.: *SCHULZE*, Staat und Nation in der europäischen Geschichte, S.

SCHULZE, REINER/ ZULEEG, MANFRED
Europarecht – Handbuch für die deutsche Rechts-praxis
Baden Baden, 1. Auflage, 2006
Zit.: *BEARBEITER* in: SCHULZE/ZULEEG, Europa-recht, § Rn.

SCHULZE, TILLMANN
Bedingt abwehrbereit: Schutz kritischer Informa-tions-Infrastrukturen in Deutschland und den USA
Wiesbaden, 1. Auflage, 2006
Zit.: *SCHULZE*, Bedingt abwehrbereit, S.

SCHWARZE, JÜRGEN
EU-Kommentar
Baden Baden, 2. Auflage, 2009
Zit.: *BEARBEITER* in: SCHWARZE, EU-Kommentar, Art. Rn.

SCHWARZE, JÜRGEN
Der Rechtsschutz Privater vor dem Europäischen Gerichtshof: Grundlagen, Entwicklungen und Per-spektiven des Individualrechtsschutzes im Gemein-schaftsrecht
in: DVBl. 2002, S. 1297 – 1315
Zit.: *SCHWARZE*, DVBl. 2002, S.

SCHWARZE, JÜRGEN
Der Schutz der Grundrechte durch den EuGH
in: NJW 2005, S. 3459 - 3466
Zit.: *SCHWARZE*, NJW 2005, S.

SCHWEER, MARTIN/ THIES, BARBARA
Kriminalität und Kriminalitätsfurcht
in: Kriminalistik 2000, S. 336 - 342
Zit.: *SCHWEER/THIES,* Kriminalistik 2000, S.

SCHWEIZER, RAINER J.
Die Rechtsprechung des Europäischen Gerichtsho-fes für Menschenrechte zum Persönlichkeits- und Datenschutz
in: DuD 2009, S. 462 – 468
Zit.: *SCHWEIZER*, DuD 2009, S.

SEDEMUND, JOCHIM
Referat
in: Verhandlungen des 60. deutschen Juristentages Münster, 1994, Band II, S. N 41 – N 55
Zit.: *SEDEMUND* in: Verhandlungen des 60. Deut-schen Juristentages, Bd. II/1 S.

SEDLMEIER, DOMINIK   Datenschutz in „Social Network Sites" unter be-
                       sonderer Berücksichtigung der Verkettung digitaler
                       Identitäten
                       München, 1. Auflage, 2008
                       Zit.: *SEDLMEIER*, Datenschutz in „Social Network
                       Sites", S.

SIEMEN, BIRTE   Datenschutz als europäisches Grundrecht
                       Berlin, 2006
                       Zit.: *SIEMEN*, Datenschutz als europäisches Grund-
                       recht, S.

SIERCK, SCHÖNING,   Gutachten des wissenschaftlichen Dienstes des
PÖHL   Deutschen Bundestages – Zulässigkeit der Vorrats-
                       datenspeicherung nach europäischem und deut-
                       schem Recht, Berlin, 2006
                       im Internet abrufbar unter
                       http://hp.kairaven.de/files/btwd-ausarbeitung-
                       vds.pdf (zuletzt abgerufen am 10.9.2010)
                       Zit.: *SIERCK/SCHÖNING/PÖHL*, Zulässigkeit der Vor-
                       ratsdatenspeicherung, S.

SIMITIS, SPIROS   Übermittlung der Daten von Flugpassagieren an die
                       USA: Dispens vom Datenschutz?
                       in: NJW 2006, S. 2011 – 2014
                       Zit.: *SIMITIS*, NJW 2006, S.

SIMITIS, SPIROS   Der EuGH und die Vorratsdatenspeicherung oder
                       die verfehlte Kehrtwende bei der Kompetenzrege-
                       lung
                       in: NJW 2009, S.1782 – 1786
                       Zit.: *SIMITIS*, NJW 2009, S.

SIMITIS, SPIROS   Datenschutz – Rückschritt oder Neubeginn
                       in: NJW 1998, S.2473 - 2479
                       Zit.: *SIMITIS*, NJW 1998, S.

SIMITIS, SPIROS   Der Transfer von Daten in Drittländer – ein Streit
                       ohne Ende?
                       in: CR 2000, S.472 – 481
                       Zit.: *SIMITIS*, CR 2000, S.

SIMITIS, SPIROS	Daten- oder Tatenschutz – ein Streit ohne Ende? in: NJW 1997, S. 1902 – 1904 Zit.: *SIMITIS*, NJW 1997, S.
SIMITIS, SPIROS	Virtuelle Präsenz und Spurenlosigkeit – ein neues Datenschutzkonzept in: HASSEMER, WINFRIED/MÖLLER, KLAUS PETER (Hrsg), 25 Jahre Datenschutz, Baden Baden, 1996, S. 28 ff. Zit.: *SIMITIS* in: HASSEMER/MÖLLER, 25 Jahre Datenschutz, S.
SIMITIS, SPIROS (Hrsg.)	Bundesdatenschutzgesetz Baden Baden, 6. Auflage, 2006 Zit.: *BEARBEITER* in: SIMITIS (Hrsg), BDSG, § Rn.
SOBOTA, KATHARINA	Das Prinzip Rechtsstaat Tübingen, 1997 Zit.: *SOBOTA*, Das Prinzip Rechtsstaat, S.
SOMMERMANN, KARL-PETER	Staatsziele und Staatszielbestimmungen Tübingen, 1997 Zit.: *SOMMERMANN*, Staatsziele und Staatszielbestimmungen, S.
STOLL, PETER-TOBIAS	Sicherheit als Aufgabe von Staat und Gesellschaft Tübingen, 2003 Zit.: *STOLL*, Sicherheit als Aufgabe von Staat und Gesellschaft, S.
STORF, KATALIN/ HANSEN, MARIT/ RAGUSE, MAREN	Requirements and Concepts for Identity Management throughout Life PrimeLife Deliverable H1.3.5; im Internet abrufbar unter http://www.primelife.eu/images/stories/deliverables/h1.3.5-require-ments_and_concepts_for_idm_throughout_life-public.pdf (zuletzt abgerufen am 10.9.2010) Zit.: *STORF/HANSEN/RAGUSE*, Identity Management, S.

STRASSER, KYRA — Grundrechtsschutz in Europa und der Beitritt der Europäischen Gemeinschaften zur Europäischen Menschenrechtskonvention
Köln, 2001
Zit.: *STRASSER*, Grundrechtsschutz in Europa, S.

SZCZEKALLA, PETER — Grundfreiheitliche Schutzpflichten
in: DVBl 1998, S. 219 - 224
Zit.: *SZCZEKALLA*, DVBl 1998, S.

TAPPERT, WILLI — Eine Charta der Grundrechte für die Europäische Union. Öffentliche Anhörung der EU-Ausschüsse des Deutschen Bundestages und des Bundesrates
in: DRiZ 2000, S. 204 - 207
Zit.: *TAPPERT*, DRiZ 2000, S.

TERHECHTE, JÖRG PHILIPP — Rechtsangleichung zwischen Gemeinschafts- und Unionsrecht – die Richtlinie über die Vorratsdatenspeicherung vor dem EuGH
in: EuZW 2009, S. 199 – 204
Zit.: *TERHECHTE*, EuZW 2009, S.

TETTINGER, PETER J./ STERN, KLAUS — Kölner Gemeinschaftskommentar zur Europäischen Grundrechtecharta
München, 2006
Zit.: *BEARBEITER* in: TETTINGER/STERN, EU-Charta, Art. Rn.

THIELE, ALEXANDER — Das Rechtsschutzsystem nach dem Vertrag von Lissabon – (K)ein Schritt nach vorn?
in: EuR 2010, S. 30 – 50
Zit.: *THIELE*, EuR 2010, S.

TINNEFELD, MARIE-THERES — Reformvertrag von Lissabon, Charta der Grundrechte und Rechtspraxis im Datenschutz
in: DuD 2009, S. 504 - 504
Zit.: *TINNEFELD*, DuD 2009, S.

TINNEFELD, MARIE-THERES/ EHMANN, EUGEN/ GERLING, RAINER W. — Einführung in das Datenschutzrecht
München, 4. Auflage, 2005
Zit.: *TINNEFELD/EHMANN/GERLING*, Einführung in das Datenschutzrecht, S.

ULMER, CLAUS D./
SCHRIEF, DOROTHEE

Vorratsdatenspeicherung durch die Hintertür
in: DuD 2004, S. 591 – 597
Zit.: *ULMER/SCHRIEF*, DuD 2004, S.

V. HUMBOLDT, WIL-
HELM

Ideen zu einem Versuch, die Grenzen der Wirk-
samkeit des Staates zu bestimmen
Stuttgart, 2002
Zit.: *HUMBOLDT*, Ideen, S.

VALERIAN, JENNY

Eile mit Weile – Vorratsdatenspeicherung auf dem
Prüfstand
in: CR 2008, S. 282 – 287
Zit.: *JENNY*, CR 2008, S.

VIETHEN, ALEXANDER

Datenschutz als Aufgabe der EG – Bestandsauf-
nahme des datenschutzspezifischen Sekundärrechts
und Analyse anhand der Kompetenzordnung des
EG-Vertrages.
Münster, 2003
Zit.: *VIETHEN*, Datenschutz als Aufgabe der EG, S.

VOß, REIMER

Referat
in: Verhandlungen des 60. deutschen Juristentages
Münster, 1994, Band II, S. N 25 – N 39
Zit.: *VOß* in: Verhandlungen des 60. Deutschen Juristentages, Bd. II/1 S.

WAGNER, EDGAR

Datenschutz als Bildungsaufgabe
in: DuD 2010, S. 557 – 561
Zit.: *WAGNER*, DuD 2010, S.

WEICHERT, THILO

Überwachungsstaat nicht zulassen
in: DuD 2001, S. 694 – 695
Zit.: *WEICHERT*, DuD 2001, S.

WEICHERT, THILO

Dauerbrenner BDSG-Novellierung
in: DuD 2010, S. 7 – 14
Zit.: *WEICHERT*, DuD 2010, S.

WESTPHAL, DIETRICH

Die neue EG-Richtlinie zur Vorratsdatenspeicherung
in: EuZW 2006, S. 555 - 560
Zit.: *WESTPHAL*, EuZW 2006, S.

WESTPHAL, DIETRICH   Die Richtlinie zur Vorratsspeicherung von Verkehrsdaten – Brüsseler Stellungnahme zum Verhältnis von Freiheit und Sicherheit in der „Post-911-Informationsgesellschaft"
in: EuR 2006, S. 706 – 723
Zit.: *WESTPHAL*, EuR 2006, S.

WILDFEUER, ARMIN G.   Freiheit
in: DÜWELL, MARCUS/HÜBENTHAL, CHRISTOPH/WERNER, MICHA H. (Hrsg.), Handbuch der Ethik, Stuttgart, 2002 (Manusskriptversion); im Internet abrufbar unter:
http://www.perennis.de/public/Publikationen/Dokumente/2002-freiheit.pdf (zuletzt abgerufen am 2.12.2010)
Zit.: *WILDFEUER* in:
DÜWELL/HÜBENTHAL/WERNER, Handbuch der Ethik, S.

WOHLGEMUTH, HANS-HERRMANN/ GERLOF JÜRGEN   Datenschutzrecht – Einführung mit praktischen Fällen
München, 3. Auflage, 2005
Zit.: *WOHLGEMUTH/GERLOF*, Datenschutzrecht, S.

WÜSTENBERG, DIRK   Argumente gegen die Rechtmäßigkeit der Vorratsdatenspeicherung
in: RDV 2006, S. 102 - 104
Zit.: *WÜSTENBERG*, RDV 2006, S.

ZÖLLER, MARK A.   Vorratsdatenspeicherung zwischen nationaler und europäischer Strafverfolgung
in: GA 2007, S. 393-414
Zit.: *ZÖLLER*, GA 2007, S.

ZULEEG, MANFRED   Public Interest Litigation before European Courts
Baden Baden, 1. Auflage, 1996, S. 439 - 445
Zit.: *ZULEEG* in: MICKLITZ/REICH, Public Interest Litigation before European Courts, S.

Kölner Schriften zu Recht und Staat

Herausgegeben von
Hartmut Schiedermair und Bernhard Kempen

Band 43   Johannes Maria Baumann: Die Rechtsprechung des EuGH zum Vorrang von Gemein-
          schaftsrecht vor mitgliedstaatlichen Verwaltungsakten und Gerichtsurteilen. 2010.

Band 44   Susanne Koch: Die grenzüberschreitende Wirkung von nationalen Genehmigungen für
          umweltbeeinträchtigende industrielle Anlagen. 2010.

Band 45   Sebastian Gerlach: Innere Konfliktregelungsmechanismen der Afrikanischen Union vor
          dem Hintergrund der entsprechenden Bestimmungen der Europäischen Union. 2010.

Band 46   Anne Rausch: *Responsibility to Protect.* Eine juristische Betrachtung. 2011.

Band 47   Bernhard Kempen / Kolja Naumann: Demokratie und Religion. Tagungsband zum Kollo-
          quium der Wissenschaftlichen Arbeitsgruppe für weltkirchliche Aufgaben der Deutschen
          Bischofskonferenz und der Demokratie Stiftung an der Universität zu Köln am 23.11.2009
          in Köln. 2011.

Band 48   Clemens David Comans: Ein „modernes" europäisches Datenschutzrecht. Bestandsauf-
          nahme und Analyse praktischer Probleme des europäischen Datenschutzes unter beson-
          derer Berücksichtigung der Richtlinie zur Vorratsdatenspeicherung. 2012.

www.peterlang.de

Peter Lang · Internationaler Verlag der Wissenschaften

Matthias Lindhorst

Sanktionsdefizite im Datenschutzrecht

Frankfurt am Main, Berlin, Bern, Bruxelles, New York, Oxford, Wien, 2010.
155 S.
ISBN 978-3-631-60057-3 · geb. € 41,80*

Zahlreiche Datenskandale haben in den letzten Jahren deutlich gemacht, dass im Datenschutzrecht dringend Handlungsbedarf geboten ist, um den Schutz des informationellen Selbstbestimmungsrechts der Betroffenen zu verbessern. Ausgangspunkt dieser Arbeit ist deshalb die Frage, wie dem Datenschutzrecht zu größerer Durchsetzungskraft verholfen werden kann. Es werden für die verschiedenen Bereiche der nicht-öffentlichen Datenverarbeitung konkrete Lösungsvorschläge herausgearbeitet und auf diese Weise wird aufgezeigt, dass es diverse Möglichkeiten gibt, eine nachhaltige Verbesserung des Datenschutzes zu erreichen.

Aus dem Inhalt: Datenschutz und private Datenverarbeitung · Das Datenschutzkonzept im Bundesdatenschutzgesetz (BDSG) · Defizite im Schutzkonzept des BDSG · Gewinnabschöpfung · Schadensersatz bei persönlichkeitsrechtsverletzenden Datenschutzverstößen · Datenschutz im Eigeninteresse von Unternehmen · Datenschutz durch betriebliche Datenschutzbeauftragte

*inklusive der in Deutschland gültigen Mehrwertsteuer. Preisänderungen vorbehalten

Frankfurt am Main · Berlin · Bern · Bruxelles · New York · Oxford · Wien
Auslieferung: Verlag Peter Lang AG
Moosstr. 1, CH-2542 Pieterlen
Telefax 00 41 (0) 32 / 376 17 27
E-Mail info@peterlang.com
Seit 40 Jahren Ihr Partner für die Wissenschaft
Homepage http://www.peterlang.de

Printed by
CPI books GmbH, Leck

Zeitfracht Medien GmbH
Ferdinand-Jühlke-Straße 7
99095 Erfurt, Deutschland
produktsicherheit@kolibri360.de